BECK'SCHE TEXTAUSGABEN

Kupfer, Landesbauordnung für Baden-Württemberg

D1726363

Landesbauordnung für Baden-Württemberg

mit Allgemeiner Ausführungsverordnung, Feuerungsverordnung,
Verfahrensverordnung, Verwaltungsvorschrift Stellplätze,
Garagenverordnung, Elektrische Betriebsräume-Verordnung,
Versammlungsstättenverordnung, Verkaufsstättenverordnung,
Nachbarrechtsgesetz

TEXTSAMMLUNG
mit Sachverzeichnis und Einführung
herausgegeben von

Dr. Dominik Kupfer
Rechtsanwalt, Kanzlei Wurster Wirsing Schotten Rechtsanwälte,
Freiburg
Lehrbeauftragter an der Universität Freiburg

Stand: 1. Juli 2007

Verlag C. H. Beck München 2007

Verlag C. H. Beck im Internet:
beck.de

ISBN 978 3 406 56134 4

© 2007 Verlag C. H. Beck oHG
Wilhelmstraße 9, 80801 München
Druck: Nomos Verlagsgesellschaft
In den Lissen 12, 76547 Sinzheim

Satz: Druckerei C. H. Beck Nördlingen (Adresse wie Verlag)

Gedruckt auf säurefreiem, alterungsbeständigem Papier
(hergestellt aus chlorfrei gebleichtem Zellstoff)

Inhaltsverzeichnis

V

Abkürzungsverzeichnis

Einführung

Von

Dr. Dominik Kupfer
Rechtsanwalt, Lehrbeauftragter an der Universität Freiburg
Wurster Wirsing Schotten Rechtsanwälte, Freiburg

I. Bauordnungsrecht in der Praxis

Das Bauordnungsrecht besitzt eine große praktische Bedeutung. Dabei stehen im baurechtlichen Alltag von Gemeinden und staatlichen Baurechtsbehörden, Architekten und Ingenieuren sowie mit dem Öffentlichen Baurecht befassten Rechtsanwälten und Richtern folgende bauordnungsrechtliche Regelungskomplexe im Vordergrund: Baugenehmigung – Genehmigungspflicht, Erteilungsvoraussetzungen und Verwaltungsverfahren; Eingriffsmaßnahmen der Baurechtsbehörde – Abbruchsverfügung, Nutzungsuntersagung und Baueinstellung. Während die Baurechtsbehörden das private Nachbarrecht grundsätzlich ausblenden können (vgl. § 58 Abs. 3 Landesbauordnung), gilt für diejenigen das Gegenteil, die auf der Seite des Bürgers mit Problemen aus dem Nachbarrechtsverhältnis konfrontiert werden. Privates und Öffentliches Nachbarrecht sind grundsätzlich gleichzeitig und nebeneinander anwendbar. Daher kann und muss ein Betroffener entscheiden, ob er direkt privatrechtlich vor den Zivilgerichten gegen den ihn störenden Nachbarn vorgeht, ob er gegenüber der Baurechtsbehörde Abwehransprüche gegen eine dem Nachbarn erteilte Genehmigung bzw. Schutzansprüche auf ordnungsbehördliches Einschreiten geltend macht oder ob er beide Wege kumulativ einschlägt.
Die für die Beantwortung der in den dargestellten Zusammenhängen auftauchenden Fragen entscheidenden Normen sind im vorliegenden Band zusammengestellt.

II. Bauordnungsrecht und Bauplanungsrecht

Die beiden Säulen des Öffentlichen Baurechts, das Bauordnungs- und das Bauplanungsrecht, lassen sich zwar hinreichend, nicht aber in jeder Hinsicht trennscharf unterscheiden.
Während das im Baugesetzbuch (BauGB) vom Bund kodifizierte Bauplanungsrecht flächenbezogen ist, d.h. das Grundstück und seine Nutzung in den Blick nimmt, richtet das landesrechtliche Bauordnungsrecht seinen Blick auf die bauliche Anlage – zumeist ein Gebäude. Während das Bauplanungsrecht darüber entscheidet, ob auf einem Grundstück überhaupt und zu welchen Zwecken gebaut werden darf, zielt das Bauordnungsrecht darauf ab, bauliche Anlagen so zu errichten oder zu ändern, dass die öffentliche Sicherheit und Ordnung, insbesondere Leben und Gesundheit, nicht gefährdet werden (Baupolizeirecht im überkommenen Sinn). Das Recht und die Pflicht der Gemeinden, Bauleitpläne (Flächennutzungsplan und Bebauungspläne, § 1 Abs. 2 BauGB) in eigener Verantwortung aufzustellen (§§ 1 Abs. 3 S. 1, 2 Abs. 1

Einführung

S. 1 BauGB), sind dem verfassungsrechtlichen Gewährleistungsbereich der kommunalen Selbstverwaltungsgarantie zuzuordnen (Art. 28 Abs. 2 S. 1 Grundgesetz [GG], Art. 71 Abs. 1 S. 1 u. 2, Abs. 2 Landesverfassung [LV]). Das in seinem Kern als staatliche Aufgabe der Gefahrenabwehr zu qualifizierende Bauordnungsrecht haben die Gemeinden, soweit sie Baurechtsbehörden sind, als Pflichtaufgabe nach Weisung auszuführen (§ 46 Abs. 1 Nr. 3 LBO i. V. m. § 13 Abs. 3 Landesverwaltungsgesetz [LVG]; §§ 46 Abs. 2 f., 47 Abs. 4 S. 1 LBO).

Gleichwohl stehen Bauordnungsrecht und Bauplanungsrecht nicht isoliert und beziehungslos nebeneinander. Eine enge Verknüpfung ergibt sich bereits daraus, dass die Einhaltung bauplanungsrechtlicher Anforderungen insbesondere an Gebäude durch das in der LBO geregelte Verfahrensrecht gewährleistet wird. Darüber hinaus gibt es aber auch materiell-rechtliche Überschneidungsbereiche. Beispielsweise ermächtigt § 9 Abs. 1 Nr. 2a BauGB die Gemeinden, in Bebauungsplänen vom Bauordnungsrecht abweichende Maße der Tiefe der Abstandsflächen festzusetzen. Nach § 9 Abs. 1 Nr. 23 lit. b BauGB können die Gemeinden bei der Errichtung von Gebäuden bestimmte bauliche Maßnahmen für den Einsatz erneuerbarer Energien wie insbesondere Solarenergie festsetzen. Das kann die Ausrichtung der Gebäude in West-Ost-Richtung (Süd-Fassade!) oder die Dachform bzw. -neigung betreffen. Dies sind Anforderungen, die bislang in erster Linie in den bauordnungsrechtlichen örtlichen Bauvorschriften anzutreffen waren.

III. Rechtsquellen des Bauordnungsrechts

Die LBO bildet das Fundament sowie den Rahmen für die bauordnungsrechtlichen Anforderungen an einzelne Bauwerke unter den Gesichtspunkten Gefahrenabwehr, Umweltschutz, soziale Belange und Gestaltung. In neuerer Zeit gewinnen verstärkt bau- und energiewirtschaftliche sowie klimaschützende Zielsetzungen (Wärmeschutz, Baubiologie) an Bedeutung. Darüber hinaus regelt die LBO das baurechtliche Verfahren. Detailregelungen hat der Gesetzgeber jedoch der Verwaltung überlassen. Ziel ist es zu gewährleisten, dass der Rechtsrahmen schnell und flexibel an neue, vor allem technische Entwicklungen angepasst werden kann. Insoweit ist die Rechtsverordnung das geeignete Instrument. Ohne an die strengen formalen Vorgaben des parlamentarischen Gesetzgebungsverfahrens gebunden zu sein, können die oberste Baurechtsbehörde – jetzt das Wirtschaftsministerium (§ 73 Abs. 1 bis 3 und Abs. 5 ff., § 46 Abs. 1 Nr. 1 LBO i. V. m. § 5a Abs. 1 S. 1 LVG, Art. 1 VII Nr. 14 Bekanntmachung der Landesregierung über die Abgrenzung der Geschäftsbereiche der Ministerien) – und die Landesregierung (§ 73 Abs. 4 LBO) zweckmäßige Vorschriften erlassen. Als Beispiel sei in diesem Zusammenhang die Verordnung über Anforderungen an Feuerungsanlagen, Wärme- und Brennstoffversorgungsanlagen (Feuerungsverordnung – FeuVO) genannt.

Für den Bürger macht es – lässt man den Rechtsschutz einmal außen vor – keinen Unterschied, ob sich die für ihn relevanten bauordnungsrechtlichen Vorschriften aus der LBO oder aus einer Rechtsverordnung auf der Grundlage der LBO ergeben, etwa der Verordnung über elektrische Betriebsräume (EltVO) oder der FeuVO. Rechtsverordnungen unterscheiden sich in ihrer Bindungswirkung nicht von Parlamentsgesetzen; beide gelten unmittelbar und sind für den Bürger oder sonstige Normadressaten in gleicher Weise verbindlich. Grundsätzlich anderes gilt für Verwaltungsvorschriften. Sie wirken zunächst nur verwaltungsintern. Dementsprechend richtet sich die Verwaltungsvorschrift über die Herstellung notwendiger Stellplätze (VwV Stellplätze) an die Gemeinden, soweit diese durch Satzung die Zahl der notwendigen Stellplätze für Wohnungen über § 37 Abs. 1 S. 1 LBO hinaus nach § 74 Abs. 2 Nr. 2 LBO von einem auf zwei erhöhen wollen. An die Baurechtsbehörde richtet sich die VwV Stellplätze insbesondere, was die Interpretation des unbestimmten Rechtsbegriffs der „notwendigen Stellplätze" in § 37 Abs. 1 S. 2 LBO bei der Errichtung sonstiger baulicher Anlagen, d. h. Anlagen ohne Wohnungen angeht. Dabei fungiert die VwV Stellplätze lediglich als Auslegungsrichtlinie, d. h. sie gibt nur Hinweise, wie das Gesetz zu interpretieren ist. Ihre Anwendung im konkreten Einzelfall unterliegt uneingeschränkter gerichtlicher Nachprüfung.

IV. Die Vorschriften der Textsammlung im Einzelnen

1. LBO (Nr. 1)

§ 1 bestimmt den sachlichen Anwendungsbereich der LBO. Im Vordergrund stehen die „baulichen Anlagen". Dieser und weitere für das Bauordnungsrecht wesentliche Begriffe (Gebäude, Vollgeschosse, Aufenthaltsräume, Stellplätze, Werbeanlagen usw.) sind in § 2 definiert.

Mit der in § 3 normierten materiell-rechtlichen Generalklausel wird die Reihe der Vorschriften eröffnet, die der präventiven Gefahrenabwehr dienen: §§ 3 bis 40 – Gewährleistung der öffentlichen Sicherheit und Ordnung, insbesondere durch den Schutz von Leben, Gesundheit und der natürlichen Lebensgrundlagen (§ 3 Abs. 1 S. 1), wegemäßige Erschließung (§ 4 Abs. 1), Waldabstand (§ 4 Abs. 3), Abstandsflächen (§§ 5 ff.), Grünflächen (§ 9 Abs. 1), Kinderspielplätze (§ 9 Abs. 2), Verunstaltungsverbot (§ 11), Standsicherheit (§ 13), Brandschutz (§§ 15, 26), Feuerungsanlagen (§ 32), Wasserversorgung und Abwasserbeseitigung (§ 33), Gewährleistung gesunder Wohnverhältnisse (§§ 34 ff.), Stellplätze und Garagen (§ 37), Sonderbauten (§ 38), barrierefreies Bauen (§ 39 – vgl. DIN 18 024 Teil 2 oder 18 025 Teil 1 bzw. 2).

Zu diesen materiellen Vorschriften tritt in den §§ 41 bis 72 das formelle Recht, d. h. das Verfahrensrecht hinzu. Die §§ 46 ff. regeln den Aufbau und die Zuständigkeiten der Baurechtsbehörden. Sachlich zuständig ist grundsätzlich die untere Baurechtsbehörde (§ 48 Abs. 1 – Ortsnähe!). Das ist die Gemeinde bzw. die Verwaltungsgemeinschaft, soweit sie untere Verwaltungsbehörde ist (§ 46 Abs. 1 Nr. 3 LBO i. V. m. § 13 Abs. 1 Nr. 2, Nr. 1 Var. 2 bzw. 3, § 16 bzw. § 14 Landesverwaltungsgesetz [LVG]), ihr nach § 46 Abs. 2 die Aufgaben der unteren Baurechtsbehörde übertragen sind (Delegation!) oder sie diese bereits vor dem 1. 1. 1965 wahrgenommen hat (§ 46 Abs. 3). In den anderen Fällen nimmt das Landratsamt als untere Verwaltungsbehörde die Aufgaben der unteren Baurechtsbehörde wahr (§ 46 Abs. 1 Nr. 3 LBO i. V. m. § 13 Abs. 1 Nr. 1 Var. 1 LVG). Örtlich zuständig ist die Baurechtsbehörde, in deren Bezirk das Grundstück liegt, auf dem die bauliche Anlage steht bzw. errichtet werden soll (§ 3 Abs. 1 Nr. 1 LVwVfG). Widerspruchsbehörden sind die Regierungspräsidien als höhere Baurechtsbehörden (§§ 73 Abs. 1 S. 2 Nr. 1 VwGO, 46 Abs. 1 Nr. 2 LBO).

Einführung

§ 47 Abs. 1 enthält die formell-rechtliche Generalklausel. Vergleichbar § 1 Abs. 1 S. 1 Polizeigesetz Baden-Württemberg (PolG) weist § 47 Abs. 1 S. 1 LBO den Baurechtsbehörden allgemein die Aufgabe zu, für bauordnungs-rechtlich rechtmäßige Zustände zu sorgen, d. h. die vor allem in den §§ 3 ff. normierten materiell-rechtlichen Anforderungen an bauliche Anlagen zu gewährleisten. Die dazu notwendige Befugnis wird den Baurechtsbehörden – parallel zu § 3 PolG – in § 47 Abs. 1 S. 2 LBO eingeräumt. Die Adressaten einer Verfügung nach § 47 Abs. 1 S. 2, 1 sind angesichts fehlender bauord-nungsrechtlicher Bestimmungen entsprechend §§ 6 ff. PolG zu bestimmen. Freilich gilt (auch) die bauordnungsrechtliche Generalklausel nur subsidiär, d. h. die Baurechtsbehörde kann eine Maßnahme nur dann auf die verfahrens-rechtliche Generalklausel stützen, soweit spezielle Vorschriften wie etwa die Baueinstellungsverfügung (§ 64 Abs. 1 S. 1), die Abbruchsanordnung (§ 65 S. 1) oder die Nutzungsuntersagung (§ 65 S. 2) nicht anwendbar sind. Die Spezialermächtigungen entfalten in ihrem Anwendungsbereich eine Sperrwir-kung. Der Rückgriff auf die Generalklausel mit ihren abgesenkten Eingriffs-voraussetzungen ist ausgeschlossen.

Das baurechtliche Zulassungsverfahren wird in den §§ 49 ff. geregelt. Das Gesetz bildet drei Kategorien: Vorhaben, für die kein Verfahren erforderlich ist (verfahrensfreie Vorhaben, § 50), Vorhaben, die der Baurechtsbehörde lediglich zur Kenntnis zu geben sind (§ 51) und Vorhaben, für die ein Bauge-nehmigungsverfahren durchzuführen ist. Nach § 49 Abs. 1 besteht ein Regel-Ausnahme-Verhältnis: Die Errichtung und der Abbruch (beachte: § 2 Abs. 12) baulicher Anlagen bedürfen der Baugenehmigung. Anderes gilt nur, soweit das Vorhaben verfahrensfrei oder der Baurechtsbehörde lediglich zur Kenntnis zu geben ist.

Verfahrensfrei sind die im Anhang zu § 50 Abs. 1 aufgeführten Einzelvor-haben (beachte: § 74 Abs. 1 Nr. 7). Ihnen misst der Gesetzgeber eine typi-scherweise lediglich untergeordnete baurechtliche Relevanz zu. Das gilt zu-mindest für die erste Fallgruppe innerhalb des Kenntnisgabeverfahrens nicht. Danach ist es möglich, Wohngebäude bis zur Hochhausgrenze (§ 51 Abs. 1 Nr. 1) in Gebieten mit qualifizierten Bebauungsplänen zu errichten, ohne ein Baugenehmigungsverfahren durchzuführen (§ 51 Abs. 1 a. E., Abs. 2 Nr. 1 Alt. 1). Rechtfertigen lässt sich dieser Verzicht auf eine präventive Kontrolle des Vorhabens (vgl. § 51 Abs. 5 S. 2) nur damit, dass durch das Erfordernis eines qualifizierten Bebauungsplans eine zumindest bauplanungsrechtliche Mindestsicherung gewährleistet ist. In diesem Fall treten typischerweise örtli-che Bauvorschriften (§ 74) hinzu.

Der Ablauf des Kenntnisgabeverfahrens lässt sich wie folgt skizzieren: Ein-reichung der Unterlagen bei der Gemeinde, in der das Baugrundstück liegt (§ 52 Abs. 1 S. 1 Var. 2); Prüfung der Unterlagen auf Vollständigkeit durch die Gemeinde (§ 53 Abs. 4 S. 1 Nr. 1); Vollständigkeitsbestätigung an den Bauherrn (§ 53 Abs. 3 Nr. 1) und ggfs. Weiterleitung der Unterlagen an die Baurechtsbehörde (§ 53 Abs. 3 Nr. 2); Angrenzerbenachrichtigung (§ 55 Abs. 3, Abs. 1); Prüfung bautechnischer Nachweise, Festlegung von Grundriss sowie Höhenlage von Gebäuden (idR durch Errichtung eines Schnurgerüsts) und technische Angaben an Bezirksschornsteinfeger (§ 59 Abs. 5 Nr. 1 bis 3). Der Baubeginn richtet sich nach § 59 Abs. 4.

Wichtig sind drei Aspekte: Auch dann, wenn das Vorhaben keiner Bauge-nehmigung bedarf, muss es in jedem Fall den öffentlichrechtlichen Vorschrif-ten entsprechen (§ 50 Abs. 5; § 51 Abs. 4). Soweit Abweichungen, Ausnahmen oder Befreiungen erforderlich sind, müssen diese auch bei verfahrensfreien Vorhaben (§ 56 Abs. 6) und Vorhaben im Kenntnisgabeverfahren besonders beantragt werden (§§ 51 Abs. 5 S. 1 Hs. 1, 52 Abs. 1 S. 1 a. E.). Zur rechtlichen Absicherung seiner Position kann der Bauherr auch für ein Vorhaben, das er der Baurechtsbehörde lediglich zur Kenntnis zu geben hat, ein Baugenehmigungsverfahren initiieren (§ 51 Abs. 7). Hintergrund ist, dass eine bestandskräftige Baugenehmigung dem Bauherrn eine rechtlich gesicherte Position vor allem seinen Nachbarn gegenüber einräumt.

Für alle Vorhaben, die nicht verfahrensfrei sind und für die das Kenntnisgabeverfahren nicht angewendet wird, muss ein Baugenehmigungsverfahren durchgeführt werden. Die wesentlichen Verfahrensschritte sind: Einreichung der Unterlagen bei der Gemeinde, in der das Baugrundstück liegt (§ 52 Abs. 1); ggfs. Weiterleitung der Unterlagen an die Baurechtsbehörde (§ 53 Abs. 1); Durchführung der Angrenzerbenachrichtigung (§ 55 Abs. 1); Vollständigkeitsprüfung durch Baurechtsbehörde (§ 54 Abs. 1); Mitteilung über Verfahrenszeitplan an Bauherrn (§ 54 Abs. 2 Nr. 1, Abs. 4) und Anhörung der Gemeinde/berührter Stellen (§ 54 Abs. 2 Nr. 2); Weiterleitung der Angrenzereinwendungen und der gemeindlichen Stellungnahme (§ 55 Abs. 2 S. 4 – vgl. hierzu § 36 BauGB; beachte: § 55 Abs. 2 S. 2 LBO – materielle Präklusion!). Am Ende steht die Entscheidung der Baurechtsbehörde über den Bauantrag. Widerspruch und Klage eines Dritten gegen die Baugenehmigung haben keine aufschiebende Wirkung (§ 80 Abs. 2 S. 1 Nr. 3 VwGO i. V. m. § 212 a Abs. 1 BauGB).

Nach § 58 Abs. 1 S. 1 hat der Bauherr einen Anspruch auf Erteilung der Baugenehmigung („ist zu erteilen"), wenn dem Vorhaben keine von der Baurechtsbehörde zu prüfenden öffentlichrechtlichen Vorschriften entgegenstehen. Das sind insbesondere die Vorschriften des Bauplanungs- und des Bauordnungsrechts. § 58 Abs. 3 nimmt private Rechte Dritter vom Prüfprogramm der Baurechtsbehörde ausdrücklich aus. Gibt es besondere Genehmigungsverfahren, gehen diese dem baurechtlichen Genehmigungsverfahren vor; z. B. im Fall der Zulassung von Anlagen nach § 4 BImSchG (beachte: § 13 BImSchG – Konzentrationseffekt). Handelt es sich um eine nicht nach § 4 BImSchG genehmigungsbedürftige Anlage, bedarf diese aber nach §§ 49 ff. LBO einer Baugenehmigung, hat die Baurechtsbehörde im Rahmen von § 58 Abs. 1 S. 1 LBO zu prüfen, ob das Vorhaben etwa den Anforderungen des § 22 BImSchG i. V. m. TA Lärm genügt [vgl. Nr. 1 S. 3 b) aa) TA Lärm].

Der Bauantrag ist so auszulegen, dass eventuell erforderliche Abweichungen, Ausnahmen oder Befreiungen konkludent mitbeantragt sind. Werden diese mit der Baugenehmigung erteilt, muss das in der Genehmigung jedoch explizit ausgesprochen werden (§ 58 Abs. 1 S. 3) – Abweichungen, Ausnahmen und Befreiungen sind in der Baugenehmigung nicht konkludent mitenthalten. Bedarf ein Vorhaben einer Abweichung, Ausnahme oder Befreiung und wird dennoch eine Baugenehmigung ohne eine solche erteilt, ist die Baugenehmigung rechtswidrig. Die Aufhebung einer Baugenehmigung richtet sich nach § 48 LVwVfG (Rücknahme einer rechtswidrigen Baugenehmigung) und § 49 LVwVfG (Widerruf einer rechtmäßigen [ggfs. auch einer rechtswidrigen] Baugenehmigung).

Der enge Bezug der Baugenehmigung zum Baugrundstück wird in § 58 Abs. 2 deutlich: Die Baugenehmigung gilt auch für und gegen den Rechtsnachfolger des Bauherrn („Verdinglichung" der Baugenehmigung!).

Zwar stellt die Baugenehmigung verbindlich fest, dass dem Vorhaben keine öffentlichrechtlichen Vorschriften entgegenstehen (Feststellungswirkung) und

Einführung

gestattet dem Bauherrn die Errichtung und dauernde Nutzung des Vorhabens (Gestattungswirkung), sie erlaubt ihm aber noch nicht, mit den Bauarbeiten unmittelbar zu beginnen. Mit der Bauausführung darf der Bauherr erst beginnen, wenn der Baufreigabeschein erteilt wurde (§ 59 Abs. 1 S. 1 – sog. Roter Punkt).

Eine Bauabnahme erfolgt nur, wenn die Behörde dies gem. § 67 Abs. 1 ausdrücklich angeordnet hat. Nach § 62 Abs. 1 S. 1 erlischt die Baugenehmigung, wenn nicht innerhalb von drei Jahren mit der Bauausführung begonnen wird.

Seit der Novellierung des Landesgebührengesetzes durch Gesetz vom 14. 12. 2004 (GBl. S. 895) setzen die Landratsämter, Verwaltungsgemeinschaften und Gemeinden soweit sie als untere Baurechtsbehörden Baugenehmigungsverfahren durchführen, gemäß § 4 Abs. 3 Landesgebührengesetz die gebührenpflichtigen Tatbestände und die Höhe der Gebühren dezentral, d. h. jeweils für sich durch Rechtsverordnung bzw. Satzung fest. Dies führt dazu, dass in Baden-Württemberg für die Erteilung einer Baugenehmigung von den Bürgern Gebühren in unterschiedlicher Höhe erhoben werden.

Zur Durchführung eines Baugenehmigungsverfahrens muss der Bauherr umfangreiche Unterlagen bei der Baurechtsbehörde einreichen (vgl. § 52 Abs. 1). Sind sich Bauherr und Architekt im Vorfeld unsicher, ob dem Vorhaben bestimmte Vorschriften von vornherein entgegenstehen, so dass das Vorhaben grundsätzlich scheitern könnte, so bietet ihnen das Gesetz mit dem in § 57 geregelten Bauvorbescheid eine Möglichkeit, diese Fragen von der Baurechtsbehörde vorab verbindlich klären zu lassen. Der Bauvorbescheid enthält zwar eine verbindliche Feststellung der Baurechtsbehörde darüber, ob dem Vorhaben hinsichtlich der zur Entscheidung gestellten Einzelfragen Hindernisse entgegenstehen; er entfaltet aber keine Gestattungswirkung. Der Bauvorbescheid ist sowohl verfahrensrechtlich als auch was den materiell-rechtlichen Entscheidungsmaßstab angeht an die Baugenehmigung angelehnt (§ 57 Abs. 2). Wie die Baugenehmigung gilt auch der Bauvorbescheid drei Jahre (§ 57 Abs. 1 S. 2).

Mit dem Bauvorbescheid darf die Teilbaugenehmigung nach § 61 nicht verwechselt werden. Während der Bauvorbescheid keine Baugenehmigung ist, sondern nur entsprechend der in ihm geklärten baurechtlichen Fragen eine der Baugenehmigung entsprechende Feststellungswirkung entfaltet, ist die Teilbaugenehmigung eine Baugenehmigung. Soweit die Teilbaugenehmigung inhaltlich reicht (z. B. Ausheben der Baugrube), entfaltet sie Feststellungs- und Gestattungswirkung. Aber auch insoweit setzt der Beginn der Bauarbeiten die Erteilung eines Baufreigabescheins voraus (§§ 61 Abs. 1 S. 2, 59 Abs. 1 S. 1).

Um die Einhaltung der §§ 49 ff. im konkreten Einzelfall sicherzustellen und die Schaffung vollendeter Tatsachen zu verhindern, kann die Baurechtsbehörde die Einstellung der Bauarbeiten anordnen (§ 64 Abs. 1). Werden die Bauarbeiten trotzdem fortgesetzt, kann sie die Baustelle versiegeln und die Materialien sowie Utensilien in Gewahrsam nehmen (§ 64 Abs. 2). Sind bereits vollendete Tatsachen geschaffen, kommt eine Abbruchsanordnung oder eine Nutzungsuntersagung in Betracht. Soweit die Gestattungswirkung einer Baugenehmigung reicht, scheiden sowohl eine Nutzungsuntersagung (§ 65 S. 2) als auch – in diesem Sinne *erst recht* – eine Abbruchsanordnung nach § 65 S. 1 aus. Dabei spielt es keine Rolle, ob die Baugenehmigung rechtswidrig ist; sie darf nur nicht gemäß § 44 LVwVfG nichtig sein. Gegebenenfalls muss die rechtswidrige Baugenehmigung aufgehoben, insbesondere nach § 48

LVwVfG zurückgenommen werden. Sind das Gebäude und seine Nutzung nicht durch eine Baugenehmigung gedeckt, setzt der Erlass einer Abbruchsanordnung darüber hinaus voraus, dass die Anlage keinen Bestandsschutz genießt. Bestandsschutz bedeutet, dass eine Anlage, die zu irgendeinem Zeitpunkt mit dem materiellen Recht in Einklang gestanden hat, weiter Bestand haben und weiter genutzt werden kann, auch wenn sie inzwischen geltendem Recht widerspricht. Aufgrund ihrer besonderen Eingriffsintensität setzt die Abbruchsanordnung weiter voraus, dass nicht auf andere Weise rechtmäßige Zustände hergestellt werden können – der Abbruch der Anlage ist „ultima ratio". In den Fällen einer nur formellen Rechtswidrigkeit können rechtmäßige Zustände durch die nachträgliche Erteilung einer Baugenehmigung herbeigeführt werden. Insoweit kann dem Eigentümer durch einer Anordnung nach § 47 Abs. 1 S. 2 aufgegeben werden, einen entsprechenden Bauantrag zu stellen und die erforderlichen Unterlagen vorzulegen. Ist ein Gebäude materiell rechtswidrig, können die Nutzungsuntersagung der Abbruchsanordnung und der teilweise Abbruch dem vollständigen vorgehen. Freilich ist die Baurechtsbehörde zum Einschreiten grundsätzlich nicht verpflichtet. § 65 S. 1 ermöglicht es ihr, einen rechtswidrigen Zustand gänzlich zu belassen. Dementsprechend kann die Baurechtsbehörde ihr Ermessen auch dahin ausüben, ein insgesamt rechtswidriges Vorhaben teilweise zu erhalten.

In diesem Zusammenhang wichtig ist die Abgrenzung von § 65 S. 1 zu § 47 Abs. 1. Muss beispielsweise ein rechtmäßig errichtetes Gebäude abgebrochen werden, weil zu befürchten ist, dass es einstürzt und dadurch Gefahren für Leben und Gesundheit bestehen, ist nicht der Anwendungsbereich des § 65 S. 1 eröffnet, einschlägig ist die bauordnungsrechtliche Generalklausel (§ 47 Abs. 1 i. V. m. §§ 13, 3).

Am Ende der verfahrensrechtlichen Vorschriften finden sich in den §§ 71 f. die in der Praxis außerordentlich bedeutsamen Vorschriften zu den Baulasten. Die Bedeutung der Baulasten beruht darauf, dass sie ein äußerst wirksames Mittel darstellen, um grundstücksbezogene Voraussetzungen für die Zulässigkeit baurechtlich relevanter Maßnahmen ohne ein aufwändiges formelles Verfahren zu schaffen. Die Baulast ist eine grundstücksbezogene (§ 71 Abs. 1 S. 2) öffentlichrechtliche Verpflichtung des jeweiligen Grundstückseigentümers gegenüber der Baurechtsbehörde zu einem bestimmten Tun, Dulden oder Unterlassen (§ 71 Abs. 1 S. 1). Im Wege einer privatrechtlichen Grunddienstbarkeit (§§ 1018 ff. BGB) oder einer beschränkten persönlichen Dienstbarkeit (§§ 1090 ff. BGB) können nur Duldungs- oder Unterlassungspflichten eines Grundstückseigentümers gesichert werden, nicht aber eine Pflicht zu positivem Tun. Will beispielsweise die Gemeinde zur Absicherung der Rechtmäßigkeit ihrer Abwägung bei der Aufstellung eines vorhabenbezogenen Bebauungsplans nach § 12 BauGB dinglich sicherstellen, dass die zum naturschutzrechtlichen Ausgleich erforderliche Pflege einer Streuobstwiese auf einem bestimmten Grundstück dauerhaft durchgeführt wird, kann sie dies nur durch die Eintragung einer Baulast erreichen. Die Baulast wird durch eine an die Baurechtsbehörde adressierte Erklärung übernommen (§ 71 Abs. 1 S. 1), die vor der Baurechtsbehörde oder der Gemeinde abgegeben werden kann (§ 71 Abs. 2 Hs. 1). Sie erlischt durch schriftlichen Verzicht der Baurechtsbehörde (§ 71 Abs. 3 S. 1). Folglich begründet die Baulast eine rechtliche Verpflichtung (nur) gegenüber der Baurechtsbehörde. Indem nach § 71 Abs. 3 S. 2 der Verzicht aber davon abhängt, dass ein öffentliches Interesse an der Baulast nicht mehr besteht und nach S. 3 vor dem Verzicht auch die durch

Einführung

die Baulast Begünstigten gehört werden sollen, erfahren die durch die Baulast materiell Begünstigten eine gewisse Absicherung. Während in § 73 die oberste Baurechtsbehörde und die Landesregierung ermächtigt werden, detaillierte Folgeregelungen zur LBO durch Rechtsverordnungen zu treffen, ermächtigt § 74 die Gemeinden, örtliche Bauvorschriften vor allem zur Lenkung der baugestalterischen Entwicklung durch Satzung zu erlassen. Auch wenn in § 74 Abs. 7 davon die Rede ist, dass örtliche Bauvorschriften „zusammen mit einem Bebauungsplan beschlossen" werden, hat der Landesgesetzgeber hierdurch keinen Gebrauch von der Möglichkeit nach § 9 Abs. 4 BauGB gemacht, örtliche Bauvorschriften in Bebauungspläne als Festsetzungen nach § 9 BauGB zu inkorporieren. In § 74 Abs. 7 ist lediglich ein verfahrensrechtlicher Gleichlauf normiert. Auch im Fall von nach § 74 Abs. 7 sog. kombinierten örtlichen Bauvorschriften bleibt es dabei, dass es sich rechtlich um zwei selbstständige und in ihrem rechtlichen Schicksal nicht verknüpfte Satzungen handelt.

2. Allgemeine Ausführungsverordnung des Innenministeriums zur LBO (LBOAVO, Nr. 2)

Nach Art. 61 Abs. 1 S. 3 LV muss jede Verordnung ihre Rechtsgrundlage angeben. Diesem Zitiergebot entspricht die LBOAVO, indem sie Bezug insbesondere auf § 73 Abs. 1 Nr. 1 LBO nimmt. Damit ist zugleich der Hauptanwendungsbereich der LBOAVO abgegrenzt: die nähere Bestimmung der in den §§ 4 bis 37 LBO normierten allgemeinen Anforderungen an die Anordnung und Errichtung von Anlagen sowie Einrichtungen. Die §§ 4 bis 37 stellen den Großteil der Vorschriften der LBO dar, die der präventiven Gefahrenabwehr dienen. In der LBOAVO finden sich dementsprechend bautechnische Detailregelungen zu Kinderspielplätzen (§ 1), Flächen für die Feuerwehr (§ 2), Brandschutzanforderungen an Baustoffe und Bauteile (§ 3), tragenden Wänden sowie Decken und Stützen (§ 5), Außenwänden (§ 6) usw.

Im Ergebnis ist die LBOAVO bei der Anwendung der §§ 4 ff. LBO auf den konkreten Einzelfall immer mitzulesen.

3. Verordnung des Innenministeriums über Anforderungen an Feuerungsanlagen, Wärme- und Brennstoffversorgungsanlagen (FeuVO, Nr. 3)

Nach § 32 Abs. 1 S. 1 LBO müssen Feuerstätten betriebssicher und brandsicher sein. Die hieraus abzuleitenden Einzelanforderungen hat der Verordnungsgeber in der FeuVO normiert – obwohl er sie auch in die LBOAVO hätte aufnehmen können.

Den Anwendungsbereich der FeuVO grenzt der Verordnungsgeber in § 1 negativ ab. Für Feuerstätten, Wärmepumpen und Blockheizkraftwerke gilt die Verordnung nur, soweit diese Anlagen der Beheizung von Räumen oder der Warmwasserversorgung dienen oder Gas-Haushalts-Kochgeräte sind. Wesentliche Begriffe (Nennwärmeleistung, Gesamtnennwärmeleistung, Schornsteine usw.) sind in § 2 definiert. Einzelregelungen betreffen die Verbrennungsluftversorgung (§ 3), das Aufstellen von Feuerstätten (§§ 4 ff.), Abgasanlagen, Schornsteine und Abgasleitungen (§§ 7 ff.), Wärmepumpen, Blockheizkraftwerke und ortsfeste Verbrennungsmotoren (§§ 10 f.) sowie die Brennstofflagerung (§§ 12 ff.).

4. Verordnung der Landesregierung und des Innenministeriums über das baurechtliche Verfahren (LBOVVO, Nr. 4)

Während die LBOAVO und die FeuVO Detailregelungen zu materiellen – in erster Linie bautechnischen – Anforderungen enthalten, wird das Verfahrensrecht der LBO (§§ 41 ff.) in der LBOVVO näher geregelt. Gegenstand der LBOVVO sind die Anforderungen an die Bauvorlagen, die nach § 52 Abs. 1 S. 1 LBO zu Beginn sowohl des Baugenehmigungsverfahrens als auch des Kenntnisgabeverfahrens bei der Gemeinde einzureichen sind. In beiden Fällen sind vorzulegen: Lageplan, Bauzeichnungen und Darstellung der Grundstücksentwässerung (§ 1 Abs. 1 Nr. 1–3, § 2 Abs. 1 Nr. 1 f. u. Nr. 4 LBOVVO). Dabei sind gemäß § 3 Abs. 2 LBOVVO die amtlichen Vordrucke zu verwenden. Öffentlich bekanntgemacht sind bislang Vordrucke für das Kenntnisgabeverfahren, den Abbruch baulicher Anlagen, den Antrag auf Erteilung einer Baugenehmigung bzw. eines Bauvorbescheids, den schriftlichen Teil des Lageplans, die Baubeschreibung, technische Angaben über Feuerungsanlagen und Angaben zu gewerblichen Anlagen.

Die Einzelheiten zu den Inhalten und den gesetzlich vorgeschriebenen Verfassern der Bauvorlagen finden sich in den §§ 4 ff. LBOVVO – Lageplan (§§ 4 f.), Bauzeichnungen (§ 6) und Darstellung der Grundstücksentwässerung (§ 8). Geht es nicht um die Errichtung, sondern den Abbruch einer baulichen Anlage (vgl. § 49 Abs. 1 LBO) ist der Behörde vorab das Was, Wo und Wie mitzuteilen. Der mit dem Abbruch beauftragte Fachunternehmer hat zu bestätigen, dass er über das erforderliche technische Wissen, die entsprechende Erfahrung und das erforderliche technische Gerät verfügt (§ 12 Nr. 3 LBOVVO).

Folgerichtig sieht § 15 Abs. 1 LBOVVO vor, dass dem Antrag auf Erteilung eines Bauvorbescheids nach § 57 Abs. 1 S. 1 LBO die Bauvorlagen beizufügen sind, die zur Beurteilung der durch den Vorbescheid zu entscheidenden Fragen erforderlich sind.

Eine Erleichterung bei der bautechnischen Prüfung sieht § 18 LBOVVO vor. Danach muss insbesondere bei Wohngebäuden geringer Höhe, sofern sie nicht Garagen mit einer Nutzfläche von jeweils mehr als 200 m² enthalten, keine bautechnische Prüfung durchgeführt werden, sofern der Verfasser des Standsicherheitsnachweises bestimmte persönliche Qualifikationen besitzt (§ 18 Abs. 1 Nr. 1, Abs. 3 LBOVVO) und die Gemeinde nicht besonders erdbebengefährdet ist (§ 18 Abs. 5 i. V. m. Anlage). Bei anderen Wohngebäuden führt regelmäßig ein Prüfingenieur für Baustatik die bautechnische Prüfung durch. Die Prüfung muss vor Baubeginn, spätestens jedoch vor Ausführung der jeweiligen Bauabschnitte abgeschlossen sein.

Schließlich hat der Verordnungsgeber mit § 20 LBOVVO von der Ermächtigung in § 59 Abs. 5 Nr. 2 LBO Gebrauch gemacht, anderes in dem Sinn zu bestimmen, dass für kleinere Maßnahmen nach § 5 Abs. 1 S. 2 LBOVVO (eingeschossige Gebäude ohne Aufenthaltsräume bis zu 50 m² Grundfläche usw.) vor Baubeginn Grundriss und Höhenlage von Gebäuden auf dem Baugrundstück nicht durch einen Sachverständigen festzulegen sind.

5. Verwaltungsvorschrift des Wirtschaftsministeriums über die Herstellung notwendiger Stellplätze (VwV Stellplätze, Nr. 5)

Obwohl der Verordnungsgeber in § 73 Abs. 1 Nr. 1 LBO ermächtigt wird, nähere Bestimmungen auch zu § 37 LBO zu treffen, hat er hiervon keinen

Einführung

Gebrauch gemacht. Das Wirtschaftsministerium hat sich darauf beschränkt, in einer Verwaltungsvorschrift interpretierende Hinweise zu geben, wie § 37 LBO auszulegen und im Einzelfall anzuwenden ist.

Während das Gesetz bei der Errichtung von Gebäuden mit Wohnungen ausdrücklich bestimmt, dass für jede Wohnung „ein geeigneter Stellplatz" herzustellen ist (§ 37 Abs. 1 S. 1 LBO), spricht es bei der Errichtung sonstiger baulicher Anlagen nur noch davon, „notwendige Stellplätze in solcher Zahl herzustellen, dass sie für die ordnungsgemäße Nutzung der Anlagen unter Berücksichtigung des öffentlichen Personennahverkehrs ausreichen" (§ 37 Abs. 1 S. 2 LBO). Ausführungen dazu, wie diese Zahl im Einzelfall bestimmt werden kann, finden sich in der VwV Stellplätze. Darüber hinaus macht das Wirtschaftsministerium in der VwV Stellplätze Vorgaben zur Abweichung von der Stellplatzverpflichtung nach § 37 Abs. 2 S. 2, zur Aussetzung der Verpflichtung zur Herstellung notwendiger Stellplätze (§ 37 Abs. 3), zu den Voraussetzungen einer Bestimmung des Grundstücks durch die Baurechtsbehörde nach § 37 Abs. 4 und schließlich zur Abweichung von der Stellplatzverpflichtung bei Wohnungen nach § 37 Abs. 6.

Um die Zahl der notwendigen Stellplätze bei einer Anlage ohne Wohnungen zu ermitteln (§ 37 Abs. 1 S. 2 LBO – Wohnheime, Gebäude mit Büro-, Verwaltungs- und Praxisräumen, Verkaufsstätten, Gaststätten, Beherbergungsbetriebe, Vergnügungsstätten usw.), kommt es auf ihre Lage, Nutzung, Größe und Art an. Maßgeblich sind die Umstände des konkreten Einzelfalls. Mit Hilfe des Anhangs zur VwV Stellplätze lässt sich aber zumindest ein Richtwert gewinnen. Dazu ist zunächst der Standort der Anlage hinsichtlich seiner Einbindung in den ÖPNV entsprechend der Tabelle A zu bewerten. Aus der Tabelle B des Anhangs wird dann nach Nutzungsart und Größe der Anlage eine allgemeine Zahl von Stellplätzen ermittelt. Bei guter Einbindung des Standortes in den ÖPNV wird diese allgemeine Zahl entsprechend der nach der Tabelle A erreichten Punktzahl gemindert. Ergibt sich als rechnerisches Ergebnis keine ganze Zahl, kann entsprechend den allgemeinen Rundungsregeln auf- bzw. abgerundet werden. Dabei dürfen die Richtwerte aber nicht schematisch angewendet werden. Zeichnet sich ein Einzelfall durch besondere Umstände aus, kann ein Abweichen nach oben oder unten geboten sein.

Durch örtliche Bauvorschriften kann nach § 74 Abs. 2 Nr. 1 LBO die Stellplatzverpflichtung gemäß § 37 Abs. 1 LBO, ausgenommen die Stellplatzverpflichtung für Wohnungen, eingeschränkt werden. Nach § 74 Abs. 2 Nr. 2 LBO kann die Stellplatzverpflichtung für Wohnungen auf bis zu zwei Stellplätze erhöht werden. Nach § 74 Abs. 2 Nr. 3 LBO kann die Herstellung von Stellplätzen und Garagen eingeschränkt oder untersagt werden. Die VwV Stellplätze betrifft allein den Fall der Erhöhung der Stellplätze durch Satzung nach § 74 Abs. 2 Nr. 2 LBO.

Statt notwendiger Stellplätze ist die Herstellung notwendiger Garagen zulässig (§ 37 Abs. 1 S. 3 Hs. 1 LBO). Stellplätze sind Flächen im Freien, die dem Abstellen von Kraftfahrzeugen außerhalb von öffentlichen Verkehrsflächen dienen. Garagen sind ganz oder teilweise umschlossene Räume zum Abstellen von Kraftfahrzeugen, wobei Carports als offene Garagen gelten. Die technischen Anforderungen an den Bau und den Betrieb von Garagen und Garagenstellplätzen sind in der Garagenverordnung vom 7. 7. 1997 geregelt.

6. Sonderbauverordnungen (Nr. 6–9)

In den §§ 4 bis 37 LBO sind materiell-rechtliche Anforderungen normiert, die an übliche bauliche Anlagen – insbesondere Wohngebäude – zu stellen sind. Aufgrund der Ermächtigung in § 73 Abs. 1 Nr. 1 LBO sind diese Anforderungen insbesondere in der LBOAVO und der FeuVO näher ausgeführt. Detailregelungen für sog. Sonderbauten finden sich in Rechtsverordnungen nach § 73 Abs. 1 Nr. 2 LBO. Sonderbauten sind bauliche Anlagen, die aus dem Rahmen der üblichen Bauvorhaben fallen. Sie zählen zu den von § 38 LBO erfassten „bauliche[n] Anlagen und Räumen besonderer Art oder Nutzung". Vorliegend sind zu nennen Garagen, Versammlungs-, Verkaufsstätten und elektrische Betriebsräume.

Besonderer Nutzungszweck auf der einen Seite, spezifisches mit dieser Nutzung zwangsläufig verbundenes Gefahrenpotenzial auf der anderen Seite – das sind die beiden Größen, die durch die Sonderbauverordnungen mit dem Ziel handhabbar gemacht werden sollen, die öffentliche Sicherheit und Ordnung im Sinn der materiell-rechtlichen Generalklausel (§ 3 Abs. 1 S. 1 LBO) zu gewährleisten. Zum Betrieb der Sonderbauten sind vielfältige Maßnahmen baulicher (beispielsweise direkte Führung der Rettungswege ins Freie) und technischer Art (beispielsweise Feuerlöschanlagen, Lüftungsanlagen oder Alarmeinrichtungen) erforderlich. Da sich diese Maßnahmen nicht auf den Zeitpunkt der Errichtung bzw. der ersten Inbetriebnahme des Sonderbaus beschränken, sondern die gesamte Betriebszeit erfassen, müssen die Einrichtungen ordnungsgemäß bedient (Anforderungen an das Betriebspersonal!) und regelmäßig von Sachverständigen auf ihre Funktionsfähigkeit geprüft werden!

Zwar können Rechtsverordnungen zeitlich schneller als Parlamentsgesetze geändert werden – aber auch dieser Weg nimmt gewisse Zeit in Anspruch. Dazu kommt, dass sich nicht alles abstrakt-generell regeln lässt. Einzelfallregelungen sind unverzichtbar. Dementsprechend kann die Baurechtsbehörde nach § 38 Abs. 1 S. 1 LBO im Einzelfall Anforderungen stellen, die über die Vorgaben der §§ 4 bis 37 LBO, der allgemeinen Rechtsverordnungen auf Grund § 73 Abs. 1 Nr. 1 LBO (insbesondere LBOAVO, FeuVO und LBOVVO) und der jeweiligen Sonderbauverordnung hinausgehen. Sie kann aber auch Erleichterungen (z. B. bei Garagen und Stellplätzen für Motorräder) zulassen.

a) Verordnung des Wirtschaftsministeriums über Garagen und Stellplätze (GaVO, Nr. 6)

In § 1 GaVO finden sich Begriffsbestimmungen. Nach § 4 müssen Garagenstellplätze mindestens 5 m lang (Abs. 1) und 2,3 m breit sein (Abs. 2 S. 1). Die Breite der Fahrgasse ist abhängig vom Winkel, in dem die Garagenstellplätze zur Fahrgasse angeordnet sind (§ 4 Abs. 3). Mittel- (Nutzfläche über 100 m² bis 1000 m² – § 1 Abs. 8 Nr. 2) und Großgaragen (Nutzfläche über 1000 m² – § 1 Abs. 8 Nr. 3) müssen in zum Begehen bestimmten Bereichen eine lichte Höhe von mindestens 2 m haben (§ 5 S. 1). Die erforderliche Feuerwiderstandsfähigkeit von Wänden, Decken, Dächern und Stützen bestimmt sich gemäß § 6 Abs. 1 nach dem jeweils strengsten Vorgaben (Prinzip größter Sicherheit!). Grundsätzlich gelten die §§ 5 bis 7 und 9 LBOAVO. Diesen gehen die speziellen Abs. 2 bis 4 des § 6 GaVO vor. Befinden sich über Garagen Geschosse mit Aufenthaltsräumen, sind die einschlägigen weitergehenden Anforderungen zu beachten (§ 6 Abs. 1 S. 2 GaVO). Es finden

Einführung

sich detaillierte Vorgaben zu Rauchabschnitten, Brandabschnitten, Rettungswegen, Feuerlöschanlagen, Rauch- und Wärmeabzug, Beleuchtung, Lüftung usw. Dementsprechend müssen im Rahmen der Zulassung von Mittel- und Großgaragen nach § 13 Abs. 1 über die in der LBOVVO vorgesehenen Bauvorlagen hinaus weitere Unterlagen vorgelegt werden. In geschlossenen Mittel- und Großgaragen müssen die in § 16 Abs. 1 benannten Einrichtungen und Anlagen durch einen von der obersten Baurechtsbehörde anerkannten Sachverständigen regelmäßig auf ihre Wirksamkeit und Betriebssicherheit geprüft werden. Soweit Garagen oder Stellplätze von Kraftfahrzeugen genutzt werden sollen, die über die gewöhnlichen Ausmaße eines PKW hinausgehen (Länge von mehr als 5 m und Breite von mehr als 2 m), oder in einer Höhe liegen, die mit einer üblichen Feuerwehrdrehleiter nicht mehr sicher erreichbar ist (Fußboden mehr als 22 m über der Geländeoberfläche), können nach § 17 besondere Sicherheitsanforderungen gestellt werden, soweit die allgemeinen Vorschriften der GaVO zur Verhinderung oder Beseitigung von Gefahren nicht ausreichen. Diese Anforderungen können sich auch auf den Betriebsablauf beziehen (vgl. § 14). Dabei ist § 17 nicht abschließend. Soll die Garage auch Fahrzeugen offen stehen, deren Höhe eine lichte Höhe von mehr als 2 m erfordert, kommt eine Einzelanordnung der Baurechtsbehörde auf Grund § 38 Abs. 1 S. 1 Hs. 1, S. 2 Nr. 12 LBO in Betracht.

b) Verordnung des Innenministeriums über elektrische Betriebsräume (EltVO, Nr. 7)

Elektrische Betriebsräume sind Räume, die ausschließlich der Unterbringung von Einrichtungen zur Erzeugung oder Verteilung elektrischer Energie (Transformatoren und Schaltanlagen für Nennspannungen über 1 kV – § 3 S. 1 Nr. 1 EltVO) oder zur Aufstellung von Batterien dienen (§ 2). Besteht ein Gebäude, in dem sich typischerweise Menschen aufhalten (vgl. § 1 Abs. 1 Nr. 1 bis 8), noch aus weiteren Räumen oder ist der Teil des Gebäudes, in dem der elektrische Betriebsraum untergebracht ist, nicht durch Brandwände vom übrigen Gebäude abgetrennt (§ 1 Abs. 2), sind die besonderen Sicherheitsvorschriften der EltVO bei der Errichtung, Unterhaltung und Nutzung von elektrischen Betriebsräumen einzuhalten. Entsprechend erweitert § 8 die nach der LBOVVO einzureichenden Bauvorlagen.

c) Verordnung des Wirtschaftsministeriums über den Bau und Betrieb von Versammlungsstätten (VStättVO, Nr. 8)

Wenn in einem geschlossenen Raum mehr als 200 Menschen (vgl. § 1 Abs. 1 Nr. 1 VStättVO) oder in einem abgegrenzten Besucherbereich im Freien mehr als 1000 Menschen versammelt sind (vgl. § 1 Abs. 1 Nr. 2), bestehen schon auf Grund der großen Personenanzahl Gefahren für Leben und Gesundheit der Anwesenden. Tritt ein Ereignis ein, das eine Flucht bzw. Panik auslöst, müssen Vorkehrungen getroffen sein, die gewährleisten, dass möglichst wenige Menschen zu Schaden kommen. Sportstadien fallen allerdings erst dann in den Anwendungsbereich der VStättVO, wenn sie mehr als 5000 Besucher fassen (§ 1 Abs. 1 Nr. 3).

Die wesentlichen Begriffe (Versammlungsstätte, Versammlungsräume, Studios, Sportstadien usw.) werden in § 2 definiert. Daran schließen sich die allgemeinen Bauvorschriften insbesondere zu den Rettungswegen (§§ 6 ff.), den Besucherplätzen (§§ 10 ff.) und den technischen Einrichtungen (§§ 14 ff.)

an. Im Rahmen der besonderen Bauvorschriften des dritten Teils der VStätt-VO werden Detailregelungen für Großbühnen (§§ 22 ff.) und Versammlungsstätten mit mehr als 5000 Besucherplätzen getroffen (§§ 26 ff.). Nach den Anforderungen an die Errichtung der Versammlungsstätte nimmt der Verordnungsgeber in den §§ 31 ff. den Betriebsablauf in den Blick: ständige Freihaltung der Rettungswege, Rauchverbote, Bedienung und Wartung der technischen Einrichtungen usw. Entsprechende Prüfpflichten (Sachverständigenzwang !) sind in § 37 normiert. Die verantwortlichen Personen und die fachlichen Qualifikationsanforderungen werden in den §§ 38 ff. benannt. § 44 erweitert die Pflicht zur Eingabe bestimmter Bauvorlagen nach der LBOVVO entsprechend den Anforderungen der VStättVO.

d) Verordnung des Wirtschaftsministeriums über den Bau und Betrieb von Verkaufsstätten (VkVO, Nr. 9)

Nach § 2 Abs. 1 S. 1 VkVO sind Verkaufsstätten Gebäude oder Gebäudeteile, die zumindest teilweise dem Verkauf von Waren dienen, mindestens einen Verkaufsraum haben und keine Messebauten sind. Verkaufsräume sind Räume, in denen Waren zum Verkauf oder sonstige Leistungen angeboten werden oder die dem Kundenverkehr dienen, ausgenommen Treppenräume notwendiger Treppen, Treppenraumerweiterungen sowie Garagen. Ladenstraßen gelten nicht als Verkaufsräume (§ 2 Abs. 3). Ladenstraßen − so die Definition in § 2 Abs. 4 − sind überdachte oder überdeckte Flächen, an denen Verkaufsräume oder die dem Kundenverkehr dienen. In den Anwendungsbereich der VkVO fallen gemäß § 1 Verkaufsstätten, deren Verkaufsräume und Ladenstraßen ein Fläche von mehr als 2000 m² haben. Die VkVO enthält in den §§ 3 ff. Bauvorschriften für die Bauteile (Wände, Decken, Dächer, Treppen usw.). Eine besondere Bedeutung kommt dabei dem Brandschutz zu. Dies gilt auch für die Betriebsführung. Nach § 17 dürfen Feuerstätten in Verkaufsräumen zur Beheizung nicht aufgestellt werden. Das Rauchen und das Verwenden von offenem Feuer ist in Verkaufsräumen und Ladenstraßen verboten (§ 24 Abs. 1 S. 1). Nach § 25 Abs. 3 sind die als Rettungswege dienenden Flächen ständig freizuhalten. Es muss ein betrieblicher Brandschutzbeauftragter bestellt werden (§ 26 Abs. 2 S. 1 Nr. 1). Die über die LBOVVO hinaus vorzulegenden zusätzlichen Bauvorlagen sind in § 29 aufgezählt. Sprinkleranlagen, Rauchabzugsanlagen und -vorrichtungen, Sicherheitsbeleuchtung, Brandmeldeanlagen und Sicherheitsstromversorgungsanlagen sind mindestens alle drei Jahre durch einen Sachverständigen auf ihre Wirksamkeit und Betriebssicherheit zu prüfen (§ 30 Abs. 1). Nach § 31 kann die Baurechtsbehörde an Lagerräume, deren lichte Höhe mehr als 9 m beträgt, aus Brandschutzgründen weitergehende Anforderungen stellen.

7. Nachbarrechtsgesetz (Nr. 10)

Nach Art. 74 Abs. 1 Nr. 1 Alt. 1 GG fällt das Bürgerliche Recht und damit die Ordnung der Individualrechtsverhältnisse zwischen gleichgeordneten Bürgern in die konkurrierende Gesetzgebungszuständigkeit des Bundes. Zwar hat der Bund seine Kompetenz zur Normierung des zivilrechtlichen Nachbarschutzes insbesondere mit den §§ 906 ff. Bürgerliches Gesetzbuch (BGB) grundsätzlich ausgeschöpft (Art. 55 Einführungsgesetz BGB [EGBGB]), in Art. 124 EGBGB hat er den landesgesetzlichen Nachbarrechtsgesetzen jedoch Raum eingeräumt, das BGB zu erweitern und zu konkretisieren.

Einführung

Die wichtigsten Regelungsgegenstände des Nachbarrechtsgesetzes (NRG) sind: Ableitung des Regenwassers und Abwassers (§ 1), Traufberechtigung (§ 2), Abstandsregelungen – Lichtöffnungen und ausblickgewährende Anlagen (§§ 3 ff.), Hammerschlags- und Leiterrecht (§ 7 c), Benutzung von Grenzwänden (§ 7 d), Leitungen (§ 7 e), Erhöhungen (§§ 9 f.), Abstände bei Einfriedungen und Pflanzungen (§§ 11 ff.), überragende Zweige und eingedrungene Wurzeln (§§ 23 ff.). Nach § 27 S. 1 haben Festsetzungen in Satzungen nach dem BauGB, insbesondere in Bebauungsplänen nach § 9 BauGB, Vorrang gegenüber den Abstandsregelungen des NRG.

Das zivilrechtliche Nachbarrecht durchzusetzen, obliegt allein dem hierdurch berechtigten Bürger, nicht aber der Baurechtsbehörde. Bei der gerichtlichen Durchsetzung der Ansprüche aus dem NRG vor den Amtsgerichten ist allerdings zu beachten, dass eine Klage nach § 1 Abs. 1 S. 1 Nr. 2 lit. e Schlichtungsgesetz grundsätzlich erst zulässig ist, nachdem von einer Gütestelle (erfolglos) versucht worden ist, die Streitigkeit einvernehmlich beizulegen. Bei jedem Amtsgericht ist eine Gütestelle eingerichtet. Dort ist der Antrag auf Durchführung eines Schlichtungsverfahrens zu stellen. Mit der Verpflichtung zur außergerichtlichen Streitschlichtung verfolgt der Gesetzgeber das Ziel, den nachbarlichen Frieden wiederherzustellen und dauerhafte Lösungen im Einzelfall zu finden.

Für Rückfragen, Anregungen, Hinweise und Kritik bin ich offen und dankbar. Sie können mich gerne auch per E-Mail kontaktieren (kupfer@wws.de).

Freiburg, im Juli 2007   Dominik Kupfer

1. Landesbauordnung für Baden-Württemberg (LBO)

Vom 8. August 1995

(GBl. S. 617)

geänd. durch ÄndG v. 15. 12. 1997 (GBl. S. 521), ÄndG v. 19. 12. 2000 (GBl. S. 760), ÄndG
v. 29. 10. 2003 (GBl. S. 695), ÄndG v. 19. 10. 2004 (GBl. S. 771), Art. 3 Sechste AnpassungsVO
v. 29. 10. 2004 (GBl. S. 810), Art. 14 Elektronik-AnpassungsG v. 14. 12. 2004 (GBl. S. 884),
Art. 4 Gebührenrechts-NeuregelungsG v. 14. 12. 2004 (GBl. S. 895) und Art. 12 Siebte AnpassungsVO v. 25. 4. 2007 (GBl. S. 252)

Der Landtag hat am 19. Juli 1995 das folgende Gesetz beschlossen:

Inhaltsübersicht[1]

[1] Inhaltsübersicht geänd. mWv 1. 2. 2001 durch G v. 19. 12. 2000 (GBl. S. 760).

1

Erster Teil. Allgemeine Vorschriften

§ 1 Anwendungsbereich. (1) [1]Dieses Gesetz gilt für bauliche Anlagen und Bauprodukte. [2]Es gilt auch für Grundstücke, andere Anlagen und Einrichtungen, an die in diesem Gesetz oder in Vorschriften auf Grund dieses Gesetzes Anforderungen gestellt werden. [3]Es gilt ferner für Anlagen nach Absatz 2, soweit an sie Anforderungen auf Grund von § 74 gestellt werden.

(2) [1]Dieses Gesetz gilt

1. bei öffentlichen Verkehrsanlagen nur für Gebäude,
2. bei den der Aufsicht der Wasserbehörden und Abfallrechtsbehörden unterliegenden Anlagen nur für Gebäude, Überbrückungen, Abwasseranlagen, Wasserbehälter, Pumpwerke, Schachtbrunnen, ortsfeste Behälter für Treibstoffe, Öle und andere wassergefährdende Stoffe sowie für Abwasserleitungen auf Baugrundstücken,
3. bei den der Aufsicht der Bergbehörden unterliegenden Anlagen nur für oberirdische Gebäude,
4. bei Leitungen aller Art nur für solche auf Baugrundstücken.

[2]Es gilt nicht für Kräne und Krananlagen.

§ 2 Begriffe. (1) [1]Bauliche Anlagen sind unmittelbar mit dem Erdboden verbundene, aus Bauprodukten hergestellte Anlagen. [2]Eine Verbindung mit dem Erdboden besteht auch dann, wenn die Anlage durch eigene Schwere auf dem Boden ruht oder wenn die Anlage nach ihrem Verwendungszweck dazu bestimmt ist, überwiegend ortsfest benutzt zu werden. [3]Als bauliche Anlagen gelten auch

1. Aufschüttungen und Abgrabungen,
2. Ausstellungs-, Abstell- und Lagerplätze,
3. Camping- und Zeltplätze,
4. Stellplätze.

(2) Gebäude sind selbständig benutzbare, überdeckte bauliche Anlagen, die von Menschen betreten werden können und geeignet sind, dem Schutz von Menschen, Tieren oder Sachen zu dienen.

(3) Wohngebäude sind Gebäude, die überwiegend der Wohnnutzung dienen und außer Wohnungen allenfalls Räume für die Berufsausübung freiberuflich oder in ähnlicher Art Tätiger sowie die zugehörigen Garagen und Nebenräume enthalten.

(4) Hochhäuser sind Gebäude, bei denen der Fußboden mindestens eines Aufenthaltsraumes mehr als 22 m über der für das Aufstellen von Feuerwehrfahrzeugen notwendigen Fläche liegt.

(5) [1]Gebäude geringer Höhe sind Gebäude, bei denen in jeder Nutzungseinheit in jedem Geschoß mit Aufenthaltsräumen mindestens eine zum Anleitern geeignete Stelle nicht mehr als 8 m über der Geländeoberfläche liegt. [2]Gebäude ohne Aufenthaltsräume stehen Gebäuden geringer Höhe gleich.

(6) [1]Vollgeschosse sind Geschosse, die mehr als 1,4 m über die im Mittel gemessene Geländeoberfläche hinausragen und, von Oberkante Fußboden bis Oberkante Fußboden der darüberliegenden Decke oder bis Oberkante Dachhaut des darüberliegenden Daches gemessen, mindestens 2,3 m hoch sind. [2]Die im Mittel gemessene Geländeoberfläche ergibt sich aus dem arithmeti-

schen Mittel der Höhenlage der Geländeoberfläche an den Gebäudeecken. [3] Keine Vollgeschosse sind

1. Geschosse, die ausschließlich der Unterbringung von haustechnischen Anlagen und Feuerungsanlagen dienen,
2. oberste Geschosse, bei denen die Höhe von 2,3 m über weniger als drei Viertel der Grundfläche des darunterliegenden Geschosses vorhanden ist.

[4] Hohlräume zwischen der obersten Decke und dem Dach, deren lichte Höhe geringer ist, als sie für Aufenthaltsräume nach § 34 Abs. 1 erforderlich ist, sowie offene Emporen bis zu einer Grundfläche von 20 m² bleiben außer Betracht.

(7) Aufenthaltsräume sind Räume, die zum nicht nur vorübergehenden Aufenthalt von Menschen bestimmt oder geeignet sind.

(8) [1] Stellplätze sind Flächen im Freien, die dem Abstellen von Kraftfahrzeugen außerhalb der öffentlichen Verkehrsflächen dienen. [2] Garagen sind ganz oder teilweise umschlossene Räume zum Abstellen von Kraftfahrzeugen. [3] Als Garagen gelten nicht

1. Ausstellungs- und Verkaufsräume für Kraftfahrzeuge,
2. Lagerräume, in denen nur Kraftfahrzeuge mit leeren Kraftstoffbehältern abgestellt werden.

(9) [1] Anlagen der Außenwerbung (Werbeanlagen) sind alle örtlich gebundenen Einrichtungen, die der Ankündigung oder Anpreisung oder als Hinweis auf Gewerbe oder Beruf dienen und vom öffentlichen Verkehrsraum aus sichtbar sind. [2] Hierzu gehören vor allem Schilder, Beschriftungen, Bemalungen, Lichtwerbungen, Schaukästen sowie für Anschläge oder Lichtwerbung bestimmte Säulen, Tafeln und Flächen. [3] Keine Werbeanlagen im Sinne dieses Gesetzes sind

1. Werbeanlagen, die im Zusammenhang mit allgemeinen Wahlen oder Abstimmungen angebracht oder aufgestellt werden, während der Dauer des Wahlkampfes,
2. Werbeanlagen in Form von Anschlägen,
3. Werbeanlagen an Baustellen, soweit sie sich auf das Vorhaben beziehen,
4. Lichtwerbungen an Säulen, Tafeln oder Flächen, die allgemein dafür baurechtlich genehmigt sind,
5. Auslagen und Dekorationen in Schaufenstern und Schaukästen,
6. Werbemittel an Verkaufsstellen für Zeitungen und Zeitschriften.

(10) Bauprodukte sind

1. Baustoffe, Bauteile und Anlagen, die dazu bestimmt sind, in bauliche Anlagen dauerhaft eingebaut zu werden,
2. aus Baustoffen und Bauteilen vorgefertigte Anlagen, die hergestellt werden, um mit dem Erdboden verbunden zu werden, wie Fertighäuser, Fertiggaragen und Silos.

(11) Bauart ist das Zusammenfügen von Bauprodukten zu baulichen Anlagen oder Teilen von baulichen Anlagen.

(12) Es stehen gleich

1. der Errichtung das Herstellen, Aufstellen, Anbringen, Einbauen, Einrichten, Instandhalten, Ändern und die Nutzungsänderung,
2. dem Abbruch das Beseitigen,

soweit nichts anderes bestimmt ist.

§ 3 Allgemeine Anforderungen. (1) [1]Bauliche Anlagen sowie Grundstücke, andere Anlagen und Einrichtungen im Sinne von § 1 Abs. 1 Satz 2 sind so anzuordnen und zu errichten, daß die öffentliche Sicherheit oder Ordnung, insbesondere Leben, Gesundheit oder die natürlichen Lebensgrundlagen, nicht bedroht werden und daß sie ihrem Zweck entsprechend ohne Mißstände benutzbar sind. [2]Für den Abbruch baulicher Anlagen gilt dies entsprechend.

(2) Bauprodukte dürfen nur verwendet werden, wenn bei ihrer Verwendung die baulichen Anlagen bei ordnungsgemäßer Instandhaltung während einer dem Zweck entsprechenden angemessenen Zeitdauer die Anforderungen der Vorschriften dieses Gesetzes oder auf Grund dieses Gesetzes erfüllen und gebrauchstauglich sind.

(3) [1]Die oberste Baurechtsbehörde kann Regeln der Technik, die der Erfüllung der Anforderungen des Absatzes 1 dienen, als technische Baubestimmungen bekanntmachen. [2]Bei der Bekanntmachung kann hinsichtlich des Inhalts der Baubestimmungen auf die Fundstelle verwiesen werden. [3]Die technischen Baubestimmungen sind einzuhalten. [4]Von ihnen darf abgewichen werden, wenn den Anforderungen des Absatzes 1 auf andere Weise ebenso wirksam entsprochen wird; § 17 Abs. 3 und § 21 bleiben unberührt.

(4) In die Planung von Gebäuden sind die Belange von Personen mit kleinen Kindern, behinderten und alten Menschen nach Möglichkeit einzubeziehen; dies gilt insbesondere bei der Planung von Gebäuden mit mehreren Wohnungen, wenn sie sich von der Lage her für die barrierefreie Erreichbarkeit mindestens eines Geschosses eignen.

Zweiter Teil. Das Grundstück und seine Bebauung

§ 4 Bebauung der Grundstücke. (1) Gebäude dürfen nur errichtet werden, wenn das Grundstück in angemessener Breite an einer befahrbaren öffentlichen Verkehrsfläche liegt oder eine befahrbare, öffentlich-rechtlich gesicherte Zufahrt zu einer befahrbaren öffentlichen Verkehrsfläche hat; bei Wohnwegen kann auf die Befahrbarkeit verzichtet werden, wenn keine Bedenken wegen des Brandschutzes bestehen.

(2) Die Errichtung eines Gebäudes auf mehreren Grundstücken ist zulässig, wenn durch Baulast gesichert ist, daß keine Verhältnisse eintreten können, die den Vorschriften dieses Gesetzes oder den auf Grund dieses Gesetzes erlassenen Vorschriften zuwiderlaufen.

(3) [1]Bauliche Anlagen mit Feuerstätten müssen von Wäldern, Mooren und Heiden mindestens 30 m entfernt sein; die gleiche Entfernung ist mit Gebäuden von Wäldern sowie mit Wäldern von Gebäuden einzuhalten. [2]Ausnahmen können zugelassen werden. [3]Größere Abstände können verlangt werden, soweit dies wegen des Brandschutzes oder zur Sicherheit der Gebäude erforderlich ist.

§ 5 Abstandsflächen. (1) [1]Vor den Außenwänden von Gebäuden müssen Abstandsflächen liegen, die von oberirdischen baulichen Anlagen freizuhalten sind. [2]Eine Abstandsfläche ist nicht erforderlich vor Außenwänden an Grundstücksgrenzen, wenn nach planungsrechtlichen Vorschriften

1. das Gebäude an die Grenze gebaut werden muß, es sei denn, die vorhandene Bebauung erfordert eine Abstandsfläche, oder
2. das Gebäude an die Grenze gebaut werden darf und öffentlich-rechtlich gesichert ist, daß auf dem Nachbargrundstück ebenfalls an die Grenze gebaut wird.

[3]Die öffentlich-rechtliche Sicherung ist nicht erforderlich, wenn nach den Festsetzungen einer abweichenden Bauweise unabhängig von der Bebauung auf dem Nachbargrundstück an die Grenze gebaut werden darf.

(2) [1]Die Abstandsflächen müssen auf dem Grundstück selbst liegen. [2]Sie dürfen auch auf öffentlichen Verkehrsflächen, öffentlichen Grünflächen und öffentlichen Wasserflächen liegen, bei beidseitig anbaubaren Flächen jedoch nur bis zu deren Mitte.

(3) [1]Die Abstandsflächen dürfen sich nicht überdecken. [2]Dies gilt nicht für Abstandsflächen von Außenwänden, die in einem Winkel von mehr als 75° zueinander stehen.

(4) [1]Die Tiefe der Abstandsfläche bemißt sich nach der Wandhöhe; sie wird senkrecht zur jeweiligen Wand gemessen. [2]Als Wandhöhe gilt das Maß vom Schnittpunkt der Wand mit der Geländeoberfläche bis zum Schnittpunkt der Wand mit der Dachhaut oder bis zum oberen Abschluß der Wand. [3]Ergeben sich bei einer Wand durch die Geländeoberfläche unterschiedliche Höhen, ist die im Mittel gemessene Wandhöhe maßgebend. [4]Sie ergibt sich aus dem arithmetischen Mittel der Höhenlage an den Gebäudeecken; liegen bei einer Wand die Schnittpunkte mit der Dachhaut oder die oberen Abschlüsse verschieden hoch, gilt dies für den jeweiligen Wandabschnitt.

(5) [1]Auf die Wandhöhe werden angerechnet
1. zu einem Viertel die Höhe von Dächern mit einer Neigung von mehr als 45° sowie die Höhe von Giebelflächen, wenn mindestens eine Dachfläche eine Neigung von mehr als 45° aufweist,
2. in vollem Umfang die Höhe von Dächern mit einer Neigung von mehr als 70° sowie die Höhe von Giebelflächen zwischen diesen Dächern.

[2]Die Giebelfläche beginnt an der Horizontalen durch den Schnittpunkt der Wand mit der Dachhaut; bei verschieden hohen Schnittpunkten beginnt die Giebelfläche am unteren Schnittpunkt.

(6) Bei der Bemessung der Abstandsflächen bleiben außer Betracht
1. untergeordnete Bauteile wie Gesimse, Dachvorsprünge, Eingangs- und Terassenüberdachungen, wenn sie nicht mehr als 1,5 m vor die Außenwand vortreten
2. Vorbauten wie Wände, Erker, Balkone, Tür- und Fenstervorbauten, wenn sie nicht breiter als 5 m sind und nicht mehr als 1,5 m, bei Wänden und Dächern aus lichtdurchlässigen Baustoffen (Wintergärten) nicht mehr als 2 m vortreten

und von Nachbargrenzen mindestens 2 m entfernt bleiben.

(7) [1]Die Tiefe der Abstandsflächen beträgt
1. allgemein 0,6 der Wandhöhe,
2. in Kerngebieten, Dorfgebieten und in besonderen Wohngebieten 0,4 der Wandhöhe,
3. in Gewerbegebieten und in Industriegebieten sowie in Sondergebieten, die nicht der Erholung dienen, 0,25 der Wandhöhe.

[2]Sie darf jedoch 2,5 m, bei Wänden bis 5 m Breite 2 m nicht unterschreiten. [3]Der nachbarschützende Teil der Abstandstiefen beträgt bei Nummer 1 0,4 der Wandhöhe, bei Nummer 2 0,2 der Wandhöhe und bei Nummer 3 0,125 der Wandhöhe, mindestens jedoch die Tiefe nach Satz 2.

(8) Bei Wänden mit einer Länge bis zu 16 m genügt der nachbarschützende Teil der Abstandstiefen nach Absatz 7, mindestens jedoch 2,5 m, bei Wänden bis 5 m Breite mindestens 2 m.

(9) Die Absätze 1 bis 8 gelten entsprechend für bauliche Anlagen, die keine Gebäude sind, wenn die baulichen Anlagen höher als 2,5 m sind und ihre Wandfläche mehr als 25 m² beträgt.

§ 6 Abstandsflächen in Sonderfällen. (1) [1]Abstandsflächen sind nicht erforderlich vor Außenwänden von Gebäuden oder Gebäudeteilen, die eine Wandhöhe von nicht mehr als 1 m haben. [2]Darüber hinaus sind Abstandsflächen nicht erforderlich vor Außenwänden von Gebäuden oder Gebäudeteilen, die nur Garagen oder Nebenräume enthalten, der örtlichen Versorgung dienen oder sich auf öffentlichen Verkehrsflächen befinden, soweit

1. die Wandhöhe nicht mehr als 3 m beträgt und

2. die Wandfläche nicht größer als 25 m² ist.

[3]Ergeben sich bei einer Wand durch die Geländeoberfläche unterschiedliche Höhen, ist für die Ermittlung der Wandhöhe nach Satz 2 Nr. 1 der höchste Punkt der Geländeoberfläche zugrunde zu legen. [4]Die Grenzbebauung entlang den einzelnen Nachbargrenzen darf 9 m und insgesamt 15 m nicht überschreiten.

(2) Werden mit Gebäuden oder Gebäudeteilen nach Absatz 1 dennoch Abstandsflächen eingehalten, so müssen sie gegenüber Nachbargrenzen eine Tiefe von mindestens 0,5 m haben.

(3) [1]Für Gewächshäuser gelten die Absätze 1 und 2 entsprechend. [2]Bei landwirtschaftlichen Gewächshäusern, die Absatz 1 nicht entsprechen, ist nur gegenüber Nachbargrenzen eine Abstandsfläche erforderlich, die eine Tiefe von mindestens 1 m haben muß.

(4) [1]Geringere Tiefen der Abstandsflächen sind zuzulassen, wenn

1. in überwiegend bebauten Gebieten die Gestaltung des Straßenbildes oder besondere örtliche Verhältnisse dies erfordern oder

2. Beleuchtung mit Tageslicht sowie Belüftung in ausreichendem Maße gewährleistet bleiben, Gründe des Brandschutzes nicht entgegenstehen und, soweit die Tiefe der Abstandsflächen die Maße des § 5 Abs. 7 Satz 3 unterschreitet, nachbarliche Belange nicht erheblich beeinträchtigt werden.

[2]In den Fällen der Nummer 1 können geringere Tiefen der Abstandsflächen auch verlangt werden.

(5) Darf nach planungsrechtlichen Vorschriften nicht an die Grundstücksgrenze gebaut werden, ist aber ein Gebäude auf dem Nachbargrundstück bereits an dieser Grenze vorhanden, so kann die Baurechtsbehörde zulassen, daß angebaut wird.

(6) In den Abstandsflächen sind zulässig

1. Gebäude und Gebäudeteile nach Absatz 1 sowie Gewächshäuser,

2. bauliche Anlagen, die keine Gebäude sind, wenn sie in den Abstandsflächen nicht höher als 2,5 m sind und ihre Wandfläche nicht mehr als 25 m² beträgt.

§ 7 Übernahme von Abständen und Abstandsflächen auf Nachbargrundstücke. (1) ¹Soweit nach diesem Gesetz oder nach Vorschriften auf Grund dieses Gesetzes Abstände und Abstandsflächen auf dem Grundstück selbst liegen müssen, dürfen sie sich ganz oder teilweise auf andere Grundstücke erstrecken, wenn durch Baulast gesichert ist, daß sie nicht überbaut werden und auf die auf diesen Grundstücken erforderlichen Abstandsflächen nicht angerechnet werden. ²Vorschriften, nach denen in den Abstandsflächen bauliche Anlagen zulässig sind oder ausnahmsweise zugelassen werden können, bleiben unberührt.

(2) ¹Die bei der Errichtung eines Gebäudes vorgeschriebenen Abstände und Abstandsflächen dürfen auch bei nachträglichen Grenzänderungen und Grundstücksteilungen nicht unterschritten oder überbaut werden. ²Absatz 1 gilt entsprechend.

§ 8¹⁾ *(aufgehoben)*

§ 9²⁾ Nichtüberbaute Flächen der bebauten Grundstücke, Kinderspielplätze. (1) ¹Die nichtüberbauten Flächen der bebauten Grundstücke müssen Grünflächen sein, soweit diese Flächen nicht für eine andere zulässige Verwendung benötigt werden. ²Die Baurechtsbehörde kann verlangen, daß auf diesen Flächen Bäume und Sträucher gepflanzt werden oder erhalten bleiben, soweit dies

1. für das Straßen-, Orts- oder Landschaftsbild oder
2. zur Abschirmung beeinträchtigender Anlagen

erforderlich ist. ³Sie kann verlangen, daß diese Bäume oder Sträucher standortgerecht sind.

(2) ¹Bei der Errichtung von Gebäuden mit mehr als zwei Wohnungen, die jeweils mindestens zwei Aufenthaltsräume haben, ist auf dem Grundstück ein Kinderspielplatz anzulegen. ²Dies gilt nicht, wenn in unmittelbarer Nähe eine Gemeinschaftsanlage geschaffen wird oder vorhanden ist oder wenn die Art der Wohnungen oder die Lage der Gebäude dies nicht erfordern. ³Die Kinderspielplätze müssen stufenlos erreichbar sein; § 39 Abs. 3 Satz 1 gilt entsprechend. ⁴Die Art, Größe und Ausstattung der Kinderspielplätze bestimmt sich nach der Zahl und Größe der Wohnungen auf dem Grundstück. ⁵Für bestehende Gebäude nach Satz 1 kann die Anlage von Kinderspielplätzen verlangt werden, wenn hierfür geeignete nichtüberbaute Flächen auf dem Grundstück vorhanden sind oder ohne wesentliche Änderung oder Abbruch baulicher Anlagen geschaffen werden können.

§ 10 Höhenlage des Grundstücks. Bei der Errichtung baulicher Anlagen kann verlangt werden, daß die Oberfläche des Grundstücks erhalten oder ihre Höhenlage verändert wird, um

---

¹⁾ § 8 aufgeh. mWv 1. 2. 2001 durch G v. 19. 12. 2000 (GBl. S. 760).
²⁾ § 9 Abs. 2 Satz 3 geänd. mWv 28. 10. 2004 durch G v. 19. 10. 2004 (GBl. S. 771).

1. eine Verunstaltung des Straßen-, Orts- oder Landschaftsbildes zu vermeiden oder zu beseitigen,
2. die Oberfläche des Grundstücks der Höhe der Verkehrsfläche oder der Höhe der Nachbargrundstücke anzugleichen oder
3. überschüssigen Bodenaushub zu vermeiden.

Dritter Teil. Allgemeine Anforderungen an die Bauausführung

§ 11 Gestaltung. (1) [1]Bauliche Anlagen sind mit ihrer Umgebung so in Einklang zu bringen, daß sie das Straßen-, Orts- oder Landschaftsbild nicht verunstalten oder deren beabsichtigte Gestaltung nicht beeinträchtigen. [2]Auf Kultur- und Naturdenkmale und auf erhaltenswerte Eigenarten der Umgebung ist Rücksicht zu nehmen.

(2) Bauliche Anlagen sind so zu gestalten, daß sie nach Form, Maßstab, Werkstoff, Farbe und Verhältnis der Baumassen und Bauteile zueinander nicht verunstaltet wirken.

(3) Die Absätze 1 und 2 gelten entsprechend für
1. Werbeanlagen, die keine baulichen Anlagen sind,
2. Automaten, die vom öffentlichen Verkehrsraum aus sichtbar sind,
3. andere Anlagen und Grundstücke im Sinne von § 1 Abs. 1 Satz 2.

(4) In reinen Wohngebieten, allgemeinen Wohngebieten und Kleinsiedlungsgebieten sind nur für Anschläge bestimmte Werbeanlagen sowie Werbeanlagen an der Stätte der Leistung zulässig.

§ 12 Baustelle. (1) Baustellen sind so einzurichten, daß die baulichen Anlagen ordnungsgemäß errichtet oder abgebrochen werden können und Gefahren oder vermeidbare erhebliche Belästigungen nicht entstehen.

(2) Öffentliche Verkehrsflächen, Versorgungs-, Abwasser- und Meldeanlagen sowie Grundwassermeßstellen, Vermessungszeichen und Grenzzeichen sind für die Dauer der Bauausführung zu schützen und, soweit erforderlich, unter den notwendigen Sicherheitsvorkehrungen zugänglich zu halten.

(3) [1]Bei der Ausführung genehmigungspflichtiger Vorhaben hat der Bauherr an der Baustelle den von der Baurechtsbehörde nach § 59 Abs. 1 erteilten Baufreigabeschein anzubringen. [2]Der Bauherr hat in den Baufreigabeschein Namen, Anschrift und Rufnummer der Unternehmer für die Rohbauarbeiten spätestens bei Baubeginn einzutragen; dies gilt nicht, wenn an der Baustelle ein besonderes Schild angebracht ist, das diese Angaben enthält. [3]Der Baufreigabeschein muß dauerhaft, leicht lesbar und von der öffentlichen Verkehrsfläche aus sichtbar angebracht sein.

(4) Bei Vorhaben im Kenntnisgabeverfahren hat der Bauherr spätestens bei Baubeginn an der Baustelle dauerhaft, leicht lesbar und von der öffentlichen Verkehrsfläche sichtbar anzugeben:
1. die Bezeichnung des Vorhabens,
2. den Namen und die Anschrift des Planverfassers und des Bauleiters,
3. den Namen, die Anschrift und die Rufnummer der Unternehmer für die Rohbauarbeiten.

(5) Bäume, Hecken und sonstige Bepflanzungen, die auf Grund anderer Rechtsvorschriften zu erhalten sind, müssen während der Bauausführung geschützt werden.

§ 13 Standsicherheit. (1) [1]Bauliche Anlagen müssen sowohl im ganzen als auch in ihren einzelnen Teilen sowie für sich allein standsicher sein. [2]Die Standsicherheit muß auch während der Errichtung sowie bei der Durchführung von Abbrucharbeiten gewährleistet sein.

(2) Die Verwendung gemeinsamer Bauteile für mehrere bauliche Anlagen ist zulässig, wenn durch Baulast und technisch gesichert ist, daß die gemeinsamen Bauteile beim Abbruch einer der aneinanderstoßenden baulichen Anlagen stehen bleiben können.

§ 14 Erschütterungs-, Wärme- und Schallschutz. (1) Geräusche, Erschütterungen oder Schwingungen, die von ortsfesten Einrichtungen in einer baulichen Anlage ausgehen, sind so zu dämmen, daß Gefahren sowie erhebliche Nachteile oder Belästigungen nicht entstehen.

(2) Bauliche Anlagen sind so zu errichten, daß ein ihrer Nutzung entsprechender Wärme- und Schallschutz vorhanden ist.

(3) Gebäude, die nach ihrer Zweckbestimmung beheizt oder gekühlt werden müssen, sind so zu errichten, daß der Energiebedarf für das Heizen oder Kühlen so sparsam und umweltschonend wie möglich gedeckt wird.

§ 15 Brandschutz. (1) Bauliche Anlagen sind so anzuordnen und zu errichten, daß der Entstehung eines Brandes und der Ausbreitung von Feuer und Rauch im Interesse der Abwendung von Gefahren für Leben und Gesundheit von Menschen und Tieren vorgebeugt wird und bei einem Brand wirksame Löscharbeiten und die Rettung von Menschen und Tieren möglich sind.

(2) Bauliche Anlagen, die besonders blitzgefährdet sind oder bei denen Blitzschlag zu schweren Folgen führen kann, sind mit dauernd wirksamen Blitzschutzanlagen zu versehen.

(3) [1]Jede Nutzungseinheit muß in jedem Geschoß mit Aufenthaltsräumen über mindestens zwei voneinander unabhängige Rettungswege erreichbar sein. [2]Der erste Rettungsweg muß in Nutzungseinheiten, die nicht zu ebener Erde liegen, über mindestens eine Treppe (notwendige Treppe) führen; der zweite Rettungsweg kann eine mit Rettungsgeräten der Feuerwehr erreichbare Stelle oder eine weitere notwendige Treppe sein. [3]Der zweite Rettungsweg ist nicht erforderlich bei Gebäuden mit einem Treppenraum, in den Feuer und Rauch nicht eindringen können (Sicherheitstreppenraum).

§ 16 Verkehrssicherheit. (1) Bauliche Anlagen sowie die dem Verkehr dienenden, nichtüberbauten Flächen von bebauten Grundstücken müssen verkehrssicher sein.

(2) Die Sicherheit und Leichtigkeit des öffentlichen Verkehrs darf durch bauliche Anlagen nicht gefährdet werden.

Vierter Teil. Bauprodukte und Bauarten

§ 17[1) **Bauprodukte.** (1) [1]Bauprodukte dürfen für die Errichtung baulicher Anlagen nur verwendet werden, wenn sie für den Verwendungszweck

1. von den nach Absatz 2 bekanntgemachten technischen Regeln nicht oder nicht wesentlich abweichen (geregelte Bauprodukte) oder nach Absatz 3 zulässig sind und wenn sie auf Grund des Übereinstimmungsnachweises nach § 22 das Übereinstimmungszeichen (Ü-Zeichen) tragen oder

2. nach den Vorschriften

   a) des Bauproduktengesetzes (BauPG),

   b) zur Umsetzung der Richtlinie 89/106/EWG des Rates zur Angleichung der Rechts- und Verwaltungsvorschriften der Mitgliedstaaten über Bauprodukte (Bauproduktenrichtlinie) vom 21. Dezember 1988 (ABl. EG Nr. L 40 S. 12) durch andere Mitgliedstaaten der Europäischen Gemeinschaften und andere Vertragsstaaten des Abkommens über den Europäischen Wirtschaftsraum oder

   c) zur Umsetzung sonstiger Richtlinien der Europäischen Gemeinschaften, soweit diese die wesentlichen Anforderungen nach § 5 Abs. 1 BauPG berücksichtigen,

   in den Verkehr gebracht und gehandelt werden dürfen, insbesondere das Zeichen der Europäischen Gemeinschaften (CE-Zeichen) tragen und dieses Zeichen die nach Absatz 7 Nr. 1 festgelegten Klassen- und Leistungsstufen ausweist.

[2]Sonstige Bauprodukte, die von allgemein anerkannten Regeln der Technik nicht abweichen, dürfen auch verwendet werden, wenn diese Regeln nicht in der Bauregelliste A nach Absatz 2 bekanntgemacht sind. [3]Sonstige Bauprodukte, die von allgemein anerkannten Regeln der Technik abweichen, bedürfen keines Nachweises ihrer Verwendbarkeit nach Absatz 3.

(2) [1]Das Deutsche Institut für Bautechnik macht im Einvernehmen mit der obersten Baurechtsbehörde für Bauprodukte, für die nicht nur die Vorschriften nach Absatz 1 Satz 1 Nr. 2 maßgebend sind, in der Bauregelliste A die technischen Regeln bekannt, die zur Erfüllung der in diesem Gesetz und in Vorschriften auf Grund dieses Gesetzes an bauliche Anlagen gestellten Anforderungen erforderlich sind. [2]Diese technischen Regeln gelten als technische Baubestimmungen im Sinne des § 3 Abs. 3.

(3) [1]Bauprodukte, für die technische Regeln in der Bauregelliste A nach Absatz 2 bekanntgemacht worden sind und die von diesen wesentlich abweichen oder für die es technische Baubestimmungen oder allgemein anerkannte Regeln der Technik nicht gibt (nicht geregelte Bauprodukte), müssen

1. eine allgemeine baurechtliche Zulassung (§ 18),

2. ein allgemeines baurechtliches Prüfzeugnis (§ 19) oder

3. eine Zustimmung im Einzelfall (§ 20)

haben. [2]Ausgenommen sind Bauprodukte, die für die Erfüllung der Anforderungen dieses Gesetzes oder auf Grund dieses Gesetzes nur eine untergeordnete Bedeutung haben und die das Deutsche Institut für Bautechnik im Ein-

---

[1) § 17 Abs. 5 Satz 1 geänd. mWv 1. 2. 2001 durch G v. 19. 12. 2000 (GBl. S. 760).

vernehmen mit der obersten Baurechtsbehörde in einer Liste C bekanntgemacht hat.

(4) Die oberste Baurechtsbehörde kann durch Rechtsverordnung vorschreiben, daß für bestimmte Bauprodukte, auch soweit sie Anforderungen nach anderen Rechtsvorschriften unterliegen, hinsichtlich dieser Anforderungen bestimmte Nachweise der Verwendbarkeit und bestimmte Übereinstimmungsnachweise nach Maßgabe der §§ 17 bis 20 und 22 bis 25 zu führen sind, wenn die anderen Rechtsvorschriften diese Nachweise verlangen oder zulassen.

(5) [1]Bei Bauprodukten nach Absatz 1 Satz 1 Nr. 1, deren Herstellung in außergewöhnlichem Maß von der Sachkunde und Erfahrung der damit betrauten Personen oder von einer Ausstattung mit besonderen Vorrichtungen abhängt, kann in der allgemeinen baurechtlichen Zulassung, in der Zustimmung im Einzelfall oder durch Rechtsverordnung der obersten Baurechtsbehörde vorgeschrieben werden, daß der Hersteller über solche Fachkräfte und Vorrichtungen verfügt und den Nachweis hierüber gegenüber einer Prüfstelle nach § 25 zu erbringen hat. [2]In der Rechtsverordnung können Mindestanforderungen an die Ausbildung, die durch Prüfung nachzuweisende Befähigung und die Ausbildungsstätten einschließlich der Anerkennungsvoraussetzungen gestellt werden.

(6) Für Bauprodukte, die wegen ihrer besonderen Eigenschaften oder ihres besonderen Verwendungszweckes einer außergewöhnlichen Sorgfalt bei Einbau, Transport, Instandhaltung oder Reinigung bedürfen, kann in der allgemeinen baurechtlichen Zulassung, in der Zustimmung im Einzelfall oder durch Rechtsverordnung der obersten Baurechtsbehörde die Überwachung dieser Tätigkeiten durch eine Überwachungsstelle nach § 25 vorgeschrieben werden.

(7) Das Deutsche Institut für Bautechnik kann im Einvernehmen mit der obersten Baurechtsbehörde in der Bauregelliste B

1. festlegen, welche der Klassen und Leistungsstufen, die in Normen, Leitlinien oder europäischen technischen Zulassungen nach dem Bauproduktengesetz oder in anderen Vorschriften zur Umsetzung von Richtlinien der Europäischen Gemeinschaften enthalten sind, Bauprodukte nach Absatz 1 Satz 1 Nr. 2 erfüllen müssen, und

2. bekanntmachen, inwieweit andere Vorschriften zur Umsetzung von Richtlinien der Europäischen Gemeinschaften die wesentlichen Anforderungen nach § 5 Abs. 1 BauPG nicht berücksichtigen.

§ 18 Allgemeine baurechtliche Zulassung. (1) Das Deutsche Institut für Bautechnik erteilt auf Antrag eine allgemeine baurechtliche Zulassung für nicht geregelte Bauprodukte, wenn deren Verwendbarkeit im Sinne des § 3 Abs. 2 nachgewiesen ist.

(2) [1]Die zur Begründung des Antrags erforderlichen Unterlagen sind beizufügen. [2]Soweit erforderlich, sind Probestücke vom Antragsteller zur Verfügung zu stellen oder durch Sachverständige, die das Deutsche Institut für Bautechnik bestimmen kann, zu entnehmen oder Probeausführungen unter Aufsicht der Sachverständigen herzustellen. [3]Der Antrag kann zurückgewiesen werden, wenn die Unterlagen unvollständig sind oder erhebliche Mängel aufweisen.

(3) Das Deutsche Institut für Bautechnik kann für die Durchführung der Prüfung die sachverständige Stelle und für Probeausführungen die Ausführungsstelle und Ausführungszeit vorschreiben.

(4) [1]Die allgemeine baurechtliche Zulassung wird widerruflich und für eine bestimmte Frist erteilt, die in der Regel fünf Jahre beträgt. [2]Die Zulassung kann mit Nebenbestimmungen erteilt werden. [3]Sie kann auf schriftlichen Antrag in der Regel um fünf Jahre verlängert werden; § 62 Abs. 2 Satz 2 gilt entsprechend.

(5) [1]Die Zulassung wird unbeschadet der Rechte Dritter erteilt. [2]Das Deutsche Institut für Bautechnik macht die von ihm erteilten allgemeinen baurechtlichen Zulassungen nach Gegenstand und wesentlichem Inhalt öffentlich bekannt. [3]Allgemeine baurechtliche Zulassungen nach dem Recht anderer Bundesländer gelten auch im Land Baden-Württemberg.

§ 19 Allgemeines baurechtliches Prüfzeugnis. (1) [1]Bauprodukte,

1. deren Verwendung nicht der Erfüllung erheblicher Anforderungen an die Sicherheit baulicher Anlagen dient oder

2. die nach allgemein anerkannten Prüfverfahren beurteilt werden,

bedürfen anstelle einer allgemeinen baurechtlichen Zulassung nur eines allgemeinen baurechtlichen Prüfzeugnisses. [2]Das Deutsche Institut für Bautechnik macht dies mit der Angabe der maßgebenden technischen Regeln und, soweit es keine allgemein anerkannten Regeln der Technik gibt, mit der Bezeichnung der Bauprodukte im Einvernehmen mit der obersten Baurechtsbehörde in der Bauregelliste A bekannt.

(2) [1]Ein allgemeines baurechtliches Prüfzeugnis wird von einer Prüfstelle nach § 25 Abs. 1 Satz 1 Nr. 1 für nicht geregelte Bauprodukte nach Absatz 1 erteilt, wenn deren Verwendbarkeit im Sinne des § 3 Abs. 2 nachgewiesen ist. [2]§ 18 Abs. 2 bis 5 gilt entsprechend.

§ 20 Nachweis der Verwendbarkeit von Bauprodukten im Einzelfall.

(1) [1]Mit Zustimmung der obersten Baurechtsbehörde dürfen im Einzelfall

1. Bauprodukte, die ausschließlich nach dem Bauproduktengesetz oder nach sonstigen Vorschriften zur Umsetzung von Richtlinien der Europäischen Gemeinschaften in Verkehr gebracht und gehandelt werden dürfen, jedoch deren Anforderungen nicht erfüllen, und

2. nicht geregelte Bauprodukte

verwendet werden, wenn deren Verwendbarkeit im Sinne des § 3 Abs. 2 nachgewiesen ist. [2]Die Zustimmung kann auch für mehrere vergleichbare Fälle erteilt werden. [3]Die oberste Baurechtsbehörde kann im Einzelfall oder allgemein erklären, daß ihre Zustimmung nicht erforderlich ist, wenn

1. Gefahren im Sinne des § 3 Abs. 1 nicht zu erwarten sind und

2. dies dem Bauproduktengesetz nicht widerspricht.

(2) Die Zustimmung für Bauprodukte nach Absatz 1, die in Kulturdenkmalen nach § 2 des Denkmalschutzgesetzes verwendet werden sollen, erteilt die untere Baurechtsbehörde.

§ 21[1] **Bauarten.** (1) [1]Bauarten, die von technischen Baubestimmungen wesentlich abweichen oder für die es allgemein anerkannte Regeln der Technik nicht gibt (nicht geregelte Bauarten), dürfen bei der Errichtung baulicher Anlagen nur angewendet werden, wenn für sie

1. eine allgemeine baurechtliche Zulassung oder

2. eine Zustimmung im Einzelfall

erteilt worden ist. [2]An Stelle einer allgemeinen baurechtlichen Zulassung genügt ein allgemeines baurechtliches Prüfzeugnis, wenn die Bauart nicht der Erfüllung erheblicher Anforderungen an die Sicherheit baulicher Anlagen dient oder nach allgemein anerkannten Prüfverfahren beurteilt wird. [3]Das Deutsche Institut für Bautechnik macht diese Bauarten mit der Angabe der maßgebenden technischen Regeln und, soweit es keine allgemein anerkannten Regeln der Technik gibt, mit der Bezeichnung der Bauarten im Einvernehmen mit der obersten Baurechtsbehörde in der Bauregelliste A bekannt. [4]§ 17 Abs. 5 und 6 sowie §§ 18, 19 Abs. 2 und § 20 gelten entsprechend. [5]Wenn Gefahren im Sinne des § 3 Abs. 1 nicht zu erwarten sind, kann die oberste Baurechtsbehörde im Einzelfall oder für genau begrenzte Fälle allgemein festlegen, daß eine allgemeine baurechtliche Zulassung, ein allgemeines baurechtliches Prüfzeugnis oder eine Zustimmung im Einzelfall nicht erforderlich ist.

(2) Die oberste Baurechtsbehörde kann durch Rechtsverordnung vorschreiben, daß für bestimmte Bauarten, auch soweit sie Anforderungen nach anderen Rechtsvorschriften unterliegen, Absatz 1 ganz oder teilweise anwendbar ist, wenn die anderen Rechtsvorschriften dies verlangen oder zulassen.

§ 22[2] **Übereinstimmungsnachweis.** (1) Bauprodukte bedürfen einer Bestätigung ihrer Übereinstimmung mit den technischen Regeln nach § 17 Abs. 2, den allgemeinen baurechtlichen Zulassungen, den allgemeinen baurechtlichen Prüfzeugnissen oder den Zustimmungen im Einzelfall; als Übereinstimmung gilt auch eine Abweichung, die nicht wesentlich ist.

(2) [1]Die Bestätigung der Übereinstimmung erfolgt durch

1. Übereinstimmungserklärung des Herstellers (§ 23) oder

2. Übereinstimmungszertifikat (§ 24).

[2]Die Bestätigung durch Übereinstimmungszertifikat kann in der allgemeinen baurechtlichen Zulassung, in der Zustimmung im Einzelfall oder in der Bauregelliste A vorgeschrieben werden, wenn dies zum Nachweis einer ordnungsgemäßen Herstellung erforderlich ist. [3]Bauprodukte, die nicht in Serie hergestellt werden, bedürfen nur der Übereinstimmungserklärung des Herstellers nach § 23 Abs. 1, sofern nichts anderes bestimmt ist. [4]Die oberste Baurechtsbehörde kann im Einzelfall die Verwendung von Bauprodukten ohne das erforderliche Übereinstimmungszertifikat zulassen, wenn nachgewiesen ist, daß diese Bauprodukte den technischen Regeln, Zulassungen, Prüfzeugnissen oder Zustimmungen nach Absatz 1 entsprechen.

(3) Für Bauarten gelten die Absätze 1 und 2 entsprechend.

---

[1] § 21 Abs. 1 neue Sätze 2 und 3 eingef., bish. Sätze 2 und 3 werden Sätze 4 und 5 und geänd. mWv 1. 2. 2001 durch G v. 19. 12. 2000 (GBl. S. 760).

[2] § 22 Abs. 5 neu gef. mWv 1. 2. 2001 durch G v. 19. 12. 2000 (GBl. S. 760).

(4) Die Übereinstimmungserklärung und die Erklärung, daß ein Übereinstimmungszertifikat erteilt ist, hat der Hersteller durch Kennzeichnung der Bauprodukte mit dem Übereinstimmungszeichen (Ü-Zeichen) unter Hinweis auf den Verwendungszweck abzugeben.

(5) Das Ü-Zeichen ist auf dem Bauprodukt, auf einem Beipackzettel oder auf seiner Verpackung oder, wenn dies Schwierigkeiten bereitet, auf dem Lieferschein oder einer Anlage zum Lieferschein anzubringen.

(6) Ü-Zeichen aus anderen Bundesländern und aus anderen Staaten gelten auch im Land Baden-Württemberg.

§ 23 Übereinstimmungserklärung des Herstellers. (1) Der Hersteller darf eine Übereinstimmungserklärung nur abgeben, wenn er durch werkseigene Produktionskontrolle sichergestellt hat, daß das von ihm hergestellte Bauprodukt den maßgebenden technischen Regeln, der allgemeinen baurechtlichen Zulassung, dem allgemeinen baurechtlichen Prüfzeugnis oder der Zustimmung im Einzelfall entspricht.

(2) ¹In den technischen Regeln nach § 17 Abs. 2, in der Bauregelliste A, in den allgemeinen baurechtlichen Zulassungen, in den allgemeinen baurechtlichen Prüfzeugnissen oder in den Zustimmungen im Einzelfall kann eine Prüfung der Bauprodukte durch eine Prüfstelle vor Abgabe der Übereinstimmungserklärung vorgeschrieben werden, wenn dies zur Sicherung einer ordnungsgemäßen Herstellung erforderlich ist. ²In diesen Fällen hat die Prüfstelle das Bauprodukt daraufhin zu überprüfen, ob es den maßgebenden technischen Regeln, der allgemeinen baurechtlichen Zulassung, dem allgemeinen baurechtlichen Prüfzeugnis oder der Zustimmung im Einzelfall entspricht.

§ 24 Übereinstimmungszertifikat. (1) Ein Übereinstimmungszertifikat ist von einer Zertifizierungsstelle nach § 25 zu erteilen, wenn das Bauprodukt

1. den maßgebenden technischen Regeln, der allgemeinen baurechtlichen Zulassung, dem allgemeinen baurechtlichen Prüfzeugnis oder der Zustimmung im Einzelfall entspricht und

2. einer werkseigenen Produktionskontrolle sowie einer Fremdüberwachung nach Maßgabe des Absatzes 2 unterliegt.

(2) ¹Die Fremdüberwachung ist von Überwachungsstellen nach § 25 durchzuführen. ²Die Fremdüberwachung hat regelmäßig zu überprüfen, ob das Bauprodukt den maßgebenden technischen Regeln, der allgemeinen baurechtlichen Zulassung, dem allgemeinen baurechtlichen Prüfzeugnis oder der Zustimmung im Einzelfall entspricht.

§ 25¹⁾ Prüf-, Zertifizierungs- und Überwachungsstellen. (1) ¹Die oberste Baurechtsbehörde kann eine Person, Stelle oder Überwachungsgemeinschaft als

1. Prüfstelle für die Erteilung allgemeiner baurechtlicher Prüfzeugnisse (§ 19 Abs. 2),

2. Prüfstelle für die Überprüfung von Bauprodukten vor Bestätigung der Übereinstimmung (§ 23 Abs. 2),

---

¹⁾ § 25 Abs. 1 Satz 1 Nrn. 4 und 5 geänd., Nr. 6 angef. mWv 1. 2. 2001 durch G v. 19. 12. 2000 (GBl. S. 760).

3. Zertifizierungsstelle (§ 24 Abs. 1),

4. Überwachungsstelle für die Fremdüberwachung (§ 24 Abs. 2),

5. Überwachungsstelle für die Überwachung nach § 17 Abs. 6 oder

6. Prüfstelle für die Überprüfung nach § 17 Abs. 5

anerkennen, wenn sie oder die bei ihr Beschäftigten nach ihrer Ausbildung, Fachkenntnis, persönlichen Zuverlässigkeit, ihrer Unparteilichkeit und ihren Leistungen die Gewähr dafür bieten, daß diese Aufgaben den öffentlich-rechtlichen Vorschriften entsprechend wahrgenommen werden, und wenn sie über die erforderlichen Vorrichtungen verfügen. ²Satz 1 ist entsprechend auf Behörden anzuwenden, wenn sie ausreichend mit geeigneten Fachkräften besetzt und mit den erforderlichen Vorrichtungen ausgestattet sind.

(2) ¹Die Anerkennung von Prüf-, Zertifizierungs- und Überwachungsstellen anderer Bundesländer gilt auch im Land Baden-Württemberg. ²Prüf-, Zertifizierungs- und Überwachungsergebnisse von Stellen, die nach Artikel 16 Abs. 2 der Bauproduktenrichtlinie von einem anderen Mitgliedstaat der Europäischen Gemeinschaften oder von einem anderen Vertragsstaat des Abkommens über den Europäischen Wirtschaftsraum anerkannt worden sind, stehen den Ergebnissen der in Absatz 1 genannten Stellen gleich. ³Dies gilt auch für Prüf-, Zertifizierungs- und Überwachungsergebnisse von Stellen anderer Staaten, wenn sie in einem Artikel 16 Abs. 2 der Bauproduktenrichtlinie entsprechenden Verfahren anerkannt worden sind.

(3) ¹Die oberste Baurechtsbehörde erkennt auf Antrag eine Person, Stelle, Überwachungsgemeinschaft oder Behörde als Stelle nach Artikel 16 Abs. 2 der Bauproduktenrichtlinie an, wenn in dem dort vorgesehenen Verfahren nachgewiesen ist, daß die Person, Stelle, Überwachungsgemeinschaft oder Behörde die Voraussetzungen erfüllt, nach den Vorschriften eines anderen Mitgliedstaates der Europäischen Gemeinschaften oder eines anderen Vertragsstaates des Abkommens über den Europäischen Wirtschaftsraum zu prüfen, zu zertifizieren oder zu überwachen. ²Dies gilt auch für die Anerkennung von Personen, Stellen, Überwachungsgemeinschaften oder Behörden, die nach den Vorschriften eines anderen Staates zu prüfen, zu zertifizieren oder zu überwachen beabsichtigen, wenn der erforderliche Nachweis in einem Artikel 16 Abs. 2 der Bauproduktenrichtlinie entsprechenden Verfahren geführt wird.

Fünfter Teil. Der Bau und seine Teile

§ 26 Wände, Decken und Stützen. (1) ¹Wände, Decken und Stützen sind entsprechend den Erfordernissen des Brandschutzes unter Berücksichtigung ihrer Beschaffenheit, Anordnung und Funktion nach ihrer Bauart und in ihren Baustoffen widerstandsfähig gegen Feuer herzustellen. ²Dies gilt auch für Wand- und Deckenverkleidungen, abgehängte Decken und Dämmschichten.

(2) ¹Brandwände sind zu errichten, soweit die Verbreitung von Feuer verhindert werden muß und dies aus besonderen Gründen auf andere Weise nicht gewährleistet ist, insbesondere wegen geringer Abstände zu Grundstücksgrenzen und zu anderen Gebäuden, zwischen aneinandergereihten Gebäuden, innerhalb ausgedehnter Gebäude oder bei baulichen Anlagen mit erhöhter Brandgefahr. ²Brandwände müssen so beschaffen und angeordnet sein,

daß sie bei einem Brand ihre Standsicherheit nicht verlieren und der Verbreitung von Feuer entgegenwirken.

§ 27 Dächer. (1) Dächer sind widerstandsfähig gegen Einflüsse der Witterung herzustellen; gegen Feuer müssen sie nur dann widerstandsfähig sein, wenn Gründe des Brandschutzes unter Berücksichtigung ihrer Beschaffenheit, Anordnung und Funktion, ihrer Bauart und ihrer Baustoffe dies erfordern.

(2) Dachaufbauten, Oberlichter, Glasdächer und andere lichtdurchlässige Dächer sind so anzuordnen und herzustellen, daß Feuer nicht auf andere Gebäudeteile oder Nachbargrundstücke übertragen werden kann.

(3) Dächer an öffentlichen Verkehrsflächen und über Ausgängen müssen Vorrichtungen zum Schutz gegen das Herabfallen von Schnee und Eis haben, soweit es die Verkehrssicherheit erfordert.

(4) Für Arbeiten auf dem Dach sind sicher benutzbare Vorrichtungen anzubringen.

§ 28 Treppen, Treppenräume, Ein- und Ausgänge, Flure, Gänge, Rampen. (1) [1]Treppen, Treppenräume, Ein- und Ausgänge, Flure, offene Gänge und Rampen müssen gut begehbar und verkehrssicher sein. [2]Sie müssen in solcher Zahl vorhanden und so angeordnet und ausgebildet sein, daß sie für den größten zu erwartenden Verkehr ausreichen und die erforderlichen Rettungswege bieten.

(2) [1]Jedes von dem umgebenden Gelände nicht betretbare Geschoß mit Aufenthaltsräumen muß über mindestens eine Treppe (notwendige Treppe) zugänglich sein. [2]Einschub- und Rolltreppen sind als notwendige Treppen unzulässig. [3]Statt notwendiger Treppen können Rampen mit flacher Neigung zugelassen werden, wenn wegen der Nutzung der Geschosse und wegen des Brandschutzes keine Bedenken bestehen.

(3) [1]Jede notwendige Treppe muß in einem eigenen, durchgehenden Treppenraum liegen (notwendiger Treppenraum). [2]Dies gilt nicht für notwendige Treppen in

1. mehrgeschossigen Wohnungen,
2. Wohngebäuden geringer Höhe bis zu zwei Wohnungen und
3. land- und forstwirtschaftlichen Betriebsgebäuden.

§ 29 Aufzugsanlagen. (1) [1]Aufzugsanlagen müssen betriebssicher und brandsicher sein. [2]Sie müssen so angeordnet und beschaffen sein, daß bei ihrer Benutzung Gefahren oder unzumutbare Belästigungen nicht entstehen.

(2) [1]Gebäude mit Aufenthaltsräumen, deren Fußboden mehr als 12,5 m über der Eingangsebene liegt, müssen Aufzüge in ausreichender Zahl haben, von denen einer auch zur Aufnahme von Rollstühlen, Krankentragen und Lasten geeignet sein muß. [2]Zur Aufnahme von Rollstühlen bestimmte Aufzüge müssen von Behinderten ohne fremde Hilfe zweckentsprechend genutzt werden können. [3]Sie müssen von der öffentlichen Verkehrsfläche stufenlos erreichbar sein und stufenlos erreichbare Haltestellen in allen Geschossen mit Aufenthaltsräumen haben. [4]Haltestellen im obersten Geschoß und in den Untergeschossen können entfallen, wenn sie nur unter besonderen Schwierigkeiten hergestellt werden können.

§ 30 Türen, Fenster, Lichtschächte. (1) Türen und Fenster, die bei einem Brand der Rettung von Menschen dienen oder der Ausbreitung von Feuer und Rauch entgegenwirken, müssen so beschaffen und angeordnet sein, daß sie den Erfordernissen des Brandschutzes genügen.

(2) Gemeinsame Lichtschächte für übereinanderliegende Untergeschosse sind unzulässig.

§ 31 Lüftungsanlagen, Installationsschächte und -kanäle. (1) [1]Lüftungsanlagen müssen betriebssicher und brandsicher sein. [2]Sie dürfen den ordnungsgemäßen Betrieb von Feuerstätten nicht beeinträchtigen. [3]Sie sind so anzuordnen und herzustellen, daß sie Gerüche und Staub nicht in andere Räume übertragen. [4]Die Weiterleitung von Schall in fremde Räume muß ausreichend gedämmt sein.

(2) Für Installationsschächte und -kanäle gilt Absatz 1 entsprechend.

§ 32 Feuerungsanlagen, Wärme- und Brennstoffversorgungsanlagen, Räume für Verbrennungsmotoren und Verdichter. (1) [1]Feuerstätten und Abgasanlagen, wie Schornsteine, Abgasleitungen und Verbindungsstücke (Feuerungsanlagen), sowie Anlagen zur Abführung von Verbrennungsgasen ortsfester Verbrennungsmotoren müssen betriebssicher und brandsicher sein. [2]Behälter und Rohrleitungen für brennbare Gase und Flüssigkeiten müssen außerdem so beschaffen sein, daß eine Verunreinigung der Gewässer oder eine sonstige nachteilige Veränderung ihrer Eigenschaften nicht zu befürchten ist. [3]Die Weiterleitung von Schall in fremde Räume muß ausreichend gedämmt sein. [4]Abgasanlagen müssen leicht und sicher zu reinigen sein.

(2) Für Anlagen zur Verteilung von Wärme und zur Warmwasserversorgung gilt Absatz 1 Sätze 1 bis 3 entsprechend.

(3) Feuerstätten, ortsfeste Verbrennungsmotoren und Verdichter sowie Behälter für brennbare Gase und Flüssigkeiten dürfen nur in Räumen aufgestellt werden, bei denen nach Lage, Größe, baulicher Beschaffenheit und Benutzungsart Gefahren nicht entstehen.

(4) Die Abgase der Feuerstätten sind durch Abgasanlagen über Dach, die Verbrennungsgase ortsfester Verbrennungsmotoren sind durch Anlagen zur Abführung dieser Gase über Dach abzuleiten, soweit nichts anderes bestimmt ist.

(5) Abgasanlagen sind in solcher Zahl und Lage und so herzustellen, daß alle Feuerstätten des Gebäudes ordnungsgemäß angeschlossen werden können.

(6) Brennstoffe sind so zu lagern, daß Gefahren oder unzumutbare Belästigungen nicht entstehen.

§ 33 Wasserversorgungs- und Wasserentsorgungsanlagen, Anlagen für Abfallstoffe und Reststoffe, Anlagen zur Lagerung von Abgängen aus Tierhaltungen. (1) [1]Gebäude mit Aufenthaltsräumen oder mit Ställen dürfen nur errichtet werden, wenn die Versorgung mit Trinkwasser dauernd gesichert ist. [2]Zur Brandbekämpfung muß eine ausreichende Wassermenge zur Verfügung stehen.

(2) [1]Wasserversorgungsanlagen, Anlagen zur Beseitigung des Abwassers und des Niederschlagswassers sowie Anlagen zur vorübergehenden Aufbewahrung von Abfällen und Reststoffen müssen betriebssicher sein. [2]Sie sind so herzu-

stellen und anzuordnen, daß Gefahren sowie erhebliche Nachteile oder Belästigungen, insbesondere durch Geruch oder Geräusch, nicht entstehen.

(3) Bauliche Anlagen dürfen nur errichtet werden, wenn die einwandfreie Beseitigung des Abwassers und des Niederschlagswassers dauernd gesichert ist.

(4) Die Absätze 2 und 3 gelten für Anlagen zur Lagerung fester und flüssiger Abgänge aus Tierhaltungen entsprechend.

(5) [1]Jede Wohnung muß einen eigenen Wasserzähler haben. [2]Dies gilt nicht bei Nutzungsänderungen, wenn die Anforderung nach Satz 1 nur mit unverhältnismäßigem Aufwand erfüllt werden kann.

Sechster Teil. Einzelne Räume, Wohnungen und besondere Anlagen

§ 34 Aufenthaltsräume. (1) [1]Aufenthaltsräume müssen eine für ihre Nutzung ausreichende Grundfläche haben. [2]Die lichte Höhe muß mindestens betragen:

1. 2,2 m über mindestens der Hälfte ihrer Grundfläche, wenn die Aufenthaltsräume ganz oder überwiegend im Dachraum liegen; dabei bleiben Raumteile mit einer lichten Höhe bis 1,5 m außer Betracht,
2. 2,3 m in allen anderen Fällen.

(2) [1]Aufenthaltsräume müssen ausreichend belüftet werden können; sie müssen unmittelbar ins Freie führende Fenster von solcher Zahl, Lage, Größe und Beschaffenheit haben, daß die Räume ausreichend mit Tageslicht beleuchtet werden können (notwendige Fenster). [2]Das Rohbaumaß der Fensteröffnungen muß mindestens ein Zehntel der Grundfläche des Raumes betragen; Raumteile mit einer lichten Höhe bis 1,5 m bleiben außer Betracht. [3]Ein geringeres Rohbaumaß ist bei geneigten Fenstern sowie bei Oberlichtern zulässig, wenn die ausreichende Beleuchtung mit Tageslicht gewährleistet bleibt.

(3) [1]Aufenthaltsräume, deren Fußboden unter der Geländeoberfläche liegt, sind zulässig, wenn das Gelände mit einer Neigung von höchstens 45° an die Außenwände vor notwendigen Fenstern anschließt. [2]Die Oberkante der Brüstung notwendiger Fenster muß mindestens 1,3 m unter der Decke liegen.

(4) Verglaste Vorbauten und Loggien sind vor notwendigen Fenstern zulässig, wenn eine ausreichende Beleuchtung mit Tageslicht gewährleistet bleibt.

(5) [1]Der Zugang zu Aufenthaltsräumen darf nicht allein durch Räume mit erhöhter Brandgefahr führen. [2]Er muß gegen anders genutzte Räume durch Wände und Decken mit ausreichendem Feuerwiderstand abgetrennt sein.

(6) Bei Aufenthaltsräumen, die nicht dem Wohnen dienen, sind Abweichungen von den Anforderungen der Absätze 2 und 3 zuzulassen, wenn Nachteile nicht zu befürchten sind oder durch besondere Einrichtungen ausgeglichen werden können.

§ 35[1)] Wohnungen. (1) [1]Wohnungen müssen von fremden Wohnungen und fremden Räumen abgeschlossen sein. [2]Dies gilt nicht für Wohngebäude mit nicht mehr als zwei Wohnungen.

[1)] § 35 Abs. 3 eingef., bish. Abs. 3–5 werden Abs. 4–6 mWv 1. 4. 2005 durch G v. 19. 10. 2004 (GBl. S. 771).

(2) ¹Jede Wohnung muß einen eigenen abschließbaren Zugang unmittelbar vom Freien, von einem Treppenraum oder von einem anderen Vorraum haben. ²Wohnungen in Gebäuden, die nicht nur dem Wohnen dienen, müssen einen besonderen Zugang haben; gemeinsame Zugänge sind zuzulassen, wenn Gefahren sowie erhebliche Nachteile oder Belästigungen bei der Nutzung der Wohnungen nicht entstehen.

(3)¹⁾ ¹In Wohngebäuden mit mehr als vier Wohnungen müssen die Wohnungen eines Geschosses barrierefrei erreichbar sein. ²In diesen Wohnungen müssen die Wohn- und Schlafräume, eine Toilette, ein Bad und die Küche oder Kochnische mit dem Rollstuhl zugänglich sein. ³Die Sätze 1 und 2 gelten nicht, soweit die Anforderungen insbesondere wegen schwieriger Geländeverhältnisse, wegen des Einbaus eines sonst nicht erforderlichen Aufzugs oder wegen ungünstiger vorhandener Bebauung nur mit unverhältnismäßigem Mehraufwand erfüllt werden können.

(4) ¹Jede Wohnung muß eine Küche oder Kochnische haben. ²Fensterlose Küchen oder Kochnischen sind zulässig, wenn sie für sich lüftbar sind.

(5) Für jede Wohnung muß ein Abstellraum zur Verfügung stehen.

(6) ¹Für Gebäude mit mehr als zwei Wohnungen müssen zur gemeinschaftlichen Benutzung zur Verfügung stehen

1. leicht erreichbare und gut zugängliche Flächen zum Abstellen von Kinderwagen,
2. Flächen zum Wäschetrocknen,
3. leicht erreichbare und gut zugängliche Flächen zum Abstellen von Fahrrädern; diese Flächen dürfen auch im Freien liegen, wenn sie wettergeschützt sind.

²Satz 1 Nr. 1 und 3 gelten nicht, wenn die Art der Wohnungen dies nicht erfordert.

§ 36 Toilettenräume und Bäder. (1) ¹Jede Nutzungseinheit muß mindestens eine Toilette haben. ²Für Gebäude, die für einen größeren Personenkreis bestimmt sind, muß eine ausreichende Anzahl von Toiletten vorhanden sein.

(2) ¹Toiletten mit Wasserspülung sind einzurichten, wenn der Anschluß an eine öffentliche Kanalisation möglich und die Einleitung des ungereinigten Abwassers aus diesen Toiletten oder die Einleitung nach vorheriger Reinigung zulässig ist. ²Ist ein Anschluß an eine öffentliche Kanalisation nicht möglich, so dürfen Toiletten mit Wasserspülung nur eingerichtet werden, wenn das Abwasser aus diesen Toiletten in einer Einzelkläranlage gereinigt wird und die Beseitigung des gereinigten Abwassers wasserrechtlich zulässig ist. ³Der Anschluß von Toiletten mit Wasserspülung an Gruben kann ausnahmsweise zugelassen werden, wenn keine gesundheitlichen und wasserwirtschaftlichen Bedenken bestehen.

(3) Toilettenräume und Bäder müssen eine ausreichende Lüftung haben.

§ 37 Stellplätze und Garagen. (1) ¹Bei der Errichtung von Gebäuden mit Wohnungen ist für jede Wohnung ein geeigneter Stellplatz herzustellen (notwendiger Stellplatz). ²Bei der Errichtung sonstiger baulicher Anlagen und anderer Anlagen, bei denen ein Zu- und Abfahrtsverkehr zu erwarten ist, sind

---

¹⁾ Beachte hierzu § 77 Abs. 11.

notwendige Stellplätze in solcher Zahl herzustellen, daß sie für die ordnungsgemäße Nutzung der Anlagen unter Berücksichtigung des öffentlichen Personennahverkehrs ausreichen. [3]Statt notwendiger Stellplätze ist die Herstellung notwendiger Garagen zulässig; nach Maßgabe des Absatzes 7 können Garagen auch verlangt werden.

(2) [1]Bei Änderungen oder Nutzungsänderungen von Anlagen sind Stellplätze oder Garagen in solcher Zahl herzustellen, daß die infolge der Änderung zusätzlich zu erwartenden Kraftfahrzeuge aufgenommen werden können.
[2]Eine Abweichung von dieser Verpflichtung ist zuzulassen bei der Teilung
von Wohnungen sowie bei Vorhaben zur Schaffung von zusätzlichem Wohnraum durch Ausbau, Anbau, Nutzungsänderung, Aufstockung oder Änderung
des Daches, wenn die Baugenehmigung oder Kenntnisgabe für das Gebäude
mindestens fünf Jahre zurückliegt und die Herstellung auf dem Baugrundstück
nicht oder nur unter großen Schwierigkeiten möglich ist.

(3) [1]Die Baurechtsbehörde kann zulassen, daß notwendige Stellplätze oder
Garagen erst innerhalb eines angemessenen Zeitraums nach Fertigstellung der
Anlage hergestellt werden. [2]Sie hat die Herstellung auszusetzen, solange und
soweit nachweislich ein Bedarf an Stellplätzen oder Garagen nicht besteht und
die für die Herstellung erforderlichen Flächen für diesen Zweck durch Baulast
gesichert sind.

(4) [1]Die notwendigen Stellplätze oder Garagen sind herzustellen

1. auf dem Baugrundstück,

2. auf einem anderen Grundstück in zumutbarer Entfernung oder

3. mit Zustimmung der Gemeinde auf einem Grundstück in der Gemeinde.

[2]Die Herstellung auf einem anderen als dem Baugrundstück muß für diesen
Zweck durch Baulast gesichert sein. [3]Die Baurechtsbehörde kann, wenn
Gründe des Verkehrs dies erfordern, mit Zustimmung der Gemeinde bestimmen, ob die Stellplätze oder Garagen auf dem Baugrundstück oder auf einem
anderen Grundstück herzustellen sind.

(5) [1]Lassen sich notwendige Stellplätze oder Garagen nach Absatz 4 nicht
oder nur unter großen Schwierigkeiten herstellen, so kann die Baurechtsbehörde mit Zustimmung der Gemeinde zur Erfüllung der Stellplatzverpflichtung zulassen, daß der Bauherr einen Geldbetrag an die Gemeinde zahlt. [2]Der
Geldbetrag muß von der Gemeinde innerhalb eines angemessenen Zeitraums
verwendet werden für

1. die Herstellung öffentlicher Parkeinrichtungen, insbesondere an Haltestellen
   des öffentlichen Personennahverkehrs, oder privater Stellplätze zur Entlastung der öffentlichen Verkehrsflächen,

2. die Modernisierung und Instandhaltung öffentlicher Parkeinrichtungen oder

3. bauliche Anlagen, andere Anlagen oder Einrichtungen, die den Bedarf an
   Parkeinrichtungen verringern, wie Einrichtungen des öffentlichen Personennahverkehrs oder für den Fahrradverkehr.

[3]Die Gemeinde legt die Höhe des Geldbetrages fest.

(6) [1]Absatz 5 gilt nicht für notwendige Stellplätze oder Garagen von Wohnungen. [2]Eine Abweichung von der Verpflichtung nach Absatz 1 Satz 1 ist
zuzulassen, soweit die Herstellung

1. bei Ausschöpfung aller Möglichkeiten, auch unter Berücksichtigung platzsparender Bauarten der Stellplätze oder Garagen, unmöglich oder unzumutbar ist oder

2. auf dem Baugrundstück auf Grund öffentlich-rechtlicher Vorschriften ausgeschlossen ist.

(7) ¹Stellplätze und Garagen müssen so angeordnet und hergestellt werden, daß die Anlage von Kinderspielplätzen nach § 9 Abs. 2 nicht gehindert wird. ²Die Nutzung der Stellplätze und Garagen darf die Gesundheit nicht schädigen; sie darf auch das Spielen auf Kinderspielplätzen, das Wohnen und das Arbeiten, die Ruhe und die Erholung in der Umgebung durch Lärm, Abgase oder Gerüche nicht erheblich stören.

(8) Das Abstellen von Wohnwagen und anderen Kraftfahrzeuganhängern in Garagen ist zulässig.

§ 38 Bauliche Anlagen und Räume besonderer Art oder Nutzung.

(1) ¹Soweit die Vorschriften der §§ 4 bis 37 dieses Gesetzes oder auf Grund dieses Gesetzes zur Verhinderung oder Beseitigung von Gefahren sowie erheblichen Nachteilen oder Belästigungen nicht ausreichen, können für bauliche Anlagen und Räume besonderer Art oder Nutzung besondere Anforderungen im Einzelfall gestellt werden; Erleichterungen können zugelassen werden, soweit es der Einhaltung von Vorschriften wegen der besonderen Art oder Nutzung baulicher Anlagen oder Räume oder wegen besonderer Anforderungen nicht bedarf. ²Die besonderen Anforderungen und Erleichterungen können insbesondere betreffen

1. die Abstände von Nachbargrundstücken, von anderen baulichen Anlagen auf dem Grundstück, von öffentlichen Verkehrsflächen und von oberirdischen Gewässern,

2. die Anordnung der baulichen Anlagen auf dem Grundstück,

3. die Öffnungen nach öffentlichen Verkehrsflächen und nach angrenzenden Grundstücken,

4. die Bauart und Anordnung aller für die Standsicherheit, Verkehrssicherheit, den Brandschutz, Schallschutz oder Gesundheitsschutz wesentlichen Bauteile,

5. die Feuerungsanlagen und Heizräume,

6. die Zahl, Anordnung und Herstellung der Treppen, Aufzüge, Ausgänge und Rettungswege,

7. die zulässige Benutzerzahl, Anordnung und Zahl der zulässigen Sitze und Stehplätze bei Versammlungsstätten, Tribünen und Fliegenden Bauten,

8. die Lüftung,

9. die Beleuchtung und Energieversorgung,

10. die Wasserversorgung,

11. die Aufbewahrung und Beseitigung von Abwässern und die vorübergehende Aufbewahrung von Abfällen und Reststoffen,

12. die Stellplätze und Garagen sowie ihre Zu- und Abfahrten,

13. die Anlage von Fahrradabstellplätzen,

14. die Anlage von Grünstreifen, Baum- und anderen Pflanzungen sowie die Begrünung oder Beseitigung von Halden und Gruben,

15. die Wasserdurchlässigkeit befestigter Flächen,
16. den Betrieb und die Nutzung.

³Als Nachweis dafür, daß diese Anforderungen erfüllt sind, können Bescheinigungen verlangt werden, die bei den Abnahmen vorzulegen sind; ferner können Nachprüfungen und deren Wiederholung in bestimmten Zeitabständen verlangt werden.

(2) Bauliche Anlagen und Räume besonderer Art oder Nutzung sind insbesondere
1. Hochhäuser,
2. Verkaufsstätten,
3. bauliche Anlagen und Räume, die für gewerbliche Betriebe bestimmt sind,
4. Büro- und Verwaltungsgebäude,
5. Schulen und Sportstätten,
6. Altenheime, Altenwohnheime und Altenpflegeheime,
7. Versammlungsstätten,
8. Krankenhäuser, Entbindungs- und Säuglingsheime,
9. bauliche Anlagen und Räume von großer Ausdehnung oder mit erhöhter Brand-, Explosions-, Strahlen- oder Verkehrsgefahr,
10. bauliche Anlagen und Räume, deren Nutzung mit einem starken Abgang unreiner Stoffe verbunden ist,
11. bauliche Anlagen und Räume, bei denen im Brandfall mit einer Gefährdung der Umwelt gerechnet werden muß,
12. Fliegende Bauten,
13. Camping- und Zeltplätze,
14. Gemeinschaftsunterkünfte.

§ 39[1] **Barrierefreie Anlagen.** (1) Bauliche Anlagen sowie andere Anlagen, die überwiegend von behinderten oder alten Menschen genutzt werden, wie
1. Einrichtungen zur Frühförderung behinderter Kinder, Sonderschulen, Tages- und Begegnungsstätten, Einrichtungen zur Berufsbildung, Werkstätten, Wohnungen und Heime für behinderte Menschen,
2. Altentagesstätten, Altenbegegnungsstätten, Altenwohnungen, Altenwohnheime, Altenheime und Altenpflegeheime,
sind so herzustellen, dass sie von diesen Personen zweckentsprechend ohne fremde Hilfe genutzt werden können (barrierefreie Anlagen).

(2) Die Anforderungen nach Absatz 1 gelten auch für
1. Gebäude der öffentlichen Verwaltung und Gerichte,
2. Schalter- und Abfertigungsräume der Verkehrs- und Versorgungsbetriebe, der Post- und Telekommunikationsbetriebe sowie der Banken und Sparkassen,
3. Kirchen und andere Anlagen für den Gottesdienst,
4. Versammlungsstätten,
5. Museen und öffentliche Bibliotheken,
6. Sport-, Spiel- und Erholungsanlagen, Schwimmbäder,

---

[1] § 39 neu gef. mWv 28. 10. 2004 durch G v. 19. 10. 2004 (GBl. S. 771).

7. Camping- und Zeltplätze mit mehr als 50 Standplätzen,

8. Jugend- und Freizeitstätten,

9. Messe-, Kongress- und Ausstellungsbauten,

10. Krankenhäuser, Kureinrichtungen und Sozialeinrichtungen,

11. Bildungs- und Ausbildungsstätten aller Art, wie Schulen, Hochschulen, Volkshochschulen,

12. Kindertageseinrichtungen und Kinderheime,

13. öffentliche Bedürfnisanstalten,

14. Bürogebäude,

15. Verkaufsstätten und Ladenpassagen,

16. Beherbergungsbetriebe,

17. Gaststätten,

18. Praxen der Heilberufe und der Heilhilfsberufe,

19. Nutzungseinheiten, die in den Nummern 1 bis 18 nicht aufgeführt sind und nicht Wohnzwecken dienen, soweit sie eine Nutzfläche von mehr als 1 200 m² haben,

20. allgemein zugängliche Großgaragen sowie Stellplätze und Garagen für Anlagen nach Nummern 1 bis 12 und 14 bis 19.

(3) ¹Bei Anlagen nach Absatz 2 können Ausnahmen zugelassen werden, soweit die Anforderungen nur mit einem unverhältnismäßigen Mehraufwand erfüllt werden können. ²Bei Schulen und Kindertageseinrichtungen dürfen Ausnahmen nach Satz 1 nur bei Nutzungsänderungen und baulichen Änderungen zugelassen werden.

(4) § 29 Abs. 2 gilt auch für Gebäude mit Aufenthaltsräumen, deren Fußboden weniger als 12,5 m über der Eingangsebene liegt, soweit Geschosse nach Absatz 1 oder 2 stufenlos erreichbar sein müssen.

§ 40 Gemeinschaftsanlagen. (1) ¹Die Herstellung, die Instandhaltung und die Verwaltung von Gemeinschaftsanlagen (wie Stellplätzen, Garagen, Kinderspielplätzen, Abfall- und Wertstoffbehältern sowie Einrichtungen für die Kompostierung), für die in einem Bebauungsplan Flächen festgesetzt sind, obliegen den Eigentümern der Grundstücke, für die diese Anlagen bestimmt sind. ²Soweit die Eigentümer nichts anderes vereinbaren, sind die Vorschriften des Bürgerlichen Gesetzbuches über die Gemeinschaft mit der Maßgabe anzuwenden, daß sich das Rechtsverhältnis der Eigentümer untereinander nach dem Verhältnis des Maßes der zulässigen baulichen Nutzung ihrer Grundstücke richtet. ³Ein Erbbauberechtigter tritt an die Stelle des Eigentümers. ⁴Ist der Bauherr nicht Eigentümer oder Erbbauberechtigter, so obliegt ihm die Beteiligung an der Herstellung, Instandhaltung und Verwaltung der Gemeinschaftsanlage. ⁵Die Verpflichtung nach Satz 1 gilt auch für die Rechtsnachfolger. ⁶Die Baurechtsbehörde kann verlangen, daß die Eigentümer von Gemeinschaftsanlagen das Recht, die Aufhebung der Gemeinschaft zu verlangen, für immer oder auf Zeit ausschließen und diesen Ausschluß gemäß § 1010 des Bürgerlichen Gesetzbuches im Grundbuch eintragen lassen.

(2) ¹Die Gemeinschaftsanlage muß hergestellt werden, sobald und soweit dies erforderlich ist. ²Die Baurechtsbehörde kann durch schriftliche Anordnung den Zeitpunkt für die Herstellung bestimmen.

(3) Eine Baugenehmigung kann davon abhängig gemacht werden, daß der Bauherr in Höhe des voraussichtlich auf ihn entfallenden Anteils der Herstellungskosten der Gemeinschaftsanlage Sicherheit leistet.

Siebenter Teil. Am Bau Beteiligte, Baurechtsbehörden

§ 41 Grundsatz. Bei der Errichtung oder dem Abbruch einer baulichen Anlage sind der Bauherr und im Rahmen ihres Wirkungskreises die anderen nach den §§ 43 bis 45 am Bau Beteiligten dafür verantwortlich, daß die öffentlich-rechtlichen Vorschriften und die auf Grund dieser Vorschriften erlassenen Anordnungen eingehalten werden.

§ 42 Bauherr. (1) ¹Der Bauherr hat zur Vorbereitung, Überwachung und Ausführung eines genehmigungspflichtigen oder kenntnisgabepflichtigen Bauvorhabens einen geeigneten Planverfasser, geeignete Unternehmer und nach Maßgabe des Absatzes 3 einen geeigneten Bauleiter zu bestellen. ²Dem Bauherrn obliegen die nach den öffentlich-rechtlichen Vorschriften erforderlichen Anzeigen an die Baurechtsbehörde.

(2) ¹Bei Bauarbeiten, die unter Einhaltung des Gesetzes zur Bekämpfung der Schwarzarbeit in Selbst-, Nachbarschafts- oder Gefälligkeitshilfe ausgeführt werden, ist die Bestellung von Unternehmern nicht erforderlich, wenn genügend Fachkräfte mit der nötigen Sachkunde, Erfahrung und Zuverlässigkeit mitwirken. ²§§ 43 und 45 bleiben unberührt. ³Kenntnisgabepflichtige Abbrucharbeiten dürfen nicht in Selbst-, Nachbarschafts- oder Gefälligkeitshilfe ausgeführt werden.

(3) ¹Bei der Errichtung von Gebäuden mit Aufenthaltsräumen ist die Bestellung eines Bauleiters erforderlich, soweit die Baurechtsbehörde bei geringfügigen oder technisch einfachen Bauvorhaben nicht darauf verzichtet. ²Bei anderen Bauvorhaben kann die Baurechtsbehörde die Bestellung eines Bauleiters verlangen, wenn die Bauvorhaben technisch besonders schwierig oder besonders umfangreich sind.

(4) ¹Genügt eine vom Bauherrn bestellte Person nicht den Anforderungen der §§ 43 bis 45, so kann die Baurechtsbehörde vor und während der Bauausführung verlangen, daß sie durch eine geeignete Person ersetzt wird oder daß geeignete Sachverständige herangezogen werden. ²Die Baurechtsbehörde kann die Bauarbeiten einstellen, bis geeignete Personen oder Sachverständige bestellt sind.

(5) Die Baurechtsbehörde kann verlangen, daß ihr für bestimmte Arbeiten die Unternehmer benannt werden.

(6) Wechselt der Bauherr, so hat der neue Bauherr dies der Baurechtsbehörde unverzüglich mitzuteilen.

(7) ¹Treten bei einem Vorhaben mehrere Personen als Bauherr auf, so müssen sie auf Verlangen der Baurechtsbehörde einen Vertreter bestellen, der ihr gegenüber die dem Bauherrn nach den öffentlich-rechtlichen Vorschriften obliegenden Verpflichtungen zu erfüllen hat. ²§ 18 Abs. 1 Sätze 2 und 3 und Abs. 2 des Landesverwaltungsverfahrensgesetzes findet Anwendung.

§ 43 Planverfasser. (1) ¹Der Planverfasser ist dafür verantwortlich, daß sein Entwurf den öffentlich-rechtlichen Vorschriften entspricht. ²Zum Entwurf gehören die Bauvorlagen und die Ausführungsplanung; der Bauherr kann mit der Ausführungsplanung einen anderen Planverfasser beauftragen.

(2) ¹Hat der Planverfasser auf einzelnen Fachgebieten nicht die erforderliche Sachkunde und Erfahrung, so hat er den Bauherrn zu veranlassen, geeignete Sachverständige zu bestellen. ²Diese sind für ihre Beiträge verantwortlich. ³Der Planverfasser bleibt dafür verantwortlich, daß die Beiträge der Sachverständigen entsprechend den öffentlich-rechtlichen Vorschriften aufeinander abgestimmt werden.

(3) Für die Errichtung von Gebäuden, die der Baugenehmigung oder der Kenntnisgabe bedürfen, darf als Planverfasser für die Bauvorlagen nur bestellt werden, wer

1. die Berufsbezeichnung „Architektin" oder „Architekt" führen darf,

2. die Berufsbezeichnung „Innenarchitektin" oder „Innenarchitekt" führen darf, jedoch nur für die mit dieser Berufsaufgabe verbundenen Vorhaben,

3. in die von der Ingenieurkammer Baden-Württemberg geführte Liste der Planverfasser der Fachrichtung Bauingenieurwesen eingetragen ist.

(4) ¹Für die Errichtung von

1. Wohngebäuden mit einem Vollgeschoß bis zu 150 m² Grundfläche,

2. eingeschossigen gewerblichen Gebäuden bis zu 250 m² Grundfläche und bis zu 5 m Wandhöhe, gemessen von der Geländeoberfläche bis zum Schnittpunkt von Außenwand und Dachhaut,

3. landwirtschaftlichen Betriebsgebäuden bis zu zwei Vollgeschossen und bis zu 250 m² Grundfläche

dürfen auch Angehörige der Fachrichtung Architektur, Hochbau oder Bauingenieurwesen, die an einer Hochschule, Fachhochschule oder gleichrangigen Bildungseinrichtung das Studium erfolgreich abgeschlossen haben, sowie staatlich geprüfte Technikerinnen oder Techniker der Fachrichtung Bautechnik als Planverfasser bestellt werden. ²Das gleiche gilt für Meisterinnen und Meister des Maurer-, Zimmerer-, Beton- und Stahlbetonbauerhandwerks und für Personen, die diesen handwerksrechtlich gleichgestellt sind.

(5) Die Absätze 3 und 4 gelten nicht für

1. Vorhaben, die nur auf Grund örtlicher Bauvorschriften kenntnisgabepflichtig sind,

2. Vorhaben, die von Beschäftigten im öffentlichen Dienst für ihren Dienstherrn geplant werden, wenn die Beschäftigten
   a) eine Berufsausbildung nach § 4 des Architektengesetzes haben oder
   b) die Eintragungsvoraussetzungen nach Absatz 6 erfüllen,

3. Garagen bis zu 100 m² Nutzfläche,

4. Behelfsbauten und untergeordnete Gebäude.

(6) In die Liste der Planverfasser der Fachrichtung Bauingenieurwesen ist auf Antrag von der Ingenieurkammer Baden-Württemberg einzutragen, wer

1. als Angehöriger der Fachrichtung Bauingenieurwesen die Berufsbezeichnung „Ingenieurin" oder „Ingenieur" führen darf und danach mindestens zwei Jahre in der Planung und Überwachung der Ausführung von Gebäuden praktisch tätig war oder

2. in die entsprechende Liste eines anderen Landes eingetragen ist, wenn diese Eintragung mindestens die Anforderungen nach Nummer 1 voraussetzt.

(7) Die oberste Baurechtsbehörde kann Planverfassern und Sachverständigen nach Absatz 2 das Verfassen von Bauvorlagen ganz oder teilweise untersagen, wenn diese wiederholt und unter grober Verletzung ihrer Pflichten nach Absatz 1 und 2 bei der Erstellung von Bauvorlagen bauplanungsrechtliche oder bauordnungsrechtliche Vorschriften nicht beachtet haben.

§ 44 Unternehmer. (1) [1]Jeder Unternehmer ist dafür verantwortlich, daß seine Arbeiten den öffentlich-rechtlichen Vorschriften entsprechend ausgeführt und insoweit auf die Arbeiten anderer Unternehmer abgestimmt werden. [2]Er hat insoweit für die ordnungsgemäße Einrichtung und den sicheren Betrieb der Baustelle, insbesondere die Tauglichkeit und Betriebssicherheit der Gerüste, Geräte und der anderen Baustelleneinrichtungen sowie die Einhaltung der Arbeitsschutzbestimmungen zu sorgen. [3]Er hat die erforderlichen Nachweise über die Brauchbarkeit der Bauprodukte und Bauarten zu erbringen und auf der Baustelle bereitzuhalten. [4]Er darf, unbeschadet des § 59, Arbeiten nicht ausführen oder ausführen lassen, bevor nicht die dafür notwendigen Unterlagen und Anweisungen an der Baustelle vorliegen.

(2) [1]Hat der Unternehmer für einzelne Arbeiten nicht die erforderliche Sachkunde und Erfahrung, so hat er den Bauherrn zu veranlassen, geeignete Fachkräfte zu bestellen. [2]Diese sind für ihre Arbeiten verantwortlich. [3]Der Unternehmer bleibt dafür verantwortlich, daß die Arbeiten der Fachkräfte entsprechend den öffentlich-rechtlichen Vorschriften aufeinander abgestimmt werden.

(3) Der Unternehmer und die Fachkräfte nach Absatz 2 haben auf Verlangen der Baurechtsbehörde für Bauarbeiten, bei denen die Sicherheit der baulichen Anlagen in außergewöhnlichem Maße von einer besonderen Sachkenntnis und Erfahrung oder von einer Ausstattung mit besonderen Einrichtungen abhängt, nachzuweisen, daß sie für diese Bauarbeiten geeignet sind und über die erforderlichen Einrichtungen verfügen.

(4) Der Unternehmer muß für die Zeit seiner Abwesenheit von der Baustelle einen geeigneten Vertreter bestellen und ihn ausreichend unterrichten.

§ 45 Bauleiter. (1) [1]Der Bauleiter hat darüber zu wachen, daß die Bauausführung den öffentlich-rechtlichen Vorschriften und den Entwürfen des Planverfassers entspricht. [2]Er hat im Rahmen dieser Aufgabe auf den sicheren bautechnischen Betrieb der Baustelle, insbesondere auf das gefahrlose Ineinandergreifen der Arbeiten der Unternehmer zu achten; die Verantwortlichkeit der Unternehmer bleibt unberührt. [3]Verstöße, denen nicht abgeholfen wird, hat er unverzüglich der Baurechtsbehörde mitzuteilen.

(2) [1]Hat der Bauleiter nicht für alle ihm obliegenden Aufgaben die erforderliche Sachkunde und Erfahrung, hat er den Bauherrn zu veranlassen, geeignete Fachbauleiter zu bestellen. [2]Diese treten insoweit an die Stelle des Bauleiters. [3]Der Bauleiter bleibt für das ordnungsgemäße Ineinandergreifen seiner Tätigkeiten mit denen der Fachbauleiter verantwortlich.

§ 46[1] **Aufbau und Besetzung der Baurechtsbehörden.** (1) Baurechtsbehörden sind

1. das Wirtschaftsministerium als oberste Baurechtsbehörde,

2. die Regierungspräsidien als höhere Baurechtsbehörden,

3. die unteren Verwaltungsbehörden und die in den Absätzen 2 und 3 genannten Gemeinden und Verwaltungsgemeinschaften als untere Baurechtsbehörden.

(2) [1]Untere Baurechtsbehörden sind

1. Gemeinden und

2. Verwaltungsgemeinschaften,

wenn sie die Voraussetzungen des Absatzes 5 erfüllen und die höhere Baurechtsbehörde auf Antrag die Erfüllung dieser Voraussetzungen feststellt. [2]Die Antragstellung eines Gemeindeverwaltungsverbandes bedarf des Beschlusses einer Mehrheit von zwei Dritteln der satzungsmäßigen Stimmenzahl der Verbandsversammlung; die Antragstellung der erfüllenden Gemeinde einer vereinbarten Verwaltungsgemeinschaft bedarf des Beschlusses einer Mehrheit von zwei Dritteln aller Stimmen des gemeinsamen Ausschusses. [3]Die Zuständigkeit ist im Gesetzblatt bekanntzumachen. [4]Die Aufgaben der unteren Baurechtsbehörde gehen mit Beginn des übernächsten Monats nach der Bekanntmachung auf die Gemeinde oder die Verwaltungsgemeinschaft über.

(3) Gemeinden, denen am 1. Januar 1965 die Aufgaben der unteren Baurechtsbehörde übertragen waren, bleiben untere Baurechtsbehörden.

(4) [1]Die Zuständigkeit erlischt in den Fällen der Absätze 2 und 3 durch Erklärung der Gemeinde oder der Verwaltungsgemeinschaft gegenüber der höheren Baurechtsbehörde. [2]Sie erlischt ferner im Falle des Absatzes 2 Satz 1, wenn die dort genannten Voraussetzungen nicht mehr erfüllt sind und die höhere Baurechtsbehörde dies feststellt. [3]Das Erlöschen ist im Gesetzblatt bekanntzumachen; es wird mit Ablauf des auf die Bekanntmachung folgenden Monats wirksam.

(5) [1]Die Baurechtsbehörden sind für ihre Aufgaben ausreichend mit geeigneten Fachkräften zu besetzen. [2]Jeder unteren Baurechtsbehörde muß mindestens ein Bauverständiger angehören, der das Studium der Fachrichtung Architektur an einer deutschen Universität oder Fachhochschule oder eine gleichwertige Ausbildung an einer ausländischen Hochschule oder gleichrangigen Lehreinrichtung erfolgreich abgeschlossen hat; die höhere Baurechtsbehörde kann von der Anforderung an die Ausbildung Ausnahmen zulassen. [3]Die Fachkräfte zur Beratung und Unterstützung der Landratsämter als Baurechtsbehörden sind vom Landkreis zu stellen.

§ 47[2] **Aufgaben und Befugnisse der Baurechtsbehörden.** (1) [1]Die Baurechtsbehörden haben darauf zu achten, daß die baurechtlichen Vorschriften sowie die anderen öffentlich-rechtlichen Vorschriften über die Errichtung und den Abbruch von Anlagen und Einrichtungen im Sinne des § 1 eingehalten und die auf Grund dieser Vorschriften erlassenen Anordnungen befolgt

---

[1] § 46 Abs. 1 Nr. 1 geänd. mWv 1. 1. 2005 durch VO v. 29. 10. 2004 (GBl. S. 810) und geänd. mWv 16. 6. 2007 durch VO v. 25. 4. 2007 (GBl. S. 252).

[2] § 47 Abs. 4 neu gef. mWv 2. 1. 2005 durch G v. 14. 12. 2004 (GBl. S. 895).

werden. [2]Sie haben zur Wahrnehmung dieser Aufgaben diejenigen Maßnahmen zu treffen, die nach pflichtgemäßem Ermessen erforderlich sind.

(2) Die Baurechtsbehörden können zur Erfüllung ihrer Aufgaben Sachverständige heranziehen.

(3) [1]Die mit dem Vollzug dieses Gesetzes beauftragten Personen sind berechtigt, in Ausübung ihres Amtes Grundstücke und bauliche Anlagen einschließlich der Wohnungen zu betreten. [2]Das Grundrecht der Unverletzlichkeit der Wohnung (Artikel 13 des Grundgesetzes) wird insoweit eingeschränkt.

(4) [1]Die den Gemeinden und den Verwaltungsgemeinschaften nach § 46 Abs. 2 und 3 übertragenen Aufgaben der unteren Baurechtsbehörden sind Pflichtaufgaben nach Weisung. [2]Für die Erhebung von Gebühren und Auslagen gilt das Kommunalabgabengesetz. [3]Abweichend hiervon gelten für die Erhebung von Gebühren und Auslagen für bautechnische Prüfungen die für die staatlichen Behörden maßgebenden Vorschriften.

(5) [1]Die für die Fachaufsicht zuständigen Behörden können den nachgeordneten Baurechtsbehörden unbeschränkt Weisungen erteilen. [2]Leistet eine Baurechtsbehörde einer ihr erteilten Weisung innerhalb der gesetzten Frist keine Folge, so kann an ihrer Stelle jede Fachaufsichtsbehörde die erforderlichen Maßnahmen auf Kosten des Kostenträgers der Baurechtsbehörde treffen. [3]§ 129 Abs. 5 der Gemeindeordnung gilt entsprechend.

§ 48 Sachliche Zuständigkeit. (1) Sachlich zuständig ist die untere Baurechtsbehörde, soweit nichts anderes bestimmt ist.

(2) [1]Anstelle einer Gemeinde als Baurechtsbehörde ist die nächsthöhere Baurechtsbehörde, bei den in § 46 Abs. 2 und 3 genannten Gemeinden die untere Verwaltungsbehörde zuständig, wenn es sich um ein Vorhaben der Gemeinde selbst handelt, gegen das Einwendungen erhoben werden, sowie bei einem Vorhaben, gegen das die Gemeinde als Beteiligte Einwendungen erhoben hat; an Stelle einer Verwaltungsgemeinschaft als Baurechtsbehörde ist in diesen Fällen bei Vorhaben sowie bei Einwendungen der Verwaltungsgemeinschaft oder einer Gemeinde, die der Verwaltungsgemeinschaft angehört, die in § 28 Abs. 2 Nr. 1 oder 2 des Gesetzes über kommunale Zusammenarbeit genannte Behörde zuständig. [2]Für die Behandlung des Bauantrags, die Bauüberwachung und die Bauabnahme gilt Absatz 1.

(3) [1]Die Erlaubnis nach den auf Grund des *§ 11 des Gerätesicherheitsgesetzes*[1)] erlassenen Vorschriften sowie die Genehmigung nach § 7 des Atomgesetzes schließen eine Genehmigung oder Zustimmung nach diesem Gesetz ein. [2]Die für die Genehmigung oder Erlaubnis nach dem *Gerätesicherheitsgesetz*[2)] zuständige Behörde entscheidet im Benehmen mit der Baurechtsbehörde der gleichen Verwaltungsstufe; die Bauüberwachung nach § 66 und die Bauabnahmen nach § 67 obliegen der Baurechtsbehörde.

[1)] Aufgeh. mWv 1. 5. 2004; vgl. jetzt § 14 GPSG v. 6. 1. 2004 (BGBl. I S. 2), zuletzt geänd. durch G v. 7. 7. 2005 (BGBl. I S. 1970).
[2)] Aufgeh. mWv 1. 5. 2004; vgl. jetzt das GPSG v. 6. 1. 2004 (BGBl. I S. 2), zuletzt geänd. durch G v. 7. 7. 2005 (BGBl. I S. 1970).

Achter Teil. Verwaltungsverfahren, Baulasten

§ 49 Genehmigungspflichtige Vorhaben. (1) Die Errichtung und der Abbruch baulicher Anlagen sowie der in § 50 aufgeführten anderen Anlagen und Einrichtungen bedürfen der Baugenehmigung, soweit in §§ 50 und 51 nichts anderes bestimmt ist.

(2) §§ 69 und 70 bleiben unberührt.

§ 50 Verfahrensfreie Vorhaben. (1) Die Errichtung der Anlagen und Einrichtungen, die im Anhang aufgeführt sind, ist verfahrensfrei.

(2) Die Nutzungsänderung ist verfahrensfrei, wenn

1. für die neue Nutzung keine anderen oder weitergehenden Anforderungen gelten als für die bisherige Nutzung oder
2. durch die neue Nutzung zusätzlicher Wohnraum in Wohngebäuden geringer Höhe im Innenbereich geschaffen wird.

(3) Der Abbruch ist verfahrensfrei bei

1. land- oder forstwirtschaftlichen Schuppen bis 5 m Höhe,
2. Gebäuden bis 300 m³ umbauten Raumes, ausgenommen notwendige Garagen,
3. baulichen Anlagen, die keine Gebäude sind, ausgenommen notwendige Stellplätze,
4. Anlagen und Einrichtungen, die nach Absatz 1 verfahrensfrei sind.

(4) Instandhaltungsarbeiten sind verfahrensfrei.

(5) Verfahrensfreie Vorhaben müssen ebenso wie genehmigungspflichtige Vorhaben den öffentlich-rechtlichen Vorschriften entsprechen.

§ 51[1] Kenntnisgabeverfahren. (1) Das Kenntnisgabeverfahren wird durchgeführt bei der Errichtung von

1. Wohngebäuden, ausgenommen Hochhäusern,
2. landwirtschaftlichen Betriebsgebäuden auch mit Wohnteil bis zu drei Geschossen,
3. Gebäuden ohne Aufenthaltsräume bis zu 100 m² Grundfläche und bis zu drei Geschossen,
4. eingeschossigen Gebäuden ohne Aufenthaltsräume bis zu 250 m² Grundfläche,
5. Stellplätzen und Garagen für die Gebäude nach Nummer 1 bis 4,
6. Nebenanlagen im Sinne des § 14 der Baunutzungsverordnung (BauNVO) für die Gebäude nach Nummer 1 bis 4,

soweit die Vorhaben nicht bereits nach § 50 verfahrensfrei sind und die Voraussetzungen des Absatzes 2 vorliegen.

(2) Die Vorhaben nach Absatz 1 müssen liegen

1. innerhalb des Geltungsbereichs eines Bebauungsplans im Sinne des § 30 Abs. 1 BauGB, der nach dem 29. Juni 1961 rechtsverbindlich geworden ist, oder im Geltungsbereich einer Satzung nach § 7 des Maßnahmengesetzes zum Baugesetzbuch (BauGB-MaßnahmenG) und

---

[1] § 51 Abs. 7 angef. mWv 1. 2. 2001 durch G v. 19. 12. 2000 (GBl. S. 760).

2. außerhalb des Geltungsbereichs einer Veränderungssperre im Sinne des § 14 BauGB.

(3) Beim Abbruch von Anlagen und Einrichtungen wird das Kenntnisgabeverfahren durchgeführt, soweit die Vorhaben nicht bereits nach § 50 Abs. 3 verfahrensfrei sind.

(4) Kenntnisgabepflichtige Vorhaben müssen ebenso wie genehmigungspflichtige Vorhaben den öffentlich-rechtlichen Vorschriften entsprechen.

(5) [1]Über Abweichungen, Ausnahmen und Befreiungen entscheidet die Baurechtsbehörde auf besonderen Antrag; § 54 Abs. 4 gilt entsprechend. [2]Im übrigen werden die Bauvorlagen von der Baurechtsbehörde nicht geprüft; § 47 Abs. 1 bleibt unberührt.

(6) Die Verpflichtung des Bauherrn, der Baurechtsbehörden und der Gemeinden nach §§ 2 und 3 des Zweiten Gesetzes über die Durchführung von Statistiken der Bautätigkeit und die Fortschreibung des Gebäudebestandes vom 27. Juli 1978 (BGBl. I S. 1118) in der jeweils geltenden Fassung bleibt unberührt.

(7) Der Bauherr kann beantragen, dass bei Vorhaben, die Absatz 1 oder 3 entsprechen, ein Baugenehmigungsverfahren durchgeführt wird.

§ 52 Bauvorlagen und Bauantrag. (1) [1]Alle für die Durchführung des Baugenehmigungsverfahrens oder des Kenntnisgabeverfahrens erforderlichen Unterlagen (Bauvorlagen) und Anträge auf Abweichungen, Ausnahmen und Befreiungen sind bei der Gemeinde einzureichen. [2]Bei genehmigungspflichtigen Vorhaben ist zusammen mit den Bauvorlagen der schriftliche Antrag auf Baugenehmigung (Bauantrag) einzureichen.

(2) [1]Der Bauantrag ist vom Bauherrn und vom Planverfasser, die Bauvorlagen sind vom Planverfasser zu unterschreiben. [2]Die von den Sachverständigen nach § 43 Abs. 2 erstellten Bauvorlagen müssen von diesen unterschrieben werden.

§ 53 Behandlung des Bauantrags und der Bauvorlagen. (1) Die Gemeinde hat den Bauantrag, wenn sie nicht selbst Baurechtsbehörde ist, unter Zurückbehaltung einer Ausfertigung innerhalb von drei Arbeitstagen an die Baurechtsbehörde weiterzuleiten.

(2) [1]Zum Bauantrag wird die Gemeinde gehört, wenn sie nicht selbst Baurechtsbehörde ist. [2]Soweit es für die Behandlung des Bauantrags notwendig ist, sollen die Stellen gehört werden, deren Aufgabenbereich berührt wird. [3]Ist die Beteiligung einer Stelle nur erforderlich, um das Vorliegen von fachtechnischen Voraussetzungen in öffentlich-rechtlichen Vorschriften zu prüfen, kann die Baurechtsbehörde mit Einverständnis des Bauherrn und auf dessen Kosten dies durch Sachverständige prüfen lassen. [4]Sie kann vom Bauherrn die Bestätigung eines Sachverständigen verlangen, daß die fachtechnischen Voraussetzungen vorliegen.

(3) Im Kenntnisgabeverfahren hat die Gemeinde innerhalb von fünf Arbeitstagen

1. dem Bauherrn den Zeitpunkt des Eingangs der vollständigen Bauvorlagen schriftlich zu bestätigen und

2. die Bauvorlagen sowie Anträge nach § 51 Abs. 5, wenn sie nicht selbst Baurechtsbehörde ist, unter Zurückbehaltung einer Ausfertigung an die Baurechtsbehörde weiterzuleiten.

(4) [1] Absatz 3 gilt nicht, wenn die Gemeinde feststellt, daß

1. die Bauvorlagen unvollständig sind,

2. die Erschließung des Vorhabens nicht gesichert ist,

3. eine hindernde Baulast besteht
   oder

4. das Vorhaben in einem förmlich festgelegten Sanierungsgebiet im Sinne des § 142 BauGB, in einem förmlich festgelegten städtebaulichen Entwicklungsbereich im Sinne des § 165 BauGB oder in einem förmlich festgelegten Gebiet nach § 172 BauGB liegt und die hierfür erforderlichen Genehmigungen nicht beantragt worden sind.

[2] Die Gemeinde hat dies dem Bauherrn innerhalb von fünf Arbeitstagen mitzuteilen.

§ 54 Fristen im Genehmigungsverfahren. (1) [1] Die Baurechtsbehörde hat innerhalb von zehn Arbeitstagen nach Eingang den Bauantrag und die Bauvorlagen auf Vollständigkeit zu überprüfen. [2] Sind sie unvollständig oder weisen sie sonstige erhebliche Mängel auf, hat die Baurechtsbehörde dem Bauherrn unverzüglich mitzuteilen, welche Ergänzungen erforderlich sind und daß ohne Behebung der Mängel innerhalb der dem Bauherrn gesetzten, angemessenen Frist der Bauantrag zurückgewiesen werden kann.

(2) Sobald der Bauantrag und die Bauvorlagen vollständig sind, hat die Baurechtsbehörde unverzüglich

1. dem Bauherrn ihren Eingang und den nach Absatz 4 ermittelten Zeitpunkt der Entscheidung, jeweils mit Datumsangabe, schriftlich mitzuteilen,

2. die Gemeinde und die berührten Stellen nach § 53 Abs. 2 zu hören.

(3) [1] Für die Abgabe der Stellungnahmen setzt die Baurechtsbehörde der Gemeinde und den berührten Stellen eine angemessene Frist; sie darf höchstens zwei Monate betragen. [2] Äußern sich die Gemeinde oder die berührten Stellen nicht fristgemäß, kann die Baurechtsbehörde davon ausgehen, daß keine Bedenken bestehen. [3] Bedarf nach Landesrecht die Erteilung der Baugenehmigung des Einvernehmens oder der Zustimmung einer anderen Stelle, so gilt diese als erteilt, wenn sie nicht innerhalb von zwei Monaten nach Eingang des Ersuchens unter Angabe der Gründe verweigert wird.

(4) [1] Die Baurechtsbehörde hat über den Bauantrag zu entscheiden

1. bei Wohngebäuden, zugehörigen Stellplätzen, Garagen und Nebenanlagen im Sinne des § 14 BauNVO innerhalb von einem Monat,

2. bei sonstigen Vorhaben innerhalb von zwei Monaten.

[2] Die Frist nach Satz 1 beginnt, sobald die vollständigen Bauvorlagen und alle für die Entscheidung notwendigen Stellungnahmen und Mitwirkungen vorliegen, spätestens jedoch nach Ablauf der Fristen nach Absatz 3. [3] Auf die Einhaltung der Frist nach Satz 1 kann der Bauherr nicht wirksam verzichten.

(5) Die Fristen nach Absatz 3 dürfen nur ausnahmsweise bis zu einem Monat verlängert werden.

§ 55 Benachrichtigung der Angrenzer. (1) [1]Die Gemeinde benachrichtigt die Eigentümer angrenzender Grundstücke (Angrenzer) von dem Bauantrag. [2]Die Benachrichtigung ist nicht erforderlich bei Angrenzern, die

1. eine schriftliche Zustimmungserklärung abgegeben oder die Bauvorlagen unterschrieben haben oder

2. durch das Vorhaben offensichtlich nicht berührt werden.

[3]Bei Eigentümergemeinschaften nach dem Wohnungseigentumsgesetz genügt die Benachrichtigung des Verwalters; für die Eigentümergemeinschaft sind Mehrfertigungen der Benachrichtigung beizufügen.

(2) [1]Einwendungen sind innerhalb von zwei Wochen nach Zustellung der Benachrichtigung bei der Gemeinde schriftlich oder zur Niederschrift vorzubringen. [2]Die vom Bauantrag durch Zustellung benachrichtigten Angrenzer werden mit allen Einwendungen ausgeschlossen, die im Rahmen der Beteiligung nicht fristgemäß geltend gemacht worden sind (materielle Präklusion). [3]Auf diese Rechtsfolge ist in der Benachrichtigung hinzuweisen. [4]Die Gemeinde leitet die bei ihr eingegangenen Einwendungen zusammen mit ihrer Stellungnahme innerhalb der Frist des § 54 Abs. 3 an die Baurechtsbehörde weiter.

(3) [1]Bei Vorhaben im Kenntnisgabeverfahren gilt Absatz 1 entsprechend. [2]Die Gemeinde hat die Angrenzer innerhalb von fünf Arbeitstagen nach Eingang der Bauvorlagen zu benachrichtigen. [3]Bedenken können innerhalb von zwei Wochen nach Zugang der Benachrichtigung bei der Gemeinde vorgebracht werden. [4]Die Gemeinde hat sie unverzüglich an die Baurechtsbehörde weiterzuleiten. [5]Für die Behandlung der Bedenken gilt § 47 Abs. 1. [6]Die Angrenzer werden über das Ergebnis unterrichtet.

§ 56 Abweichungen, Ausnahmen und Befreiungen. (1) Abweichungen von technischen Bauvorschriften sind zuzulassen, wenn auf andere Weise dem Zweck dieser Vorschriften nachweislich entsprochen wird.

(2) Ferner sind Abweichungen von den Vorschriften in den §§ 4 bis 37 dieses Gesetzes oder auf Grund dieses Gesetzes zuzulassen

1. zur Modernisierung von Wohnungen und Wohngebäuden, Teilung von Wohnungen oder Schaffung von zusätzlichem Wohnraum durch Ausbau, Anbau, Nutzungsänderung, Aufstockung oder Änderung des Daches, wenn die Baugenehmigung oder die Kenntnisgabe für die Errichtung des Gebäudes mindestens fünf Jahre zurückliegt,

2. zur Erhaltung und weiteren Nutzung von Kulturdenkmalen,

3. zur Verwirklichung von Vorhaben zur Energieeinsparung,

4. zur praktischen Erprobung neuer Bau- und Wohnformen im Wohnungsbau,

wenn die Abweichungen mit den öffentlichen Belangen vereinbar sind.

(3) Ausnahmen, die in diesem Gesetz oder in Vorschriften auf Grund dieses Gesetzes vorgesehen sind, können zugelassen werden, wenn sie mit den öffentlichen Belangen vereinbar sind und die für die Ausnahmen festgelegten Voraussetzungen vorliegen.

(4) Ferner können Ausnahmen von den Vorschriften in den §§ 4 bis 37 dieses Gesetzes oder auf Grund dieses Gesetzes zugelassen werden

1. bei Gemeinschaftsunterkünften, die der vorübergehenden Unterbringung oder dem vorübergehenden Wohnen dienen,
2. bei baulichen Anlagen, die nach der Art ihrer Ausführung für eine dauernde Nutzung nicht geeignet sind oder die für eine begrenzte Zeit aufgestellt werden (Behelfsbauten),
3. bei kleinen, Nebenzwecken dienenden Gebäuden ohne Feuerstätten, wie Geschirrhütten,
4. bei freistehenden anderen Gebäuden, die allenfalls für einen zeitlich begrenzten Aufenthalt bestimmt sind, wie Gartenhäuser, Wochenendhäuser oder Schutzhütten.

(5) ¹Von den Vorschriften in den §§ 4 bis 39 dieses Gesetzes oder auf Grund dieses Gesetzes kann Befreiung erteilt werden, wenn

1. Gründe des allgemeinen Wohls die Abweichung erfordern oder
2. die Einhaltung der Vorschrift im Einzelfall zu einer offenbar nicht beabsichtigten Härte führen würde

und die Abweichung auch unter Würdigung nachbarlicher Interessen mit den öffentlichen Belangen vereinbar ist. ²Gründe des allgemeinen Wohls liegen auch bei Vorhaben zur Deckung dringenden Wohnbedarfs vor. ³Bei diesen Vorhaben kann auch in mehreren vergleichbaren Fällen eine Befreiung erteilt werden.

(6) Ist für verfahrensfreie Vorhaben eine Abweichung, Ausnahme oder Befreiung erforderlich, so ist diese schriftlich besonders zu beantragen.

§ 57 Bauvorbescheid. (1) ¹Vor Einreichen des Bauantrags kann auf schriftlichen Antrag des Bauherrn ein schriftlicher Bescheid zu einzelnen Fragen des Vorhabens erteilt werden (Bauvorbescheid). ²Der Bauvorbescheid gilt drei Jahre.

(2) §§ 52, 53 Abs. 1 und 2, §§ 54, 55 Abs. 1 und 2, § 58 Abs. 1 bis 3 sowie § 62 Abs. 2 gelten entsprechend.

§ 58¹⁾ Baugenehmigung. (1) ¹Die Baugenehmigung ist zu erteilen, wenn dem genehmigungspflichtigen Vorhaben keine von der Baurechtsbehörde zu prüfenden öffentlich-rechtlichen Vorschriften entgegenstehen. ²Die Baugenehmigung bedarf der Schriftform; § 3a des Landesverwaltungsverfahrensgesetzes findet keine Anwendung. ³Erleichterungen, Abweichungen, Ausnahmen und Befreiungen sind ausdrücklich auszusprechen. ⁴Die Baugenehmigung ist nur insoweit zu begründen, als sie Abweichungen, Ausnahmen oder Befreiungen von nachbarschützenden Vorschriften enthält und der Nachbar Einwendungen erhoben hat. ⁵Eine Ausfertigung der mit Genehmigungsvermerk versehenen Bauvorlagen ist dem Antragsteller mit der Baugenehmigung zuzustellen. ⁶Eine Ausfertigung der Baugenehmigung ist auch Angrenzern und Nachbarn zuzustellen, deren Einwendungen gegen das Vorhaben nicht entsprochen wird; auszunehmen sind solche Angaben, die wegen berechtigter Interessen der Beteiligten geheimzuhalten sind.

(2) Die Baugenehmigung gilt auch für und gegen den Rechtsnachfolger des Bauherrn.

(3) Die Baugenehmigung wird unbeschadet privater Rechte Dritter erteilt.

---

¹⁾ § 58 Abs. 1 Satz 2 Halbs. angef. mWv 1. 3. 2005 durch G v. 14. 12. 2004 (GBl. S. 884).

(4) [1]Behelfsbauten dürfen nur befristet oder widerruflich genehmigt werden. [2]Nach Ablauf der gesetzten Frist oder nach Widerruf ist die Anlage ohne Entschädigung zu beseitigen und ein ordnungsgemäßer Zustand herzustellen.

(5) Die Gemeinde ist, wenn sie nicht Baurechtsbehörde ist, von jeder Baugenehmigung durch Übersendung einer Abschrift des Bescheides und der Pläne zu unterrichten.

(6) [1]Auch nach Erteilung der Baugenehmigung können Anforderungen gestellt werden, um Gefahren für Leben oder Gesundheit oder bei der Genehmigung nicht voraussehbare Gefahren oder erhebliche Nachteile oder Belästigungen von der Allgemeinheit oder den Benutzern der baulichen Anlagen abzuwenden. [2]Bei Gefahr im Verzug kann bis zur Erfüllung dieser Anforderungen die Benutzung der baulichen Anlage eingeschränkt oder untersagt werden.

§ 59 Baubeginn. (1) [1]Mit der Ausführung genehmigungspflichtiger Vorhaben darf erst nach Erteilung des Baufreigabescheins begonnen werden. [2]Der Baufreigabeschein ist zu erteilen, wenn die in der Baugenehmigung für den Baubeginn enthaltenen Auflagen und Bedingungen erfüllt sind. [3]Enthält die Baugenehmigung keine solchen Auflagen oder Bedingungen, so ist der Baufreigabeschein mit der Baugenehmigung zu erteilen. [4]Der Baufreigabeschein muß die Bezeichnung des Bauvorhabens und die Namen und Anschriften des Planverfassers und des Bauleiters enthalten und dem Bauherrn zuzustellen.

(2) Der Bauherr hat den Baubeginn genehmigungspflichtiger Vorhaben und die Wiederaufnahme der Bauarbeiten nach einer Unterbrechung von mehr als sechs Monaten vorher der Baurechtsbehörde schriftlich mitzuteilen.

(3) [1]Vor Baubeginn müssen bei genehmigungspflichtigen Vorhaben Grundriß und Höhenlage der baulichen Anlage auf dem Baugrundstück festgelegt sein. [2]Die Baurechtsbehörde kann verlangen, daß diese Festlegungen durch einen Sachverständigen vorgenommen werden.

(4) [1]Bei Vorhaben im Kenntnisgabeverfahren darf mit der Ausführung begonnen werden
1. bei Vorhaben, denen die Angrenzer schriftlich zugestimmt haben, zwei Wochen,
2. bei sonstigen Vorhaben ein Monat
nach Eingang der vollständigen Bauvorlagen bei der Gemeinde, es sei denn, der Bauherr erhält eine Mitteilung nach § 53 Abs. 4 oder der Baubeginn wird nach § 47 Abs. 1 untersagt. [2]Wurde ein Antrag nach § 51 Abs. 5 gestellt, darf mit davon betroffenen Bauarbeiten erst begonnen werden, wenn dem Antrag entsprochen wurde.

(5) Bei Vorhaben im Kenntnisgabeverfahren hat der Bauherr vor Baubeginn
1. die bautechnischen Nachweise von einem Sachverständigen prüfen zu lassen, soweit nichts anderes bestimmt ist; die Prüfung muß vor Baubeginn, spätestens jedoch vor Ausführung der jeweiligen Bauabschnitte abgeschlossen sein,
2. Grundriß und Höhenlage von Gebäuden auf dem Baugrundstück durch einen Sachverständigen festlegen zu lassen, soweit nichts anderes bestimmt ist,
3. dem Bezirksschornsteinfegermeister technische Angaben über Feuerungsanlagen vorzulegen.

(6) Bei Vorhaben im Kenntnisgabeverfahren innerhalb eines förmlich festgelegten Sanierungsgebietes im Sinne des § 142 BauGB, eines förmlich festgelegten städtebaulichen Entwicklungsbereiches im Sinne des § 165 BauGB oder eines förmlich festgelegten Gebiets im Sinne des § 172 BauGB müssen vor Baubeginn die hierfür erforderlichen Genehmigungen vorliegen.

§ 60 Sicherheitsleistung.

(1) Die Baurechtsbehörde kann die Leistung einer Sicherheit verlangen, soweit sie erforderlich ist, um die Erfüllung von Auflagen oder sonstigen Verpflichtungen zu sichern.

(2) Auf Sicherheitsleistungen sind die §§ 232, 234 bis 240 des Bürgerlichen Gesetzbuchs anzuwenden.

§ 61[1] Teilbaugenehmigung.

(1) ¹Ist ein Bauantrag eingereicht, so kann der Beginn der Bauarbeiten für die Baugrube und für einzelne Bauteile oder Bauabschnitte auf schriftlichen Antrag schon vor Erteilung der Baugenehmigung schriftlich, aber nicht in elektronischer Form, zugelassen werden, wenn nach dem Stand der Prüfung des Bauantrags gegen die Teilausführung keine Bedenken bestehen (Teilbaugenehmigung). ²§ 58 Abs. 1 bis 5 sowie § 59 Abs. 1 bis 3 gelten entsprechend.

(2) In der Baugenehmigung können für die bereits genehmigten Teile des Vorhabens, auch wenn sie schon ausgeführt sind, zusätzliche Anforderungen gestellt werden, wenn sich bei der weiteren Prüfung der Bauvorlagen ergibt, daß die zusätzlichen Anforderungen nach § 3 Abs. 1 Satz 1 erforderlich sind.

§ 62[2] Geltungsdauer der Baugenehmigung.

(1) Die Baugenehmigung und die Teilbaugenehmigung erlöschen, wenn nicht innerhalb von drei Jahren nach Erteilung der Genehmigung mit der Bauausführung begonnen oder wenn sie drei Jahre unterbrochen worden ist.

(2) ¹Die Frist nach Absatz 1 kann auf schriftlichen Antrag jeweils bis zu drei Jahren schriftlich, aber nicht in elektronischer Form, verlängert werden. ²Die Frist kann auch rückwirkend verlängert werden, wenn der Antrag vor Fristablauf bei der Baurechtsbehörde eingegangen ist.

§ 63 Verbot unrechtmäßig gekennzeichneter Bauprodukte.

Sind Bauprodukte entgegen § 22 mit dem Ü-Zeichen gekennzeichnet, so kann die Baurechtsbehörde die Verwendung dieser Bauprodukte untersagen und deren Kennzeichnung entwerten oder beseitigen lassen.

§ 64 Baueinstellung.

(1) ¹Werden Anlagen im Widerspruch zu öffentlich-rechtlichen Vorschriften errichtet oder abgebrochen, so kann die Baurechtsbehörde die Einstellung der Bauarbeiten anordnen. ²Dies gilt insbesondere, wenn

1. die Ausführung eines nach § 49 genehmigungspflichtigen, nach § 51 kenntnisgabepflichtigen oder nach § 70 zustimmungspflichtigen Vorhabens entgegen § 59 begonnen wurde,

---

[1] § 61 Abs. 1 Satz 1 geänd. mWv 1. 3. 2005 durch G v. 14. 12. 2004 (GBl. S. 884).
[2] § 62 Abs. 2 Satz 1 geänd. mWv 1. 3. 2005 durch G v. 14. 12. 2004 (GBl. S. 884).

2. das Vorhaben ohne die erforderlichen Bauabnahmen (§ 67) oder Nachweise (§ 66 Abs. 2 und 4) oder über die Teilbaugenehmigung (§ 61) hinaus fortgesetzt wurde,

3. bei der Ausführung eines Vorhabens von der erteilten Genehmigung oder Zustimmung abgewichen wird, obwohl es dazu einer Genehmigung oder Zustimmung bedurft hätte,

4. bei der Ausführung eines Vorhabens von den im Kenntnisgabeverfahren eingereichten Bauvorlagen abgewichen wird, es sei denn die Abweichung ist nach § 50 verfahrensfrei,

5. Bauprodukte verwendet werden, die unberechtigt mit dem CE-Zeichen (§ 17 Abs. 1 Nr. 2) oder dem Ü-Zeichen (§ 22 Abs. 4) gekennzeichnet sind.

(2) Werden Bauarbeiten trotz schriftlich oder mündlich verfügter Einstellung fortgesetzt, so kann die Baurechtsbehörde die Baustelle versiegeln und die an der Baustelle vorhandenen Baustoffe, Bauteile, Baugeräte, Baumaschinen und Bauhilfsmittel in amtlichen Gewahrsam nehmen.

§ 65 **Abbruchsanordnung und Nutzungsuntersagung.** [1]Der teilweise oder vollständige Abbruch eine Anlage, die im Widerspruch zu öffentlich-rechtlichen Vorschriften errichtet wurde, kann angeordnet werden, wenn nicht auf andere Weise rechtmäßige Zustände hergestellt werden können. [2]Werden Anlagen im Widerspruch zu öffentlich-rechtlichen Vorschriften genutzt, so kann diese Nutzung untersagt werden.

§ 66 **Bauüberwachung.** (1) [1]Die Baurechtsbehörde kann die Ordnungsmäßigkeit der Bauausführung und die ordnungsgemäße Erfüllung der Pflichten der am Bau Beteiligten nach den §§ 42 bis 45 überprüfen. [2]Sie kann verlangen, daß Beginn und Beendigung bestimmter Bauarbeiten angezeigt werden.

(2) [1]Die Ordnungsmäßigkeit der Bauausführung umfaßt auch die Tauglichkeit der Gerüste und Absteifungen sowie die Bestimmungen zum Schutze der allgemeinen Sicherheit. [2]Auf Verlangen der Baurechtsbehörde hat der Bauherr die Verwendbarkeit der Bauprodukte nachzuweisen. [3]Die Baurechtsbehörde und die von ihr Beauftragten können Proben von Bauprodukten, soweit erforderlich auch aus fertigen Bauteilen, entnehmen und prüfen oder prüfen lassen.

(3) [1]Den mit der Überwachung beauftragten Personen ist jederzeit Zutritt zu Baustellen und Betriebsstätten sowie Einblick in Genehmigungen und Zulassungen, Prüfzeugnisse, Übereinstimmungserklärungen, Übereinstimmungszertifikate, Überwachungsnachweise, Zeugnisse und Aufzeichnungen über die Prüfung von Bauprodukten, in die Bautagebücher und andere vorgeschriebene Aufzeichnungen zu gewähren. [2]Der Bauherr hat die für die Überwachung erforderlichen Arbeitskräfte und Geräte zur Verfügung zu stellen.

(4) Die Baurechtsbehörde kann einen Nachweis darüber verlangen, daß die Grundflächen, Abstände und Höhenlagen der Gebäude eingehalten sind.

§ 67 **Bauabnahmen, Inbetriebnahme der Feuerungsanlagen.** (1) Soweit es bei genehmigungspflichtigen Vorhaben zur Wirksamkeit der Bauüberwachung erforderlich ist, kann in der Baugenehmigung oder der Teilbaugenehmigung, aber auch noch während der Bauausführung die Abnahme

1. bestimmter Bauteile oder Bauarbeiten
   und

2. der baulichen Anlage nach ihrer Fertigstellung

vorgeschrieben werden.

(2) ¹Schreibt die Baurechtsbehörde eine Abnahme vor, hat der Bauherr rechtzeitig schriftlich mitzuteilen, wann die Voraussetzungen für die Abnahme gegeben sind. ²Der Bauherr oder die Unternehmer haben auf Verlangen die für die Abnahmen erforderlichen Arbeitskräfte und Geräte zur Verfügung zu stellen.

(3) ¹Bei Beanstandungen kann die Abnahme abgelehnt werden. ²Über die Abnahme stellt die Baurechtsbehörde auf Verlangen des Bauherrn eine Bescheinigung aus (Abnahmeschein).

(4) ¹Die Baurechtsbehörde kann verlangen, daß bestimmte Bauarbeiten erst nach einer Abnahme durchgeführt oder fortgesetzt werden. ²Sie kann aus den Gründen des § 3 Abs. 1 auch verlangen, daß eine bauliche Anlage erst nach einer Abnahme in Gebrauch genommen wird.

(5) Bei genehmigungspflichtigen und bei kenntnisgabepflichtigen Vorhaben dürfen die Feuerungsanlagen erst in Betrieb genommen werden, wenn der Bezirksschornsteinfegermeister die Brandsicherheit und die sichere Abführung der Verbrennungsgase bescheinigt hat.

§ 68¹⁾ **Typenprüfung.** (1) ¹Für bauliche Anlagen oder Teile baulicher Anlagen, die in derselben Ausführung an mehreren Stellen errichtet oder verwendet werden sollen, können die Nachweise der Standsicherheit, des Schall- und Wärmeschutzes oder der Feuerwiderstandsdauer der Bauteile allgemein geprüft werden (Typenprüfung). ²Eine Typenprüfung kann auch erteilt werden für bauliche Anlagen, die in unterschiedlicher Ausführung, aber nach einem bestimmten System und aus bestimmten Bauteilen an mehreren Stellen errichtet werden sollen; in der Typenprüfung ist die zulässige Veränderbarkeit festzulegen.

(2) ¹Die Typenprüfung wird auf schriftlichen Antrag von einem Prüfamt für Baustatik durchgeführt. ²Soweit die Typenprüfung ergibt, daß die Ausführung den öffentlich-rechtlichen Vorschriften entspricht, ist dies durch Bescheid festzustellen.

(3) ¹Die Typenprüfung darf nur widerruflich und für eine bestimmte Frist erteilt werden, die fünf Jahre nicht überschreiten soll. ²Sie kann auf schriftlichen Antrag jeweils bis zu fünf Jahren verlängert werden. ³Die Frist kann auch rückwirkend verlängert werden, wenn der Antrag vor Fristablauf eingegangen ist. ⁴Die in der Typenprüfung entschiedenen Fragen werden von der Baurechtsbehörde nicht mehr geprüft.

(4) Typenprüfungen anderer Bundesländer gelten auch in Baden-Württemberg.

---

¹⁾ § 68 Abs. 2 Satz 1 geänd. mWv 1. 2. 2001 durch G v. 19. 12. 2000 (GBl. S. 760).

§ 69 Fliegende Bauten. (1) [1]Fliegende Bauten sind bauliche Anlagen, die geeignet und bestimmt sind, wiederholt aufgestellt und abgebaut zu werden. [2]Baustelleneinrichtungen und Baugerüste gelten nicht als Fliegende Bauten.

(2) [1]Fliegende Bauten bedürfen, bevor sie erstmals aufgestellt und in Gebrauch genommen werden, einer Ausführungsgenehmigung. [2]Dies gilt nicht für unbedeutende Fliegende Bauten, an die besondere Sicherheitsanforderungen nicht gestellt werden.

(3) [1]Zuständig für die Erteilung der Ausführungsgenehmigung ist die Baurechtsbehörde, in deren Gebiet der Antragsteller seinen Wohnsitz oder seine gewerbliche Niederlassung hat. [2]Hat der Antragsteller weder seinen Wohnsitz noch seine gewerbliche Niederlassung innerhalb der Bundesrepublik Deutschland, so ist die Baurechtsbehörde zuständig, in deren Gebiet der Fliegende Bau erstmals aufgestellt und in Gebrauch genommen werden soll.

(4) [1]Die Ausführungsgenehmigung wird für eine bestimmte Frist erteilt, die fünf Jahre nicht überschreiten soll. [2]Sie kann auf schriftlichen Antrag jeweils bis zu fünf Jahren verlängert werden. [3]Die Frist kann auch rückwirkend verlängert werden, wenn der Antrag vor Fristablauf eingegangen ist. [4]Zuständig dafür ist die für die Erteilung der Ausführungsgenehmigung zuständige Behörde. [5]Die Ausführungsgenehmigung und deren Verlängerung wird in ein Prüfbuch eingetragen, dem eine Ausfertigung der mit Genehmigungsvermerk versehenen Bauvorlagen beizufügen ist.

(5) [1]Der Inhaber der Ausführungsgenehmigung hat den Wechsel seines Wohnsitzes oder seiner gewerblichen Niederlassung oder die Übertragung eines Fliegenden Baues an Dritte der Behörde, die die Ausführungsgenehmigung erteilt hat, anzuzeigen. [2]Diese hat die Änderungen in das Prüfbuch einzutragen und sie, wenn mit den Änderungen ein Wechsel der Zuständigkeit verbunden ist, der nunmehr zuständigen Behörde mitzuteilen.

(6) [1]Fliegende Bauten, die nach Absatz 2 einer Ausführungsgenehmigung bedürfen, dürfen unbeschadet anderer Vorschriften nur in Gebrauch genommen werden, wenn ihre Aufstellung der Baurechtsbehörde des Aufstellungsortes unter Vorlage des Prüfbuches angezeigt ist. [2]Die Baurechtsbehörde kann die Inbetriebnahme von einer Gebrauchsabnahme abhängig machen. [3]Das Ergebnis der Abnahme ist in das Prüfbuch einzutragen. [4]Wenn eine Gefährdung im Sinne des § 3 Abs. 1 nicht zu erwarten ist, kann in der Ausführungsgenehmigung bestimmt werden, daß Anzeigen nach Satz 1 nicht erforderlich sind.

(7) [1]Die für die Gebrauchsabnahme zuständige Baurechtsbehörde kann Auflagen machen oder die Aufstellung oder den Gebrauch Fliegender Bauten untersagen, soweit dies nach den örtlichen Verhältnissen oder zur Abwehr von Gefahren erforderlich ist, insbesondere weil

1. die Betriebs- oder Standsicherheit nicht gewährleistet ist,
2. von der Ausführungsgenehmigung abgewichen wird oder
3. die Ausführungsgenehmigung abgelaufen ist.

[2]Wird die Aufstellung oder der Gebrauch wegen Mängeln am Fliegenden Bau untersagt, so ist dies in das Prüfbuch einzutragen; ist die Beseitigung der Mängel innerhalb angemessener Frist nicht zu erwarten, so ist das Prüfbuch einzuziehen und der für die Erteilung der Ausführungsgenehmigung zuständigen Behörde zuzuleiten.

(8) [1]Bei Fliegenden Bauten, die längere Zeit an einem Aufstellungsort betrieben werden, kann die für die Gebrauchsabnahme zuständige Baurechts-

behörde Nachabnahmen durchführen. [2]Das Ergebnis der Nachabnahmen ist in das Prüfbuch einzutragen.

(9) § 47 Abs. 2, §§ 52, 53 Abs. 2 sowie § 54 Abs. 1 gelten entsprechend.

(10) Ausführungsgenehmigungen anderer Bundesländer gelten auch in Baden-Württemberg.

§ 70 Zustimmungsverfahren, Vorhaben der Landesverteidigung.

(1) [1]An die Stelle der Baugenehmigung tritt die Zustimmung, wenn

1. der Bund, ein Land, eine andere Gebietskörperschaft des öffentlichen Rechts oder eine Kirche Bauherr ist und

2. der Bauherr die Leitung der Entwurfsarbeiten und die Bauüberwachung geeigneten Fachkräften seiner Baubehörde übertragen hat.

[2]Dies gilt entsprechend für Vorhaben Dritter, die in Erfüllung einer staatlichen Baupflicht vom Land durchgeführt werden.

(2) [1]Der Antrag auf Zustimmung ist bei der unteren Baurechtsbehörde einzureichen. [2]§§ 52, 53 Abs. 2, § 54 Abs. 1, § 55 Abs. 1 und 2, §§ 56, 58, 59 Abs. 1 bis 3, §§ 61, 62, 64, 65 sowie § 67 Abs. 5 gelten entsprechend. [3]Die Fachkräfte nach Absatz 1 Satz 1 Nr. 2 sind der Baurechtsbehörde zu benennen. [4]Die bautechnische Prüfung sowie Bauüberwachung und Bauabnahmen finden nicht statt.

(3) [1]Vorhaben, die der Landesverteidigung dienen, bedürfen weder einer Baugenehmigung noch einer Kenntnisgabe nach § 51 noch einer Zustimmung nach Absatz 1. [2]Sie sind statt dessen der höheren Baurechtsbehörde vor Baubeginn in geeigneter Weise zur Kenntnis zu bringen.

(4) Der Bauherr ist dafür verantwortlich, daß Entwurf und Ausführung von Vorhaben nach den Absätzen 1 und 3 den öffentlich-rechtlichen Vorschriften entsprechen.

§ 71 Übernahme von Baulasten.

(1) [1]Durch Erklärung gegenüber der Baurechtsbehörde können Grundstückseigentümer öffentlich-rechtliche Verpflichtungen zu einem ihre Grundstücke betreffenden Tun, Dulden oder Unterlassen übernehmen, die sich nicht schon aus öffentlich-rechtlichen Vorschriften ergeben (Baulasten). [2]Sie sind auch gegenüber dem Rechtsnachfolger wirksam.

(2) Die Erklärung nach Absatz 1 muß vor der Baurechtsbehörde oder vor der Gemeindebehörde abgegeben oder anerkannt werden; sie kann auch in öffentlich beglaubigter Form einer dieser Behörden vorgelegt werden.

(3) [1]Die Baulast erlischt durch schriftlichen Verzicht der Baurechtsbehörde. [2]Der Verzicht ist zu erklären, wenn ein öffentliches Interesse an der Baulast nicht mehr besteht. [3]Vor dem Verzicht sollen der Verpflichtete und die durch die Baulast Begünstigten gehört werden.

§ 72 Baulastenverzeichnis.

(1) Die Baulasten sind auf Anordnung der Baurechtsbehörde in ein Verzeichnis einzutragen (Baulastenverzeichnis).

(2) In das Baulastenverzeichnis sind auch einzutragen, soweit ein öffentliches Interesse an der Eintragung besteht,

1. andere baurechtliche, altlastenrechtliche oder bodenschutzrechtliche Verpflichtungen des Grundstückseigentümers zu einem sein Grundstück betreffenden Tun, Dulden oder Unterlassen,

2. Bedingungen, Befristungen und Widerrufsvorbehalte.

(3) Das Baulastenverzeichnis wird von der Gemeinde geführt.

(4) Wer ein berechtigtes Interesse darlegt, kann in das Baulastenverzeichnis Einsicht nehmen und sich Abschriften erteilen lassen.

Neunter Teil. Rechtsvorschriften, Ordnungswidrigkeiten Übergangs- und Schlußvorschriften

§ 73 Rechtsverordnungen. (1) Zur Verwirklichung der in § 3 bezeichneten allgemeinen Anforderungen wird die oberste Baurechtsbehörde ermächtigt, durch Rechtsverordnung Vorschriften zu erlassen über

1. die nähere Bestimmung allgemeiner Anforderungen in den §§ 4 bis 37,

2. besondere Anforderungen oder Erleichterungen, die sich aus der besonderen Art oder Nutzung der baulichen Anlagen und Räume nach § 38 für ihre Errichtung, Unterhaltung und Nutzung ergeben, sowie über die Anwendung solcher Anforderungen auf bestehende bauliche Anlagen dieser Art,

3. eine von Zeit zu Zeit zu wiederholende Nachprüfung von Anlagen, die zur Verhütung erheblicher Gefahren oder Nachteile ständig ordnungsgemäß unterhalten werden müssen, und die Erstreckung dieser Nachprüfungspflicht auf bestehende Anlagen,

4. die Anwesenheit fachkundiger Personen beim Betrieb technisch schwieriger baulicher Anlagen und Einrichtungen, wie Bühnenbetriebe und technisch schwierige Fliegende Bauten,

5. den Nachweis der Befähigung der in Nummer 4 genannten Personen.

(2) ¹Die oberste Baurechtsbehörde wird ermächtigt, zum baurechtlichen Verfahren durch Rechtsverordnung Vorschriften zu erlassen über

1. Art, Inhalt, Beschaffenheit und Zahl der Bauvorlagen; dabei kann festgelegt werden, daß bestimmte Bauvorlagen von Sachverständigen oder sachverständigen Stellen zu verfassen sind,

2. die erforderlichen Anträge, Anzeigen, Nachweise und Bescheinigungen,

3. das Verfahren im einzelnen.

²Sie kann dabei für verschiedene Arten von Bauvorhaben unterschiedliche Anforderungen und Verfahren festlegen.

(3) Die oberste Baurechtsbehörde wird ermächtigt, durch Rechtsverordnung vorzuschreiben, daß die am Bau Beteiligten (§§ 42 bis 45) zum Nachweis der ordnungsgemäßen Bauausführung Bescheinigungen, Bestätigungen oder Nachweise des Planverfassers, der Unternehmer, des Bauleiters, von Sachverständigen oder Behörden über die Einhaltung baurechtlicher Anforderungen vorzulegen haben.

(4) ¹Die Landesregierung wird ermächtigt, zur Vereinfachung, Erleichterung oder Beschleunigung der baurechtlichen Verfahren oder zur Entlastung der Baurechtsbehörde durch Rechtsverordnung Vorschriften zu erlassen über

1. den vollständigen oder teilweisen Wegfall der Prüfung öffentlich-rechtlicher Vorschriften über die technische Beschaffenheit bei bestimmten Arten von Bauvorhaben,

2. die Heranziehung von Sachverständigen oder sachverständigen Stellen,

3. die Übertragung von Prüfaufgaben im Rahmen des baurechtlichen Verfahrens einschließlich der Bauüberwachung und Bauabnahmen sowie die Übertragung sonstiger, der Vorbereitung baurechtlicher Entscheidungen dienenden Aufgaben und Befugnisse der Baurechtsbehörde auf Sachverständige oder sachverständige Stellen.

[2]Sie kann dafür bestimmte Voraussetzungen festlegen, die die Verantwortlichen nach § 43 zu erfüllen haben.

(5) Die oberste Baurechtsbehörde kann durch Rechtsverordnung für Sachverständige, die nach diesem Gesetz oder nach Vorschriften auf Grund dieses Gesetzes tätig werden,

1. eine bestimmte Ausbildung, Sachkunde oder Erfahrung vorschreiben,

2. die Befugnisse und Pflichten bestimmen,

3. eine besondere Anerkennung vorschreiben,

4. die Zuständigkeit, das Verfahren und die Voraussetzungen für die Anerkennung, ihren Widerruf, ihre Rücknahme und ihr Erlöschen sowie die Vergütung der Sachverständigen regeln.

(6) [1]Die oberste Baurechtsbehörde wird ermächtigt, durch Rechtsverordnung die Befugnisse auf andere als in diesen Vorschriften aufgeführte Behörden zu übertragen für

1. die Entscheidungen über Zustimmungen im Einzelfall (§ 20 Abs. 1 und § 21),

2. die Anerkennung von Prüf-, Zertifizierungs- und Überwachungsstellen (§ 25 Abs. 1 und 3).

[2]Die Befugnis nach Nummer 2 kann auch auf eine Behörde eines anderen Landes übertragen werden, die der Aufsicht einer obersten Baurechtsbehörde untersteht oder an deren Willensbildung die oberste Baurechtsbehörde mitwirkt.

(7) Die oberste Baurechtsbehörde kann durch Rechtsverordnung

1. das Ü-Zeichen festlegen und zu diesem Zeichen zusätzliche Angaben verlangen,

2. das Anerkennungsverfahren nach § 25 Abs. 1, die Voraussetzungen für die Anerkennung, ihren Widerruf und ihr Erlöschen regeln, insbesondere auch Altersgrenzen festlegen, sowie eine ausreichende Haftpflichtversicherung fordern.

(8) Die oberste Baurechtsbehörde wird ermächtigt, durch Rechtsverordnung zu bestimmen, daß

1. Ausführungsgenehmigungen für Fliegende Bauten nur durch bestimmte Behörden oder durch von ihr bestimmte Stellen erteilt und die in § 69 Abs. 6 bis 8 genannten Aufgaben der Baurechtsbehörde durch andere Behörden oder Stellen wahrgenommen werden; dabei kann die Vergütung dieser Stellen geregelt werden,

2. die Anforderungen der auf Grund des *§ 11 des Gerätesicherheitsgesetzes*[1] und des § 13 Abs. 2 des Energiewirtschaftsgesetzes erlassenen Rechtsverordnungen entsprechend für Anlagen gelten, die nicht gewerblichen Zwecken dienen und nicht im Rahmen wirtschaftlicher Unternehmungen Verwendung finden; sie kann auch die Verfahrensvorschriften dieser Verordnungen für anwendbar erklären oder selbst das Verfahren bestimmen sowie Zuständigkeiten und Gebühren regeln; dabei kann sie auch vorschreiben, daß danach zu erteilende Erlaubnisse die Baugenehmigung oder die Zustimmung nach § 70 einschließlich der zugehörigen Abweichungen, Ausnahmen und Befreiungen einschließen, sowie daß *§ 12 Abs. 2 des Gerätesicherheitsgesetzes*[2] insoweit Anwendung findet.

§ 74 Örtliche Bauvorschriften. (1) Zur Durchführung baugestalterischer Absichten, zur Erhaltung schützenswerter Bauteile, zum Schutz bestimmter Bauten, Straßen, Plätze oder Ortsteile von geschichtlicher, künstlerischer oder städtebaulicher Bedeutung sowie zum Schutz von Kultur- und Naturdenkmalen können die Gemeinden im Rahmen dieses Gesetzes in bestimmten bebauten oder unbebauten Teilen des Gemeindegebiets durch Satzung örtliche Bauvorschriften erlassen über

1. Anforderungen an die äußere Gestaltung baulicher Anlagen; dabei können sich die Vorschriften auch auf die Festsetzung der Höchst- oder Mindestgrenze von Gebäudehöhen sowie der Gebäudetiefe als Höchstgrenze beziehen,

2. Anforderungen an Werbeanlagen und Automaten; dabei können sich die Vorschriften auch auf deren Art, Größe, Farbe und Anbringungsort sowie auf den Ausschluß bestimmter Werbeanlagen und Automaten beziehen,

3. Anforderungen an die Gestaltung und Nutzung der unbebauten Flächen der bebauten Grundstücke sowie über Notwendigkeit oder Zulässigkeit und über Art, Gestaltung und Höhe von Einfriedigungen,

4. die Beschränkung oder den Ausschluß der Verwendung von Außenantennen,

5. die Unzulässigkeit von Niederspannungsfreileitungen in neuen Baugebieten und Sanierungsgebieten,

6. andere als die in § 5 Abs. 4 und 7 vorgeschriebenen Maße,

7. das Erfordernis einer Kenntnisgabe für Vorhaben, die nach § 50 verfahrensfrei sind.

(2) Soweit Gründe des Verkehrs oder städtebauliche Gründe dies rechtfertigen, können die Gemeinden für das Gemeindegebiet oder für genau abgegrenzte Teile des Gemeindegebiets durch Satzung bestimmen, daß

1. die Stellplatzverpflichtung (§ 37 Abs. 1), ausgenommen die Stellplatzverpflichtung für Wohnungen, eingeschränkt wird,

2. die Stellplatzverpflichtung für Wohnungen (§ 37 Abs. 1) auf bis zu zwei Stellplätze erhöht wird; für diese Stellplätze gilt § 37 entsprechend,

3. die Herstellung von Stellplätzen und Garagen eingeschränkt oder untersagt wird,

---

[1] Aufgeh. mWv 1. 5. 2004; vgl. jetzt § 14 GPSG v. 6. 1. 2004 (BGBl. I S. 2), zuletzt geänd. durch G v. 7. 7. 2005 (BGBl. I S. 1970).
[2] Aufgeh. mWv 1. 5. 2004; vgl. jetzt § 15 Abs. 2 GPSG v. 6. 1. 2004 (BGBl. I S. 2), zuletzt geänd. durch G v. 7. 7. 2005 (BGBl. I S. 1970).

4. Stellplätze und Garagen auf anderen Grundstücken als dem Baugrundstück herzustellen sind,

5. Stellplätze und Garagen nur in einer platzsparenden Bauart hergestellt werden dürfen, zum Beispiel als kraftbetriebene Hebebühnen oder als automatische Garagen,

6. Abstellplätze für Fahrräder in ausreichender Zahl und geeigneter Beschaffenheit herzustellen sind.

(3) Die Gemeinden können durch Satzung für das Gemeindegebiet oder genau abgegrenzte Teile des Gemeindegebiets bestimmen, daß

1. zur Vermeidung von überschüssigem Bodenaushub die Höhenlage der Grundstücke erhalten oder verändert wird,

2. Anlagen zum Sammeln, Verwenden oder Versickern von Niederschlagswasser oder zum Verwenden von Brauchwasser herzustellen sind, um die Abwasseranlagen zu entlasten, Überschwemmungsgefahren zu vermeiden und den Wasserhaushalt zu schonen, soweit gesundheitliche oder wasserwirtschaftliche Belange nicht beeinträchtigt werden.

(4) Durch Satzung kann für das Gemeindegebiet oder genau abgegrenzte Teile des Gemeindegebiets auch bestimmt werden, daß für bestehende Gebäude unter den Voraussetzungen des § 9 Abs. 2 Kinderspielplätze anzulegen sind.

(5) Anforderungen nach den Absätzen 1 bis 3 können in den örtlichen Bauvorschriften auch in Form zeichnerischer Darstellungen gestellt werden.

(6) ¹Die örtlichen Bauvorschriften werden nach den entsprechend geltenden Vorschriften des § 2 Abs. 3 und 4, § 3 Abs. 2, der §§ 4, 9 Abs. 7 und des § 13 BauGB erlassen. ²§ 12 BauGB gilt entsprechend mit der Maßgabe, daß die Gemeinde in der Satzung auch einen späteren Zeitpunkt für das Inkrafttreten bestimmen kann. ³Die örtlichen Bauvorschriften bedürfen der Genehmigung der Behörde, die auch für die Genehmigung von Bebauungsplänen zuständig ist.

(7) ¹Werden örtliche Bauvorschriften zusammen mit einem Bebauungsplan beschlossen, richtet sich das Verfahren für ihren Erlaß in vollem Umfang nach den für den Bebauungsplan geltenden Vorschriften. ²Dies gilt für die Änderung, Ergänzung und Aufhebung entsprechend.

§ 75¹⁾ Ordnungswidrigkeiten. (1) Ordnungswidrig handelt, wer vorsätzlich oder fahrlässig

1. Bauprodukte mit dem Ü-Zeichen kennzeichnet, ohne daß dafür die Voraussetzungen nach § 22 Abs. 4 vorliegen,

2. Bauprodukte entgegen § 17 Abs. 1 Nr. 1 ohne das Ü-Zeichen verwendet,

3. Bauarten entgegen § 21 ohne allgemeine baurechtliche Zulassung, allgemeines baurechtliches Prüfzeugnis oder Zustimmung im Einzelfall anwendet,

4. als Bauherr entgegen § 42 Abs. 2 Satz 3 kenntnisgabepflichtige Abbrucharbeiten ausführt oder ausführen läßt,

5. als Planverfasser entgegen § 43 Abs. 2 den Bauherrn nicht veranlaßt, geeignete Sachverständige zu bestellen,

---

¹⁾ § 75 Abs. 1 Nr. 3 neu gef. mWv 1. 2. 2001 durch G v. 19. 12. 2000 (GBl. S. 760).

6. als Unternehmer entgegen § 44 Abs. 1 nicht für die ordnungsgemäße Einrichtung und den sicheren Betrieb der Baustellen sorgt, die erforderlichen Nachweise nicht erbringt oder nicht bereithält oder Arbeiten ohne die erforderlichen Unterlagen und Anweisungen ausführt oder ausführen läßt,

7. als Bauleiter entgegen § 45 Abs. 1 nicht auf das gefahrlose Ineinandergreifen der Arbeiten der Unternehmer achtet,

8. als Bauherr, Unternehmer oder Bauleiter eine nach § 49 genehmigungspflichtige Anlage oder Einrichtung ohne Genehmigung errichtet oder als Bauherr von der erteilten Genehmigung abweicht, obwohl es dazu einer Genehmigung bedurft hätte,

9. als Bauherr oder Bauleiter von den im Kenntnisgabeverfahren eingereichten Bauvorlagen abweicht, es sei denn, die Abweichung ist nach § 50 verfahrensfrei,

10. als Bauherr, Unternehmer oder Bauleiter entgegen § 59 Abs. 1 ohne Baufreigabeschein mit der Ausführung eines genehmigungspflichtigen Vorhabens beginnt, oder als Bauherr entgegen § 59 Abs. 2 den Baubeginn oder die Wiederaufnahme von Bauarbeiten nicht oder nicht rechtzeitig mitteilt, entgegen § 59 Abs. 3, 4 oder 5 mit der Bauausführung beginnt, entgegen § 67 Abs. 4 ohne vorherige Abnahme Bauarbeiten durchführt oder fortsetzt oder eine bauliche Anlage in Gebrauch nimmt oder entgegen § 67 Abs. 5 eine Feuerungsanlage in Betrieb nimmt.

(2) Ordnungswidrig handelt auch, wer wider besseres Wissen unrichtige Angaben macht oder unrichtige Pläne oder Unterlagen vorlegt, um einen nach diesem Gesetz vorgesehenen Verwaltungsakt zu erwirken oder zu verhindern.

(3) Ordnungswidrig handelt ferner, wer vorsätzlich oder fahrlässig

1. als Bauherr oder Unternehmer einer vollziehbaren Verfügung nach § 64 Abs. 1 zuwiderhandelt,

2. einer auf Grund dieses Gesetzes ergangenen Rechtsverordnung oder örtlichen Bauvorschrift zuwiderhandelt, wenn die Rechtsverordnung oder örtliche Bauvorschrift für einen bestimmten Tatbestand auf diese Bußgeldvorschrift verweist.

(4) Die Ordnungswidrigkeit kann mit einer Geldbuße bis zu 100 000 Deutsche Mark geahndet werden.

(5) Gegenstände, auf die sich eine Ordnungswidrigkeit nach Absatz 1 Nr. 1 oder 2 oder Absatz 2 bezieht, können eingezogen werden.

(6) [1]Verwaltungsbehörde im Sinne des § 36 Abs. 1 Nr. 1 des Gesetzes über Ordnungswidrigkeiten ist die untere Baurechtsbehörde. [2]Hat den vollziehenden Verwaltungsakt eine höhere oder oberste Landesbehörde erlassen, so ist diese Behörde zuständig.

§ 76 Bestehende bauliche Anlagen. (1) Werden in diesem Gesetz oder in den auf Grund dieses Gesetzes erlassenen Vorschriften andere Anforderungen als nach dem bisherigen Recht gestellt, so kann verlangt werden, daß rechtmäßig bestehende oder nach genehmigten Bauvorlagen bereits begonnene Anlagen den neuen Vorschriften angepaßt werden, wenn Leben oder Gesundheit bedroht sind.

(2) Sollen rechtmäßig bestehende Anlagen wesentlich geändert werden, so kann gefordert werden, daß auch die nicht unmittelbar berührten Teile der Anlage mit diesem Gesetz oder den auf Grund dieses Gesetzes erlassenen Vorschriften in Einklang gebracht werden, wenn

1. die Bauteile, die diesen Vorschriften nicht mehr entsprechen, mit dem beabsichtigten Vorhaben in einem konstruktiven Zusammenhang stehen und
2. die Einhaltung dieser Vorschriften bei den von dem Vorhaben nicht berührten Teilen der Anlage keine unzumutbaren Mehrkosten verursacht.

§ 77[1] Übergangsvorschriften. (1) [1]Die vor Inkrafttreten dieses Gesetzes eingeleiteten Verfahren sind nach den bisherigen Verfahrensvorschriften weiterzuführen. [2]Die materiellen Vorschriften dieses Gesetzes sind in diesen Verfahren nur insoweit anzuwenden, als sie für den Antragsteller eine günstigere Regelung enthalten als das bisher geltende Recht. [3]§ 76 bleibt unberührt.

(2) Die für nicht geregelte Bauprodukte nach bisherigem Recht erteilten allgemeinen baurechtlichen Zulassungen und Prüfzeichen gelten als allgemeine baurechtliche Zulassungen nach § 18.

(3) [1]Personen, Stellen, Überwachungsgemeinschaften oder Behörden, die bisher zu Prüfstellen bestimmt oder als Überwachungsstellen anerkannt waren, gelten für ihren bisherigen Aufgabenbereich weiterhin als Prüf- oder Überwachungsstellen nach § 25 Abs. 1 Satz 1 Nr. 2 oder Nr. 4. [2]Prüfstellen nach Satz 1 gelten bis zum 31. Dezember 1996 auch als Prüfstellen nach § 25 Abs. 1 Satz 1 Nr. 1. [3]Personen, Stellen, Überwachungsgemeinschaften oder Behörden, die nach bisherigem Recht für die Fremdüberwachung anerkannt waren, gelten für ihren bisherigen Aufgabenbereich bis zum 31. Dezember 1996 auch als anerkannte Zertifizierungsstellen nach § 25 Abs. 1 Satz 1 Nr. 3.

(4) Überwachungszeichen, mit denen Bauprodukte vor Inkrafttreten dieses Gesetzes gekennzeichnet wurden, gelten als Ü-Zeichen nach § 22 Abs. 4.

(5) Prüfzeichen und Überwachungszeichen aus anderen Ländern, in denen die Prüfzeichen- und Überwachungspflichten nach bisherigem Recht noch bestehen, gelten als Ü-Zeichen nach § 22 Abs. 4.

(6) Ü-Zeichen nach § 22 Abs. 4 gelten für Bauprodukte, für die nach bisherigem Recht ein Prüfzeichen oder der Nachweis der Überwachung erforderlich waren, als Prüfzeichen und Überwachungszeichen nach bisherigem Recht, solange in anderen Ländern die Prüfzeichen- und Überwachungspflicht nach bisherigem Recht noch besteht.

(7) Bauprodukte, die nach bisherigem Recht weder prüfzeichen- noch überwachungspflichtig waren, bedürfen bis zum 31. Dezember 1995 keines Übereinstimmungsnachweises nach § 22 Abs. 1.

(8) Wer vor Inkrafttreten dieses Gesetzes nach Artikel 3 Abs. 2 des Gesetzes zur Änderung der Landesbauordnung für Baden-Württemberg vom 11. April 1972 Bauvorlagen verfaßt und unterschrieben hat, darf weiterhin über § 43 hinaus im Rahmen des Artikels 3 Abs. 2 des Gesetzes zur Änderung der Landesbauordnung für Baden-Württemberg als Planverfasser für Bauvorlagen bestellt werden.

---

[1] § 77 Abs. 2 geänd. durch G v. 15. 12. 1997 (GBl. S. 521), Abs. 2 aufgeh., bish. Abs. 3 bis 11 werden Abs. 2 bis 10 mWv 1. 2. 2001 durch G v. 19. 12. 2000 (GBl. S. 760); Abs. 11 angef. mWv 28. 10. 2004 durch G v. 19. 10. 2004 (GBl. S. 771)..

(9) Wer in den letzten fünf Jahren vor Inkrafttreten dieses Gesetzes nach § 53 Abs. 5 Satz 2 der bisherigen Landesbauordnung für Baden-Württemberg regelmäßig ohne wesentliche Beanstandung Bauvorlagen verfaßt und unterschrieben hat, darf weiterhin über § 43 hinaus im Rahmen des § 53 Abs. 5 Satz 2 der bisherigen Landesbauordnung für Baden-Württemberg als Planverfasser für die Bauvorlagen bestellt werden.

(10) Geldbeträge, die nach § 39 Abs. 5 der bisherigen Landesbauordnung für Baden-Württemberg für die Ablösung der Stellplatzverpflichtung vor Inkrafttreten dieses Gesetzes gezahlt worden sind, dürfen von den Gemeinden auch für die in § 37 Abs. 5 genannten Zwecke verwendet werden.

(11) Bis zum 31. Dezember 2008 ist § 35 Abs. 3 nur auf Wohngebäude mit mehr als sechs Wohnungen anzuwenden.

§ 78 Außerkrafttreten bisherigen Rechts. (1) Am 1. Januar 1996 treten außer Kraft

1. die Landesbauordnung für Baden-Württemberg (LBO) in der Fassung vom 28. November 1983 (GBl. S. 770, ber. 1984 S. 519), zuletzt geändert durch Artikel 1 der Verordnung vom 23. Juli 1993 (GBl. S. 533) mit Ausnahme der §§ 20 bis 24,

2. die Verordnung des Innenministeriums über den Wegfall der Genehmigungspflicht bei Wohngebäuden und Nebenanlagen (Baufreistellungsverordnung) vom 26. April 1990 (GBl. S. 144), geändert durch Verordnung vom 27. April 1995 (GBl. S. 371),

3. die Verordnung des Innenministeriums über den Wegfall der Genehmigungs- und Anzeigepflicht von Werbeanlagen während des Wahlkampfes (Werbeanlagenverordnung) vom 12. Juni 1969 (GBl. S. 122).

(2) Am Tage nach der Verkündung[1]) treten außer Kraft

1. die §§ 20 bis 24 der Landesbauordnung für Baden-Württemberg (LBO) in der Fassung vom 28. November 1983 (GBl. S. 770, ber. 1984 S. 519), zuletzt geändert durch Artikel 14 der Verordnung vom 23. Juli 1993 (GBl. S. 533),

2. die Verordnung des Innenministeriums über prüfzeichenpflichtige Baustoffe, Bauteile und Einrichtungen (Prüfzeichenverordnung) vom 13. Juni 1991 (GBl. S. 483),

3. die Verordnung des Innenministeriums über die Überwachung von Baustoffen und Bauteilen (Überwachungsverordnung) vom 30. September 1985 (GBl. S. 349).

§ 79 Inkrafttreten. [1] Dieses Gesetz tritt am 1. Januar 1996 in Kraft. [2] Abweichend hiervon treten die §§ 17 bis 25, § 77 Abs. 3 bis 8 sowie Vorschriften, die zum Erlaß von Rechtsverordnungen oder örtlichen Bauvorschriften ermächtigen, am Tage nach der Verkündung[1]) in Kraft.

---

[1]) Verkündet am 8. 9. 1995.

Anhang[1]
(zu § 50 Abs. 1)

Verfahrensfreie Vorhaben

Gebäude, Gebäudeteile

1. Gebäude ohne Aufenthaltsräume, Toiletten oder Feuerstätten, wenn die Gebäude weder Verkaufs- noch Ausstellungszwecken dienen, im Innenbereich bis 40 m³, im Außenbereich bis 20 m³ Brutto-Rauminhalt,

2. Gebäude ohne Aufenthaltsräume, Toiletten oder Feuerstätten, die einem land- oder forstwirtschaftlichen Betrieb dienen und ausschließlich zur Unterbringung von Ernteerzeugnissen oder Geräten oder zum vorübergehenden Schutz von Menschen und Tieren bestimmt sind, bis 70 m² Grundfläche und einer mittleren Höhe von 5 m,

3. Gewächshäuser bis zu 4 m Höhe, im Außenbereich nur landwirtschaftliche Gewächshäuser,

4. Wochenendhäuser in Wochenendhausgebieten,

5. Gartenhäuser in Gartenhausgebieten,

6. Gartenlauben in Dauerkleingartenanlagen nach dem Bundeskleingartengesetz,

7. Fahrgastunterstände, die dem öffentlichen Personennahverkehr oder der Schülerbeförderung dienen,

8. Schutzhütten und Grillhütten für Wanderer, wenn die Hütten jedermann zugänglich sind und keine Aufenthaltsräume haben,

9. Gebäude für die Wasserwirtschaft oder für die öffentliche Versorgung mit Wasser, Elektrizität, Gas, Öl oder Wärme im Innenbereich bis 30 m² Grundfläche und einer Höhe von 5 m, im Außenbereich bis 20 m² Grundfläche und einer Höhe von 3 m,

10. Vorbauten ohne Aufenthaltsräume im Innenbereich bis 40 m³ Rauminhalt,

11. Terassenüberdachungen im Innenbereich bis 30 m² Grundfläche,

12. Balkonverglasungen sowie Balkonüberdachungen bis 30 m² Grundfläche;

Tragende und nichttragende Bauteile

13. Wände, Decken, Stützen und Treppen, ausgenommen Außenwände, in Wohngebäuden und in Wohnungen,

14. nichttragende Wände in sonstigen Gebäuden,

15. Öffnungen in Außenwänden und Dächern von Wohngebäuden und Wohnungen,

16. Außenwandverkleidungen, Verblendungen und Verputz baulicher Anlagen,

17. sonstige unwesentliche Änderungen an oder in Anlagen oder Einrichtungen,

18. sonstige Änderungen in Wohngebäuden und in Wohnungen;

Feuerungs- und andere Energieerzeugungsanlagen

19. Feuerungsanlagen mit der Maßgabe, daß dem Bezirksschornsteinfegermeister mindestens zehn Tage vor Beginn der Ausführung die erforderlichen technischen Angaben vorgelegt werden und er vor der Inbetriebnahme die Brandsicherheit und die sichere Abführung der Verbrennungsgase bescheinigt,

20. Blockheizkraftwerke in Gebäuden sowie Wärmepumpen,

21. Anlagen zur photovoltaischen und thermischen Solarnutzung,

22. Windenergieanlagen bis 10 m Höhe;

Leitungen und Anlagen für Lüftung, Wasser- und Energieversorgung, Abwasserbeseitigung und Fernmeldewesen

23. Leitungen aller Art,

24. Abwasserbehandlungsanlagen für häusliches Schmutzwasser,

25. Anlagen zur Verteilung von Wärme bei Warmwasser- und Niederdruckdampfheizungen,

---

[1] Anh. geänd. mWv 8. 11. 2003 durch G v. 29. 10. 2003 (GBl. S. 695).

26. bauliche Anlagen, die dem Fernmeldewesen, der öffentlichen Versorgung mit Elektrizität, Gas, Öl oder Wärme dienen, bis 30 m² Grundfläche und 5 m Höhe, ausgenommen Gebäude[1],
27. bauliche Anlagen, die der Aufsicht der Wasserbehörden unterliegen, ausgenommen Gebäude[1],
28. Be- und Entwässerungsanlagen auf land- oder forstwirtschaftlich genutzten Flächen;

Masten, Antennen und ähnliche bauliche Anlagen

29. Masten und Unterstützungen für Freileitungen,
30. Antennen einschließlich der Masten bis 10 m Höhe und zugehöriger Versorgungseinheiten bis 10 m³ Brutto-Rauminhalt sowie, soweit sie in, auf oder an einer bestehenden baulichen Anlage errichtet werden, die damit verbundene Nutzungsänderung oder bauliche Änderung der Anlage,
31. Masten und Unterstützungen für Seilbahnen,
32. Masten und Unterstützungen für Leitungen von Verkehrsmitteln,
33. Fahnenmasten,
34. Sirenen und deren Masten,
35. ortsveränderliche Antennenträger, die nur vorübergehend aufgestellt werden,
36. Signalhochbauten der Landesvermessung,
37. Blitzschutzanlagen;

Behälter, Wasserbecken, Fahrsilos

38. Behälter für verflüssigte Gase mit einem Fassungsvermögen von weniger als 3 t,
39. Behälter für nicht verflüssigte Gase bis 6 m³ Behälterinhalt,
40. Gärfutterbehälter bis 6 m Höhe,
41. Behälter zur Lagerung wassergefährdender Stoffe bis 5 m³ Behälterinhalt,
42. sonstige drucklose Behälter bis 50 m³ Behälterinhalt und 3 m Höhe,
43. Wasserbecken im Innenbereich bis 100 m³ Beckeninhalt,
44. landwirtschaftliche Fahrsilos, einschließlich Überdachung, bis zu 3 m Höhe;

Einfriedigungen, Stützmauern

45. Einfriedigungen im Innenbereich,
46. offene Einfriedigungen ohne Fundamente und Sockel im Außenbereich, die einem land- oder forstwirtschaftlichen Betrieb dienen,
47. Stützmauern bis 2 m Höhe;

Bauliche Anlagen auf Camping- und Zeltplätzen, in Gärten und zur Freizeitgestaltung

48. Wohnwagen, Zelte und bauliche Anlagen, die keine Gebäude sind, auf hierfür genehmigten Camping- und Zeltplätzen,
49. bauliche Anlagen, die der Gartennutzung, der Gartengestaltung oder der zweckentsprechenden Einrichtung von Gärten dienen, ausgenommen Gebäude[1] und Einfriedigungen,
50. Pergolen, im Außenbereich jedoch nur bis 10 m² Grundfläche,
51. bauliche Anlagen, die der zweckentsprechenden Einrichtung von Sport- und Kinderspielplätzen dienen, ausgenommen Gebäude[1] und Tribünen,
52. bauliche Anlagen ohne Aufenthaltsräume auf Abenteuerspielplätzen,
53. Sprungtürme, Sprungschanzen und Rutschbahnen bis 10 m Höhe,
54. luftgetragene Schwimmbeckenüberdachungen bis 100 m² Grundfläche im Innenbereich;

Werbeanlagen, Automaten

55. Werbeanlagen im Innenbereich bis 0,5 m² Ansichtsfläche,
56. vorübergehend angebrachte oder aufgestellte Werbeanlagen im Innenbereich an der Stätte der Leistung oder für zeitlich begrenzte Veranstaltungen,
57. Automaten;

---

[1] **Amtl. Anm.:** Gebäude können jedoch nach Nummer 1 bis 9 verfahrensfrei sein

Vorübergehend aufgestellte oder genutzte Anlagen

58. Gerüste,
59. Baustelleneinrichtungen einschließlich der Lagerhallen, Schutzhallen und Unterkünfte,
60. Behelfsbauten, die der Landesverteidigung, dem Katastrophenschutz, der Unfallhilfe oder der Unterbringung Obdachloser dienen und nur vorübergehend aufgestellt werden,
61. vorübergehend genutzte unbefestigte Lagerplätze für land- oder forstwirtschaftliche Erzeugnisse,
62. bauliche Anlagen, die zu Straßenfesten und ähnlichen Veranstaltungen nur vorübergehend errichtet werden und die keine Fliegenden Bauten sind,
63. bauliche Anlagen, die für höchstens drei Monate auf genehmigten Messe- oder Ausstellungsgeländen errichtet werden, ausgenommen Fliegende Bauten;

Sonstige bauliche Anlagen und Teile baulicher Anlagen

64. Zufahrten zu verfahrensfreien Anlagen im Innenbereich,
65. Stellplätze bis 50 m² Nutzfläche je Grundstück im Innenbereich,
66. Fahrradabstellanlagen,
67. selbständige Aufschüttungen und Abgrabungen bis 3 m Höhe oder Tiefe, im Außenbereich nur, wenn die Aufschüttungen und Abgrabungen nicht mehr als 300 m² Fläche haben,
68. Denkmale und Skulpturen sowie Grabsteine, Grabkreuze und Feldkreuze,
69. Brunnenanlagen,
70. Fahrzeugwaagen,
71. Ausstellungs-, Abstell- und Lagerplätze im Innenbereich bis 100 m² Nutzfläche, ausgenommen Abstell- und Lagerplätze für außer Betrieb gesetzte Fahrzeuge und deren Teile,
72. untergeordnete oder unbedeutende bauliche Anlagen oder andere Anlagen und Einrichtungen, soweit sie nicht in den Nummern 1 bis 71 bereits aufgeführt sind, sowie Anlagen und Einrichtungen, die mit den aufgeführten Anlagen und Einrichtungen vergleichbar sind.

2. Allgemeine Ausführungsverordnung des Wirtschaftsministeriums zur Landesbauordnung (LBOAVO)[1] [2]

Vom 17. November 1995

(GBl. S. 836)

geänd. durch ÄndVO v. 30. 5. 1996 (GBl. S. 419), Art. 1 VO zur Änd. baurechtl. Vorschriften
v. 28. 6. 2005 (GBl. S. 609) und Art. 69 Siebte AnpassungsVO v. 25. 4. 2007 (GBl. S. 252)

Inhaltsübersicht

Auf Grund von § 73 Abs. 1 Nr. 1 und 2 und Abs. 8 Nr. 2 der Landesbauordnung für Baden-Württemberg (LBO)[3] vom 8. August 1995 (GBl. S. 617) wird verordnet:

§ 1 Kinderspielplätze (Zu § 9 Abs. 2 LBO). (1) ¹Kinderspielplätze müssen in geeigneter Lage und von anderen Anlagen, von denen Gefahren oder erhebliche Störungen ausgehen können, ausreichend entfernt oder gegen sie abgeschirmt sein. ²Sie müssen für Kinder gefahrlos zu erreichen sein.

(2) ¹Die nutzbare Fläche der nach § 9 Abs. 2 LBO erforderlichen Kinderspielplätze muß mindestens 3 m² je Wohnung, bei Wohnungen mit mehr als drei Aufenthaltsräumen zusätzlich mindestens 2 m² je weiterer Aufenthalts-

---

[1] Titel geänd. mWv 20. 9. 2005 durch VO v. 28. 6. 2005 (GBl. S. 609) und geänd. mWv 16. 6. 2007 durch VO v. 25. 4. 2007 (GBl. S. 252).
[2] Änderungen vor dem 1. 4. 1997 sind nicht in Fußnoten nachgewiesen.
[3] Nr. 1.

raum, insgesamt jedoch mindestens 30 m² betragen. [2]Diese Spielplätze müssen für Kinder bis zu sechs Jahren geeignet und entsprechend dem Spielbedürfnis dieser Altersgruppe angelegt und ausgestattet sein.

§ 2 Flächen für die Feuerwehr (Zu § 15 Abs. 1 und 3 LBO).

(1) [1]Führt der zweite Rettungsweg über Rettungsgeräte der Feuerwehr, müssen zur Durchführung wirksamer Lösch- und Rettungsarbeiten durch die Feuerwehr von öffentlichen Verkehrsflächen

1. zu Gebäuden geringer Höhe Zu- oder Durchgänge,

2. zu sonstigen Gebäuden Zu- oder Durchfahrten

bis zu den zum Anleitern bestimmten Stellen vorhanden sein. [2]Anstelle von Zu- oder Durchfahrten genügen auch bei sonstigen Gebäuden Zu- oder Durchgänge, soweit die Feuerwehr über geeignete tragbare Rettungsgeräte verfügt. [3]Bei Gebäuden, die ganz oder mit Teilen mehr als 80 m von einer öffentlichen Verkehrsfläche entfernt sind, können Zufahrten oder Durchfahrten zu den vor und hinter den Gebäuden liegenden Grundstücksteilen verlangt werden.

(2) [1]Zu- oder Durchgänge nach Absatz 1 müssen geradlinig und mindestens 1,25 m breit sein. [2]Bei Türöffnungen und anderen geringfügigen Einengungen genügt eine lichte Breite von 1 m. [3]Die lichte Höhe von Zu- oder Durchgängen muß mindestens 2 m betragen.

(3) [1]Zu- oder Durchfahrten nach Absatz 1 müssen mindestens 3 m breit sein. [2]Die lichte Höhe von Zu- oder Durchfahrten muß mindestens 3,5 m betragen. [3]Die zum Anleitern bestimmten Stellen müssen ein Aufstellen von Hubrettungsfahrzeugen ermöglichen.

(4) [1]Die Zu- und Durchfahrten und die zum Anleitern bestimmten Stellen müssen für Feuerwehrfahrzeuge ausreichend befestigt und tragfähig sein. [2]Sie sind ständig freizuhalten.

§ 3[1]) Allgemeine Brandschutzanforderungen an Baustoffe und Bauteile (Zu § 15 Abs. 1 LBO). (1) [1]Leichtentflammbare Baustoffe dürfen nicht verwendet werden. [2]Dies gilt nicht, wenn diese Baustoffe in Verbindung mit anderen Baustoffen nicht mehr leichtentflammbar sind.

(2) Hochfeuerhemmende Bauteile, deren tragende und aussteifende Teile aus brennbaren Baustoffen bestehen, müssen allseitig eine brandschutztechnisch wirksame Bekleidung aus nichtbrennbaren Baustoffen (Brandschutzbekleidung) haben; Dämmstoffe müssen aus nichtbrennbaren Baustoffen bestehen.

(3) [1]Feuerbeständige Bauteile müssen in den wesentlichen Teilen aus nichtbrennbaren Baustoffen bestehen. [2]Zu den wesentlichen Teilen gehören

1. bei tragenden Bauteilen die tragenden und aussteifenden Teile,

2. bei nichttragenden Bauteilen auch diejenigen, die deren Standsicherheit bewirken,

3. bei raumabschließenden Bauteilen eine in Bauteilebene durchgehende Schicht, die bei Decken eine Stärke von mindestens 50 mm haben muß.

---

[1]) § 3 Abs. 2 eingef., bish. Abs. 2 wird Abs. 3 mWv 20. 9. 2005 durch VO v. 28. 6. 2005 (GBl. S. 609).

§ 4 Umwehrungen (Zu § 16 Abs. 1 LBO). (1) Zum Schutz gegen Abstürzen müssen umwehrt sein

1. zum Begehen bestimmte Flächen baulicher Anlagen und Verkehrsflächen auf dem Baugrundstück, wenn sie an mehr als 1 m tieferliegenden Flächen angrenzen; dies gilt nicht, wenn die Umwehrung dem Zweck der Flächen widerspricht, wie bei Verladerampen und Schwimmbecken,

2. nicht begehbare Oberlichter und lichtdurchlässige Abdeckungen an oder in zum Begehen bestimmten Flächen baulicher Anlagen, wenn sie weniger als 0,5 m aus diesen Flächen herausragen,

3. Lichtschächte und Betriebsschächte an oder in Verkehrsflächen auf dem Baugrundstück, die nicht verkehrssicher abgedeckt sind; dies gilt auch für Schächte, die unmittelbar an öffentlichen Verkehrsflächen liegen.

(2) [1]Umwehrungen wie Geländer, Brüstungen und andere Umwehrungen nach Absatz 1 müssen mindestens 0,9 m hoch sein. [2]Die Höhe der Umwehrungen darf auf 0,8 m verringert werden, wenn die Tiefe der Umwehrung mindestens 0,2 m beträgt. [3]Bei Fensterbrüstungen wird die Höhe von Oberkante Fußboden bis Unterkante Fensteröffnung gemessen.

(3) Der Abstand zwischen den Umwehrungen nach Absatz 1 und den zu sichernden Flächen darf waagerecht gemessen nicht mehr als 6 cm betragen.

(4) [1]Öffnungen in Umwehrungen nach Absatz 1 dürfen bei Flächen, auf denen in der Regel mit der Anwesenheit von Kindern bis zu sechs Jahren gerechnet werden muß,

1. bei einer Breite von mehr als 12 cm bis zu einer Höhe der Umwehrung von 0,6 m nicht höher als 2 cm, darüber nicht mehr als 12 cm sein,

2. bei einer Höhe von mehr als 12 cm nicht breiter als 12 cm sein.

[2]Der Abstand dieser Umwehrungen von der zu sichernden Fläche darf senkrecht gemessen nicht mehr als 12 cm betragen. [3]Sätze 1 und 2 gelten nicht bei Wohngebäuden geringer Höhe mit nicht mehr als zwei Wohnungen und bei Wohnungen.

§ 5[1] Tragende Wände sowie Decken und Stützen (Zu § 26 Abs. 1 LBO). (1) Tragende Wände sowie Decken und Stützen sind ohne Feuerwiderstand zulässig bei

1. Wohngebäuden mit Aufenthaltsräumen in nicht mehr als einem Geschoß,

2. Wohngebäuden mit nicht mehr als einer Wohnung mit Aufenthaltsräumen in nicht mehr als zwei Geschossen,

3. land- und forstwirtschaftlichen Betriebsgebäuden ohne Aufenthaltsräume,

4. Gebäuden ohne Aufenthaltsräume mit nicht mehr als einem Geschoß bis zu einer Grundfläche von 250 m²,

5. Gebäuden ohne Aufenthaltsräume mit mehr als einem Geschoß bis zu einer Grundfläche von 100 m² und einer Höhe von 15 m sowie

6. obersten Geschossen, soweit durch Absatz 2 Nr. 3 nichts anderes bestimmt ist.

(2) Tragende Wände sowie Decken und Stützen sind mindestens feuerhemmend herzustellen bei

---

[1] § 5 Abs. 3 eingef., bish. Abs. 3 und 4 werden Abs. 4 und 5 und jeweils Satz 1 geänd. mWv 20. 9. 2005 durch VO v. 28. 6. 2005 (GBl. S. 609).

1. Gebäuden geringer Höhe, soweit sich aus Absatz 1 nichts anderes ergibt,

2. land- und forstwirtschaftlichen Betriebsgebäuden mit Aufenthaltsräumen,

3. obersten Geschossen, die Trennwände zwischen Wohnungen oder zwischen Wohnungen und anderen Räumen haben.

(3) [1] Tragende Wände sowie Decken und Stützen sind bei Gebäuden mit nicht mehr als 11 m Höhe im Sinne des § 2 Abs. 5 LBO und Nutzungseinheiten mit jeweils nicht mehr als 400 m² Nutzfläche mindestens hochfeuerhemmend herzustellen. [2] Die Höhe nach Satz 1 kann bis zu 14 m betragen, soweit ein zweiter baulicher Rettungsweg vorhanden ist oder die Feuerwehr über die erforderlichen Rettungsgeräte verfügt und geeignete Aufstellflächen für diese vorhanden sind.

(4) [1] Bei Gebäuden, die nicht unter Absatz 1 bis 3 fallen, sind tragende Wände sowie Decken und Stützen feuerbeständig herzustellen. [2] Abweichend davon ist die Verwendung von Bauteilen aus brennbaren Baustoffen zulässig, wenn der Feuerwiderstand dieser Bauteile dem feuerbeständiger Bauteile entspricht.

(5) [1] Öffnungen in Decken, für die nach Absatz 2 bis 4 ein Feuerwiderstand vorgeschrieben ist, sind nur zulässig, wenn die Nutzung des Gebäudes dies erfordert und keine Bedenken wegen des Brandschutzes bestehen; dabei können Abschlüsse verlangt werden, deren Feuerwiderstand dem der Decken entspricht. [2] Satz 1 gilt nicht für Decken

1. in Wohngebäuden geringer Höhe und in Wohnungen,

2. in land- und forstwirtschaftlichen Betriebsgebäuden nach Absatz 2 Nr. 2.

§ 6[1] Außenwände (Zu § 26 LBO).

(1) [1] Außenwände, die einen Abstand von weniger als 2,5 m zu Nachbargrenzen oder weniger als 5 m zu bestehenden oder baurechtlich zulässigen Gebäuden auf demselben Grundstück haben, sind

1. bei Gebäuden geringer Höhe mit einem Brandverhalten wie die tragenden Wände, ohne Öffnungen sowie von außen nach innen mit einem Feuerwiderstand wie feuerbeständige Wände,

2. bei Gebäuden nach § 5 Abs. 3 hochfeuerhemmend auch unter zusätzlicher mechanischer Beanspruchung und ohne Öffnungen sowie

3. bei sonstigen Gebäuden als Brandwände

herzustellen. [2] Für Wände nach Satz 1 Nr. 1 und 2 gilt § 8 Abs. 3, 5 und 6 entsprechend.

(2) Absatz 1 gilt nicht für Außenwände von

1. Vorbauten bis zu 5 m Breite bei Gebäuden geringer Höhe, die einen Abstand von mindestens 2 m zu Nachbargrenzen oder mindestens 4 m zu bestehenden oder baurechtlich zulässigen Gebäuden auf demselben Grundstück haben,

2. Gebäuden oder Gebäudeteilen bis 100 m², die nur Garagen oder Nebenräume enthalten und nach § 6 Abs. 1 LBO ohne Abstandsflächen zulässig sind,

3. Gewächshäusern.

---

[1] § 6 Abs. 1 Satz 1 Nr. 2 eingef., bish. Nr. 2 wird Nr. 3, Satz 2 geänd. mWv 20. 9. 2005 durch VO v. 28. 6. 2005 (GBl. S. 609).

(3) Vorbauten aus brennbaren Baustoffen müssen von Außenwänden nach Absatz 1 einen seitlichen Abstand von mindestens 1,25 m haben.

(4) Außenwände an offenen Gängen, die die einzige Verbindung zwischen Aufenthaltsräumen und notwendigen Treppenräumen darstellen, sind mindestens feuerhemmend herzustellen.

(5) [1]Vor Außenwände vortretende untergeordnete Bauteile wie Gesimse, Dachvorsprünge, Treppen, Eingangs- und Terrassenüberdachungen sind aus brennbaren Baustoffen zulässig, wenn sie

1. einen Abstand von mindestens 2 m zu Nachbargrenzen oder mindestens 4 m zu bestehenden oder baurechtlich zulässigen Gebäuden auf demselben Grundstück haben oder

2. vor Außenwände von Gebäuden oder Gebäudeteilen vortreten, die nur Garagen oder Nebenräume enthalten und nach § 6 Abs. 1 LBO ohne Abstandsflächen zulässig sind.

[2]Dies gilt bei Gebäuden geringer Höhe auch für Vorbauten wie Erker, Balkone, Tür- und Fenstervorbauten.

(6) [1]Äußere Verkleidungen müssen mindestens schwerentflammbar sein. [2]Verkleidungen aus normalentflammbaren Baustoffen sind zulässig, wenn eine Brandübertragung auf höherliegende Geschosse oder auf angrenzende Gebäude nicht zu befürchten ist. [3]Verkleidungen dürfen nicht brennend abtropfen können. [4]Sätze 1 und 2 gelten nicht für Gebäude geringer Höhe.

(7) [1]Dämmschichten zwischen den Außenwänden aneinandergereihter Gebäude müssen mindestens schwerentflammbar und außerdem mit nichtbrennbaren Baustoffen verwahrt sein. [2]Im übrigen gilt für Dämmschichten Absatz 6 entsprechend.

§ 7[1]) Innenwände (Zu § 26 LBO).

(1) [1]Trennwände zwischen Wohnungen sowie zwischen Wohnungen und anderen Räumen sind mit einem Brandverhalten wie die tragenden Wände herzustellen. [2]Trennwände zwischen land- und forstwirtschaftlichen Betriebsräumen mit mehr als 2 000 m[3] umbauten Raumes und Wohnungen sind als Brandwände herzustellen.

(2) Trennwände notwendiger Treppenräume sind bei Gebäuden geringer Höhe mindestens feuerhemmend, bei Gebäuden nach § 5 Abs. 3 hochfeuerhemmend und bei sonstigen Gebäuden feuerbeständig herzustellen.

(3) Die Wände notwendiger Flure sind bei Gebäuden geringer Höhe mindestens feuerhemmend, bei sonstigen Gebäuden mindestens feuerhemmend und in den wesentlichen Teilen aus nichtbrennbaren Baustoffen herzustellen.

(4) [1]Innerhalb ausgedehnter Gebäude sind in Abständen von höchstens 40 m Brandwände zu errichten. [2]Größere Abstände sind zuzulassen, wenn die Nutzung des Gebäudes dies erfordert und keine Bedenken wegen des Brandschutzes bestehen. [3]Anstelle von Brandwänden nach § 8 Abs. 1 sind

1. bei Gebäuden geringer Höhe hochfeuerhemmende Wände und

2. bei Gebäuden nach § 5 Abs. 3 Wände, die auch unter zusätzlicher mechanischer Beanspruchung hochfeuerhemmend sind, zulässig.

---

[1]) § 7 Abs. 2, 5 Satz 1 geänd., Abs. 4 Satz 3 angef. mWv 20. 9. 2005 durch VO v. 28. 6. 2005 (GBl. S. 609).

(5) [1]Trennwände, für die nach Absatz 1 bis 3 eine feuerbeständige, hochfeuerhemmende oder feuerhemmende Bauart vorgeschrieben ist, sind bis zur Rohdecke oder bis unter die Dachhaut zu führen. [2]Öffnungen sind zulässig, wenn sie wegen der Nutzung des Gebäudes erforderlich sind; sie sind mit Abschlüssen nach § 14 zu versehen.

§ 8 Anforderungen an Brandwände (Zu § 26 Abs. 2 LBO).

(1) Brandwände müssen feuerbeständig sein und aus nichtbrennbaren Baustoffen bestehen.

(2) [1]Brandwände dürfen keine Öffnungen haben. [2]In inneren Brandwänden (§ 7 Abs. 4) sind Öffnungen zuzulassen, wenn die Nutzung des Gebäudes dies erfordert und

1. die Öffnungen feuerbeständige und selbstschließende Abschlüsse haben oder
2. der Brandschutz auf andere Weise gesichert ist.

(3) In Brandwänden sind Teilflächen aus lichtdurchlässigen, nichtbrennbaren Baustoffen zulässig, wenn diese Flächen

1. einen Feuerwiderstand wie feuerbeständige Bauteile haben und
2. insgesamt nicht größer als 10 vom Hundert der Wandfläche sind.

(4) Müssen auf einem Grundstück Gebäude oder Gebäudeteile, die über Eck in einem Winkel von weniger als 120° zusammenstoßen, durch eine Brandwand getrennt werden, muß der Abstand der inneren Ecke von der Brandwand mindestens 5 m betragen oder durch andere bauliche Maßnahmen ein Brandüberschlagsweg von mindestens 5 m gewährleistet sein.

(5) [1]Brandwände sind bei Gebäuden geringer Höhe bis unmittelbar unter die Dachhaut, bei sonstigen Gebäuden mindestens 0,3 m über Dach zu führen oder in Höhe der Dachhaut mit einer beiderseits 0,5 m auskragenden feuerbeständigen Platte abzuschließen. [2]Absatz 6 bleibt unberührt.

(6) [1]Bauteile mit brennbaren Baustoffen dürfen Brandwände nicht überbrücken. [2]Dachvorsprünge aus brennbaren Baustoffen dürfen vor Brandwänden angeordnet werden, wenn sie so ausgebildet werden, daß eine Brandübertragung verhindert wird.

(7) [1]Bauteile mit brennbaren Baustoffen dürfen durch Brandwände nicht hindurchgeführt werden, § 15 Abs. 1 bleibt unberührt. [2]Bauteile und Leitungsschlitze dürfen in Brandwände nur soweit eingreifen, daß der verbleibende Wandquerschnitt feuerbeständig bleibt.

(8) [1]Anstelle von durchgehenden inneren Brandwänden können geschoßweise versetzte Wände angeordnet werden, wenn

1. die Nutzung des Gebäudes dies erfordert,
2. die Wände feuerbeständig aus nichtbrennbaren Baustoffen hergestellt werden,
3. die Verbindung zwischen diesen Wänden durch feuerbeständige Decken aus nichtbrennbaren Baustoffen ohne Öffnungen hergestellt wird und
4. eine senkrechte Brandübertragung in andere Brandabschnitte nicht zu befürchten ist.

[2]Für diese Wände gelten die Absätze 2 bis 7 entsprechend.

(9) Vorbauten wie Erker und Balkone, die aus brennbaren Baustoffen bestehen oder eine Verkleidung aus brennbaren Baustoffen haben, müssen von

Brandwänden und Wänden nach Absatz 8 mindestens 1,25 m entfernt oder durch feuerbeständige Bauteile in der Flucht dieser Wände geschützt sein.

§ 9 Dächer (Zu § 27 Abs. 1 und 2 LBO). (1) [1]Die Bedachung muß widerstandsfähig gegen Flugfeuer und strahlende Wärme sein (harte Bedachung). [2]Eine andere Bedachung ist zulässig, wenn die Dachhaut
1. bei Wohngebäuden geringer Höhe mindestens schwerentflammbar,
2. bei sonstigen Gebäuden nichtbrennbar ist.
[3]Ausnahmen können zugelassen werden, wenn keine Bedenken wegen des Brandschutzes bestehen.

(2) [1]Bei aneinandergebauten giebelständigen Gebäuden, deren Dachflächen einen Winkel von weniger als 120° bilden, ist das Dach von innen nach außen mindestens feuerhemmend herzustellen. [2]Öffnungen in den Dachflächen müssen, waagerecht gemessen, mindestens 1,25 m von der Gebäudetrennwand entfernt sein.

(3) Von Brandwänden und von Wänden nach § 6 Abs. 1 müssen Dachaufbauten aus brennbaren Baustoffen mindestens 1,25 m entfernt sein, wenn sie nicht durch diese Wände gegen eine Brandübertragung geschützt sind.

(4) [1]Dächer von Gebäudeteilen, die an Wände mit höherliegenden Öffnungen anderer Nutzungseinheiten mit Aufenthaltsräumen anschließen, sind bis zu einem Abstand von 5 m von diesen Wänden von innen nach außen mindestens feuerhemmend herzustellen. [2]Dies gilt nicht bei Dächern
1. über Eingängen, Terrassen, Balkonen sowie bei lichtdurchlässigen Dächern von Wohngebäuden,
2. von Wohngebäuden geringer Höhe,
3. von Gebäuden oder Gebäudeteilen, die nur Garagen oder Nebenräume enthalten und nach § 6 Abs. 1 LBO ohne Abstandsflächen zulässig sind.

(5) Dächer, die Aufenthaltsräume, ihre Zugänge und zugehörige Nebenräume abschließen, sind von innen nach außen mindestens feuerhemmend herzustellen, wenn über die Dachfläche eine Brandübertragung auf andere, höherliegende Nutzungseinheiten mit Aufenthaltsräumen zu befürchten ist.

§ 10 Treppen (Zu § 28 Abs. 1 und 2 LBO). (1) Von jeder Stelle eines Aufenthaltsraumes muß eine notwendige Treppe oder ein Ausgang ins Freie in höchstens 40 m Entfernung erreichbar sein.

(2) [1]Die nutzbare Breite notwendiger Treppen muß mindestens 1 m, bei Treppen in Wohngebäuden mit nicht mehr als zwei Wohnungen mindestens 0,8 m betragen. [2]Dies gilt nicht für Treppen in mehrgeschossigen Wohnungen. [3]Für Treppen mit geringer Benutzung können geringere Breiten zugelassen werden.

(3) [1]Die tragenden Teile notwendiger Treppen sind herzustellen
1. bei Gebäuden geringer Höhe aus nichtbrennbaren Baustoffen oder aus Hartholz,
2. bei sonstigen Gebäuden aus nichtbrennbaren Baustoffen.
[2]Dies gilt nicht für Treppen in
1. mehrgeschossigen Wohnungen,
2. Wohngebäuden geringer Höhe mit bis zu zwei Wohnungen,
3. land- und forstwirtschaftlichen Betriebsgebäuden.

(4) [1]Treppenstufen dürfen nicht unmittelbar hinter einer Tür beginnen, die in Richtung der Treppe aufschlägt. [2]Zwischen Treppe und Tür ist in diesen Fällen ein Treppenabsatz anzuordnen, der mindestens so tief sein muß, wie die Tür breit ist.

(5) [1]Treppen müssen mindestens einen festen und griffsicheren Handlauf haben. [2]Dies gilt nicht für Treppen

1. in mehrgeschossigen Wohnungen,
2. in Höhe des Geländes oder mit einer Absturzhöhe von nicht mehr als 1 m,
3. mit nicht mehr als fünf Stufen oder
4. von Anlagen, die nicht umwehrt werden müssen.

§ 11 Notwendige Treppenräume, Ausgänge (Zu § 28 Abs. 1 und 3 LBO). (1) [1]Jeder notwendige Treppenraum muß auf möglichst kurzem Wege einen sicheren Ausgang ins Freie haben. [2]Der Ausgang muß mindestens so breit sein wie die zugehörigen notwendigen Treppen.

(2) [1]Notwendige Treppenräume müssen an einer Außenwand liegen und in jedem über dem Gelände gelegenen Geschoß Fenster haben, die geöffnet werden können. [2]Eine andere Ausführung der Treppenräume ist zuzulassen, wenn die Benutzung der Treppenräume durch Raucheintritt nicht gefährdet werden kann, eine ausreichende Belüftung sichergestellt ist und, ausgenommen bei Wohngebäuden geringer Höhe, eine Sicherheitsbeleuchtung vorhanden ist.

(3) An notwendige Treppenräume dürfen in einem Geschoß nicht mehr als sechs Wohnungen oder Nutzungseinheiten vergleichbarer Größe unmittelbar angeschlossen sein.

(4) [1]In notwendigen Treppenräumen müssen bis zu ihren Ausgängen ins Freie Verkleidungen, Dämmschichten und Einbauten aus nichtbrennbaren Baustoffen, Fußbodenbeläge aus mindestens schwerentflammbaren Baustoffen bestehen; dies gilt nicht für Gebäude geringer Höhe. [2]Ausnahmen können zugelassen werden, wenn keine Bedenken wegen des Brandschutzes bestehen.

(5) [1]In notwendigen Treppenräumen von Gebäuden mit mehr als fünf Geschossen und bei innenliegenden notwendigen Treppenräumen ist an der obersten Stelle des Treppenraumes eine Rauchabzugsvorrichtung mit einem freien Querschnitt von mindestens 1 m² anzubringen, die vom Eingangsgeschoß zu öffnen sein muß. [2]Es kann verlangt werden, daß die Rauchabzugsvorrichtung auch von anderen Stellen aus bedient werden kann. [3]Fenster dürfen als Rauchabzüge ausgebildet werden, wenn sie hoch genug liegen. [4]Ausnahmen können zugelassen werden, wenn der Rauch auch auf andere Weise abgeführt werden kann.

(6) Sicherheitstreppenräume nach § 15 Abs. 3 Satz 3 LBO müssen folgenden Anforderungen genügen:

1. Sie müssen an einer Außenwand liegen oder vom Gebäude abgesetzt sein und in jedem Geschoß über einen unmittelbar davor liegenden offenen Gang erreichbar sein. Innenliegende Sicherheitstreppenräume sind zulässig, wenn durch andere Maßnahmen sichergestellt ist, daß sie mindestens so sicher sind wie außenliegende Sicherheitstreppenräume.
2. Die Wände müssen mindestens denselben Feuerwiderstand wie tragende Wände haben und aus nichtbrennbaren Baustoffen bestehen. Öffnungen in diesen Wänden müssen ins Freie führen.

3. Die Treppen müssen aus nichtbrennbaren Baustoffen bestehen.
4. Die Türen müssen rauchdicht und selbstschließend, bei innenliegenden Sicherheitstreppenräumen feuerhemmend und selbstschließend sein.
5. Eine Sicherheitsbeleuchtung und Rauchabzugsöffnungen mit einem freien Querschnitt von mindestens 1 m² müssen vorhanden sein.

§ 12 Notwendige Flure (Zu § 28 Abs. 1 LBO). (1) [1]Notwendige Flure sind Flure, über die Rettungswege von Aufenthaltsräumen zu notwendigen Treppenräumen oder zu Ausgängen ins Freie führen. [2]Als notwendige Flure gelten nicht
1. Flure innerhalb von Wohnungen oder Nutzungseinheiten vergleichbarer Größe,
2. Flure innerhalb von Nutzungseinheiten, die einer Büro- oder Verwaltungsnutzung dienen und deren Nutzfläche in einem Geschoß nicht mehr als 400 m² beträgt.

(2) [1]Notwendige Flure müssen mindestens 1,25 m breit sein. [2]In den Fluren ist eine Folge von weniger als drei Stufen unzulässig. [3]Rampen mit einer Neigung bis zu 6 vom Hundert sind zulässig.

(3) [1]In notwendigen Fluren müssen Einbauten sowie Verkleidungen, Dämmschichten und Bodenbeläge aus mindestens schwerentflammbaren Baustoffen bestehen; dies gilt nicht für Gebäude geringer Höhe. [2]Ausnahmen können zugelassen werden, wenn keine Bedenken wegen des Brandschutzes bestehen.

§ 13 Aufzugsanlagen (Zu § 29 LBO). (1) [1]Aufzüge müssen eigene Fahrschächte haben. [2]In einem gemeinsamen Fahrschacht dürfen bis zu drei Aufzüge eingebaut sein. [3]In Gebäuden mit Aufenthaltsräumen, deren Fußboden nicht mehr als 12,5 m über der Eingangsebene liegt, sind Aufzüge ohne eigenen Fahrschacht zulässig, wenn sie innerhalb eines notwendigen Treppenraumes liegen und unfallsicher umkleidet sind.

(2) Fahrschächte müssen den gleichen Feuerwiderstand wie tragende Wände haben.

(3) [1]Fahrschächte dürfen nur für Aufzugseinrichtungen benutzt werden. [2]Sie müssen gelüftet werden können. [3]Fahrschachttüren und andere Öffnungen in Fahrschachtwänden sind so herzustellen, daß Feuer und Rauch nicht in andere Geschosse übertragen werden können. [4]Fahrschächte müssen Rauchabzugsöffnungen mit einer Größe von mindestens 0,1 m² haben.

(4) Ausnahmen von den Absätzen 1 und 2 können zugelassen werden bei Aufzügen, die
1. außerhalb von Gebäuden liegen,
2. nicht mehr als drei unmittelbar übereinanderliegende Geschosse verbinden oder
3. Kleingüteraufzüge oder vereinfachte Güteraufzüge sind,
wenn keine Bedenken wegen des Brandschutzes bestehen.

(5) [1]Die Gesamtfläche der Fahrkörbe von Aufzügen nach § 29 Abs. 2 LBO ist so zu bemessen, daß für je 20 auf den Aufzug angewiesene Personen ein Platz zur Verfügung steht. [2]Fahrkörbe zur Aufnahme einer Krankentrage müssen eine nutzbare Grundfläche von mindestens 1,1 m × 2,1 m haben.

§ 14 Türen, Fenster (Zu § 30 Abs. 1, § 15 Abs. 1 und 3 und § 16 LBO). (1) Mindestens dichtschließende Türen müssen vorhanden sein in den Öffnungen zwischen

1. notwendigen Treppenräumen und Wohnungen,

2. notwendigen Fluren und Wohnungen,

3. notwendigen Treppenräumen und notwendigen Fluren, die zu nicht mehr als sechs Wohnungen oder Nutzungseinheiten entsprechender Größe führen.

(2) [1]Mindestens rauchdichte und selbstschließende Türen müssen vorhanden sein in den Öffnungen zwischen

1. notwendigen Treppenräumen und notwendigen Fluren, ausgenommen notwendigen Fluren, die zu nicht mehr als sechs Wohnungen oder Nutzungseinheiten entsprechender Größe führen,

2. notwendigen Treppenräumen von Gebäuden geringer Höhe und Nutzungseinheiten, die einer Büro- oder Verwaltungsnutzung dienen und nach § 12 Abs. 1 Satz 2 Nr. 2 keinen notwendigen Flur haben müssen,

3. notwendigen Treppenräumen von Gebäuden geringer Höhe und Untergeschossen oder Dachräumen ohne Aufenthaltsräume sowie Werkstätten, Verkaufsstätten, Lagerräumen oder ähnlichen Räumen,

4. Wohnungen in Gebäuden geringer Höhe und anderen Räumen. [2]Notwendige Flure mit einer Länge von mehr als 40 m Länge müssen durch nicht abschließbare Türen nach Satz 1 unterteilt werden.

(3) [1]Mindestens feuerhemmende und selbstschließende Türen müssen vorhanden sein in den Öffnungen zwischen

1. notwendigen Treppenräumen und Nutzungseinheiten, die einer Büro- oder Verwaltungsnutzung dienen und nach § 12 Abs. 1 Satz 2 Nr. 2 keinen notwendigen Flur haben müssen,

2. notwendigen Treppenräumen und Untergeschossen oder Dachräumen ohne Aufenthaltsräume sowie Werkstätten, Verkaufsstätten, Lagerräumen oder ähnlichen Räumen,

3. Wohnungen und anderen Räumen. [2]Satz 1 gilt nicht für Gebäude geringer Höhe.

(4) Mindestens feuerbeständige und selbstschließende Türen müssen vorhanden sein in den Öffnungen

1. von inneren Brandwänden,

2. von Wänden, die nach § 8 Abs. 8 anstelle von inneren Brandwänden zugelassen werden.

(5) [1]Fenster, die als Rettungswege dienen, müssen im Lichten mindestens die Größe eines Quadrates mit Seitenlängen von 0,9 m haben. [2]Sie müssen von innen ohne Hilfsmittel vollständig zu öffnen sein. [3]Die Unterkante der lichten Öffnung darf nicht mehr als 1,2 m über dem Fußboden liegen. [4]Liegen diese Fenster in Dachschrägen oder Dachaufbauten, darf ihre Unterkante oder ein davor liegender Austritt horizontal gemessen nicht mehr als 1,0 m von der Traufkante entfernt sein.

(6) An allgemein zugänglichen Verkehrsflächen müssen Glastüren und andere Glasflächen so ausgebildet oder gekennzeichnet sein, daß sie leicht erkennbar sind.

§ 15 Leitungen, Lüftungsleitungen, Installationsschächte und -kanäle (Zu §§ 26 und 31 LBO). (1) [1]Leitungen aller Art dürfen durch Brandwände, Wände nach § 8 Abs. 8, Treppenraumwände, Wände notwendiger Flure sowie durch feuerbeständige Wände und Decken nur hindurchgeführt werden, wenn eine Übertragung von Feuer oder Rauch nicht zu befürchten ist. [2]Dies gilt nicht für Wände und Decken innerhalb von Wohnungen.

(2) [1]Lüftungsleitungen sowie ihre Verkleidungen und Dämmschichten müssen aus nichtbrennbaren Baustoffen bestehen. [2]Ausnahmen können zugelassen werden, wenn keine Bedenken wegen des Brandschutzes bestehen. [3]Satz 1 gilt nicht für Lüftungsleitungen in Wohngebäuden geringer Höhe mit nicht mehr als zwei Wohnungen und innerhalb von Wohnungen.

(3) [1]Lüftungsleitungen dürfen nicht in Schornsteine eingeführt werden. [2]Die Einleitung von Abgasen aus Gasfeuerstätten in Lüftungsleitungen ist zuzulassen, wenn die Abluft ins Freie geführt wird und Bedenken wegen der Betriebs- und Brandsicherheit nicht bestehen. [3]Nicht zur Lüftungsanlage gehörende Einrichtungen sind in Lüftungsleitungen unzulässig.

(4) Für Installationsschächte und -kanäle sowie für Schächte und Kanäle von raumlufttechnischen Anlagen und Warmluftheizungen gelten die Absätze 1 bis 3 entsprechend.

§ 16 Anlagen für Abfall- und Reststoffe (Zu § 33 Abs. 2 LBO). [1]Zur vorübergehenden Aufbewahrung fester Abfall- und Reststoffe sind auf dem Grundstück geeignete Plätze für bewegliche Behälter vorzusehen oder geeignete Einrichtungen herzustellen. [2]Ortsfeste Behälter müssen dicht und aus nichtbrennbaren Baustoffen sein. [3]Sie sind außerhalb der Gebäude aufzustellen.

§ 17 Einleitung des Abwassers in Kleinkläranlagen oder Gruben (Zu § 33 Abs. 2 und 3 LBO). (1) [1]Das Abwasser ist in die öffentliche Kanalisation einzuleiten, wenn ein Anschluß möglich und die Einleitung zulässig ist. [2]Soweit erforderlich, muß das Abwasser vor der Einleitung gereinigt oder vorbehandelt werden.

(2) [1]Ist der Anschluß an eine öffentliche Kanalisation nicht möglich, so ist das Abwasser anderweitig in wasserrechtlich zulässiger Weise zu beseitigen. [2]Geschlossene Abwassergruben dürfen nur mit Zustimmung der Wasserbehörde zugelassen werden, wenn keine gesundheitlichen und wasserwirtschaftlichen Bedenken bestehen. [3]§ 45 b des Wassergesetzes für Baden-Württemberg (WG) bleibt unberührt.

(3) [1]Kleinkläranlagen, Gruben und ähnliche Einrichtungen müssen ausreichend groß und wasserdicht sein. [2]Sie müssen eine dichte und sichere Abdeckung sowie ausreichende Reinigungs- und Entleerungsöffnungen haben. [3]Diese Öffnungen dürfen nur vom Freien aus zugänglich sein. [4]Die Anlagen sind so zu entlüften, daß Gesundheitsschäden oder unzumutbare Belästigungen nicht entstehen. [5]Abwassergruben und Gruben für Toiletten ohne Wasserspülung müssen dicht sein; sie dürfen keinen Aus- oder Überlauf haben. [6]Die Zu- und Ableitungen von Wasserbehandlungsanlagen und die Zuleitungen von geschlossenen Gruben müssen einschließlich der Anschlüsse geschlossen, wasserdicht und, soweit erforderlich, zum Reinigen eingerichtet sein.

(4) [1]Abgänge aus Toiletten ohne Wasserspülung sind in eigene, geschlossene Gruben einzuleiten. [2]In diese Gruben darf kein anderes Abwasser eingeleitet werden.

§ 18 Ställe und landwirtschaftliche Anlagen (Zu § 33 Abs. 4 und § 38 LBO).

(1) [1]Die raumumschließenden Bauteile von Ställen sind gegen schädliche Einflüsse der Stallfeuchtigkeit und der tierischen Abgänge zu schützen. [2]Der Boden des Stalles muß gleitsicher sein. [3]Der Boden und die Anlagen zur Ableitung flüssiger Abgänge müssen wasserundurchlässig sein. [4]Wasserdurchlässige Böden sind zulässig, sofern dies aufgrund der Tierarten oder ihrer Haltung möglich und sichergestellt ist, daß tierische Abgänge nicht versickern.

(2) [1]Ställe müssen Türöffnungen von solcher Zahl, Lage und Größe haben, daß die Tiere bei Gefahr ohne Schwierigkeiten ins Freie gelangen können. [2]Die Türen in diesen Öffnungen dürfen nicht nach innen aufschlagen.

(3) [1]Anlagen für die Lagerung fester und flüssiger Abgänge aus Tierhaltungen müssen ausreichend bemessen, wasserdicht und gegen Versickern geschützt sein. [2]Sie dürfen keine Verbindung zu Abwasseranlagen und keinen Aus- oder Überlauf haben. [3]Für Festmist sind Dungstätten anzulegen, deren Böden und Wände bis in ausreichende Höhe wasserdicht sind. [4]Flüssige Abgänge aus Ställen und Dungstätten sind in Flüssigmistbehälter zu leiten, die einschließlich aller Leitungen wasserdicht sind. [5]Offene Flüssigmistbehälter sind unfallsicher abzudecken oder zu umwehren, soweit sie nicht durch ihre Eigenhöhe ausreichenden Unfallschutz bieten.

(4) Offene Dungstätten und offene Flüssigmistbehälter müssen von der Nachbargrenze mindestens 2 m entfernt sein.

§ 19[1]) Anwendung gewerberechtlicher Vorschriften (Zu § 73 Abs. 8 Nr. 2 LBO).

(1) Für Aufzugsanlagen im Sinne des § 1 Abs. 2 Satz 1 Nr. 2 Buchst. a und b der Betriebssicherheitsverordnung (BetrSichV) vom 27. September 2002 (BGBl. I S. 3777), zuletzt geändert durch Artikel 9 der Verordnung vom 23. Dezember 2004 (BGBl. I S. 3758), die weder gewerblichen noch wirtschaftlichen Zwecken dienen und in deren Gefahrenbereich auch keine Arbeitnehmer beschäftigt werden, gelten §§ 2, 12, 14 bis 21 und 25 bis 27 BetrSichV entsprechend.

(2) Soweit durch die in Absatz 1 genannten gewerberechtlichen Vorschriften Zuständigkeitsregelungen berührt sind, entscheiden bei Anlagen im Anwendungsbereich der Landesbauordnung die Baurechtsbehörden im Benehmen mit den Gewerbeaufsichtsbehörden.

§ 20[2]) Ordnungswidrigkeiten (Zu § 75 Abs. 3 Nr. 2 LBO).

Ordnungswidrig nach § 75 Abs. 3 Nr. 2 LBO handelt, wer vorsätzlich oder fahrlässig

1. entgegen § 2 Abs. 2 und 3 Zu- oder Durchgänge oder Zu- oder Durchfahrten für die Feuerwehr durch Einbauten einengt,
2. entgegen § 2 Abs. 4 die Zu- oder Durchfahrten für die Feuerwehr oder die zum Anleitern bestimmten Stellen nicht freihält,
3. *(aufgehoben)*

---

[1]) § 19 Abs. 1 neu gef. mWv 20. 9. 2005 durch VO v. 28. 6. 2005 (GBl. S. 609).
[2]) § 20 Nr. 3 aufgeh. mWv 20. 9. 2005 durch VO v. 28. 6. 2005 (GBl. S. 609).

§ 21 Inkrafttreten. [1]Diese Verordnung tritt am 1. Januar 1996 in Kraft. [2]Gleichzeitig tritt die Allgemeine Ausführungsverordnung des Innenministeriums zur Landesbauordnung (LBOAVO) vom 2. April 1984 (GBl. S. 254) außer Kraft.

3. Verordnung des Wirtschaftsministeriums über Anforderungen an Feuerungsanlagen, Wärme- und Brennstoffversorgungsanlagen (Feuerungsverordnung – FeuVO)[1)]

Vom 24. November 1995
(GBl. S. 806)

geänd. durch Art. 2 VO zur Änd. baurechtl. Vorschriften v. 28. 6. 2005 (GBl. S. 609) und Art. 72
Siebte AnpassungsVO v. 25. 4. 2007 (GBl. S. 252)

Inhaltsübersicht[2)]

Auf Grund von § 73 Abs. 1 Nr. 1 und 2 und Abs. 8 Nr. 2 der Landesbauordnung für Baden-Württemberg (LBO)[3)] vom 8. August 1995 (GBl. S. 617) wird verordnet:

§ 1 Einschränkung des Anwendungsbereichs. Für Feuerstätten, Wärmepumpen und Blockheizkraftwerke gilt die Verordnung nur, soweit diese Anlagen der Beheizung von Räumen oder der Warmwasserversorgung dienen oder Gas-Haushalts-Kochgeräte sind.

§ 2 Begriffe. (1) Als Nennwärmeleistung gilt

1. die auf dem Typenschild der Feuerstätte angegebene Leistung oder

2. die in den Grenzen des Wärmeleistungsbereichs festeingestellte und auf einem Zusatzschild angegebene höchste Leistung der Feuerstätte (ohne Zu-

---

[1)] Titel geänd. mWv 20. 9. 2005 durch VO v. 28. 6. 2005 (GBl. S. 609) und geänd. mWv 16. 6. 2007 durch VO v. 25. 4. 2007 (GBl. S. 252).
[2)] Inhaltsübersicht geänd. mWv 20. 9. 2005 durch VO v. 28. 6. 2005 (GBl. S. 609).
[3)] Nr. 1.

satzschild gilt als Nennwärmeleistung der höchste Wert des Nennwärmeleistungsbereichs) oder

3. bei Feuerstätten ohne Typenschild die nach der aus dem Brennstoffdurchsatz mit einem Wirkungsgrad von 80 vom Hundert ermittelte Leistung.

(2) Gesamtnennwärmeleistung ist die Summe der Nennwärmeleistungen der Feuerstätten, die gleichzeitig betrieben werden können.

(3) Schornsteine sind rußbrandbeständige Schächte, die Abgase aus Feuerstätten für feste Brennstoffe über Dach ins Freie leiten.

(4) Verbindungsstücke sind Kanäle oder Leitungen, die Abgase aus Feuerstätten für feste Brennstoffe in Schornsteine leiten.

(5) [1]Abgasleitungen sind Leitungen, die Abgase aus Feuerstätten für flüssige oder gasförmige Brennstoffe ins Freie leiten. [2]Um eine Abgasleitung handelt es sich auch dann, wenn sie in der Bauart eines Schornsteins oder Verbindungsstückes hergestellt wird.

§ 3 Verbrennungsluftversorgung von Feuerstätten. (1) Für raumluftabhängige Feuerstätten mit einer Gesamtnennwärmeleistung bis zu 35 kW gilt die Verbrennungsluftversorgung als nachgewiesen, wenn die Feuerstätten in einem Raum aufgestellt sind, der

1. mindestens eine Tür ins Freie oder ein Fenster, das geöffnet werden kann (Räume mit Verbindung zum Freien) und einen Rauminhalt von mindestens 4 m³ je 1 kW Gesamtnennwärmeleistung hat oder

2. mit anderen Räumen mit Verbindung zum Freien nach Maßgabe des Absatzes 2 verbunden ist (Verbrennungsluftverbund) oder

3. eine ins Freie führende Öffnung mit einem freien Querschnitt von mindestens 150 cm² oder zwei Öffnungen von je 75 cm² oder Leitungen ins Freie mit strömungstechnisch äquivalenten Querschnitten hat.

(2) [1]Der Verbrennungsluftverbund im Sinne des Absatzes 1 Nr. 2 zwischen dem Aufstellraum und Räumen mit Verbindung zum Freien muß durch Verbrennungsluftöffnungen von mindestens 150 cm² zwischen den Räumen hergestellt sein. [2]Bei der Aufstellung von Feuerstätten in Nutzungseinheiten, wie Wohnungen, dürfen zum Verbrennungsluftverbund nur Räume derselben Wohnung oder Nutzungseinheit gehören. [3]Der Gesamtrauminhalt der Räume, die zum Verbrennungsluftverbund gehören, muß mindestens 4 m³ je 1 kW Gesamtnennwärmeleistung der Feuerstätten betragen. [4]Räume ohne Verbindung zum Freien sind auf den Gesamtrauminhalt nicht anzurechnen.

(3) [1]Für raumluftabhängige Feuerstätten mit einer Gesamtnennwärmeleistung von mehr als 35 kW gilt die Verbrennungsluftversorgung als nachgewiesen, wenn die Feuerstätten in Räumen aufgestellt sind, die eine ins Freie führende Öffnung oder Leitung haben. [2]Der Querschnitt der Öffnung muß mindestens 150 cm² und für jedes über 35 kW Nennwärmeleistung hinausgehende kW Nennwärmeleistung 2 cm² mehr betragen. [3]Leitungen müssen strömungstechnisch äquivalent bemessen sein. [4]Der erforderliche Querschnitt darf auf höchstens zwei Öffnungen oder Leitungen aufgeteilt sein.

(4) [1]Verbrennungsluftöffnungen und -leitungen dürfen nicht verschlossen oder zugestellt werden, sofern nicht durch besondere Sicherheitseinrichtungen gewährleistet ist, daß die Feuerstätten nur bei geöffnetem Verschluß betrieben werden können. [2]Der erforderliche Querschnitt darf durch den Verschluß

oder durch Gitter nicht verengt werden. [3]Gitter oder ähnliche Einrichtungen müssen Durchtrittsöffnungen von mindestens 10 × 10 mm haben.

(5) Abweichend von den Absätzen 1 bis 3 kann für raumluftabhängige Feuerstätten eine ausreichende Verbrennungsluftversorgung auf andere Weise nachgewiesen werden.

(6) [1]Die Absätze 1 und 2 gelten nicht für Gas-Haushalts-Kochgeräte. [2]Die Absätze 1 bis 3 gelten nicht für offene Kamine.

§ 4 Aufstellung von Feuerstätten. (1) Feuerstätten dürfen nicht aufgestellt werden

1. in notwendigen Treppenräumen, außer in Wohngebäuden mit nicht mehr als zwei Wohnungen,

2. in notwendigen Fluren,

3. in Garagen, ausgenommen raumluftunabhängige Gasfeuerstätten, die innerhalb der Garagen nicht wärmer als 300 °C werden können.

(2) Raumluftabhängige Feuerstätten dürfen in Räumen, Wohnungen oder Nutzungseinheiten vergleichbarer Größe, aus denen Luft mit Hilfe von Ventilatoren, wie Lüftungs- oder Warmluftheizungsanlagen, Dunstabzugshauben, Abluft-Wäschetrockner, abgesaugt wird, nur aufgestellt werden, wenn

1. ein gleichzeitiger Betrieb der Feuerstätten und der luftabsaugenden Anlagen durch Sicherheitseinrichtungen verhindert wird, oder

2. die Abgasführung durch besondere Sicherheitseinrichtungen überwacht wird, oder

3. die Abgase der Feuerstätten über die luftabsaugenden Anlagen abgeführt werden oder

4. durch die Bauart oder die Bemessung der luftabsaugenden Anlagen sichergestellt ist, daß kein gefährlicher Unterdruck entstehen kann.

(3) [1]Raumluftabhängige Gasfeuerstätten mit Strömungssicherung mit einer Nennwärmeleistung von mehr als 7 kW dürfen in Wohnungen und Nutzungseinheiten vergleichbarer Größe nur aufgestellt werden, wenn durch besondere Einrichtungen an den Feuerstätten sichergestellt ist, daß Abgase in gefahrdrohender Menge nicht in den Aufstellraum eintreten können. [2]Das gilt nicht für Feuerstätten, deren Aufstellräume ausreichend belüftet sind und gegenüber anderen Räumen keine Öffnungen, ausgenommen Öffnungen für Türen, haben; die Türen müssen dicht- und selbstschließend sein.

(4) Gasfeuerstätten ohne Flammenüberwachung dürfen nur in Räumen aufgestellt werden, bei denen durch mechanische Lüftungsanlagen sichergestellt ist, daß während des Betriebes der Feuerstätten stündlich mindestens ein fünffacher Luftwechsel sichergestellt ist; für Gas-Haushalts-Kochgeräte genügt ein Außenluftvolumenstrom von 100 m³/h.

(5) Gasfeuerstätten in Räumen oder die Brennstoffleitungen unmittelbar vor diesen Gasfeuerstätten müssen mit einer Vorrichtung ausgerüstet sein, die

1. bei einer äußeren thermischen Beanspruchung von mehr als 100 °C die weitere Brennstoffzufuhr selbsttätig absperrt und

2. so beschaffen ist, daß bis zu einer Temperatur von 650 °C über einen Zeitraum von mindestens 30 Minuten nicht mehr als 30 l/h, gemessen als Luftvolumenstrom, durch- oder ausströmen können.

(6) Feuerstätten für Flüssiggas (Propan, Butan und deren Gemische) dürfen in Räumen, deren Fußboden an jeder Stelle mehr als 1 m unter der Geländeoberfläche liegt, nur aufgestellt werden, wenn

1. die Feuerstätten eine Flammenüberwachung haben und
2. sichergestellt ist, daß auch bei abgeschalteter Feuerungseinrichtung Flüssiggas aus den im Aufstellraum befindlichen Brennstoffleitungen in gefahrdrohender Menge nicht austreten kann oder über eine mechanische Lüftungsanlage sicher abgeführt wird.

(7) ¹Feuerstätten müssen von Bauteilen aus brennbaren Baustoffen und von Einbaumöbeln so weit entfernt oder so abgeschirmt sein, daß an diesen bei Nennwärmeleistung der Feuerstätten keine höheren Temperaturen als 85 °C auftreten können. ²Andernfalls muß ein Abstand von mindestens 40 cm eingehalten werden:

(8) ¹Vor den Feuerungsöffnungen von Feuerstätten für feste Brennstoffe sind Fußböden aus brennbaren Baustoffen durch einen Belag aus nichtbrennbaren Baustoffen zu schützen. ²Der Belag muß sich nach vorn auf mindestens 50 cm und seitlich auf mindestens 30 cm über die Feuerungsöffnung hinaus erstrecken.

(9) ¹Bauteile aus brennbaren Baustoffen müssen von den Feuerraumöffnungen offener Kamine nach oben und nach den Seiten einen Abstand von mindestens 80 cm haben. ²Bei Anordnung eines beiderseits belüfteten Strahlungsschutzes genügt ein Abstand von 40 cm.

§ 5 Aufstellräume für Feuerstätten. (1) Feuerstätten für flüssige und gasförmige Brennstoffe mit einer Gesamtnennwärmeleistung von mehr als 50 kW dürfen nur in Räumen aufgestellt werden,

1. die nicht anderweitig genutzt werden, ausgenommen zur Aufstellung von Wärmepumpen, Blockheizkraftwerken und ortsfesten Verbrennungsmotoren sowie zur Lagerung von Brennstoffen,
2. die gegenüber anderen Räumen keine Öffnungen, ausgenommen Öffnungen für Türen, haben,
3. deren Türen dicht- und selbstschließend sind und
4. die gelüftet werden können.

(2) ¹Brenner und Brennstofffördereinrichtungen der Feuerstätten nach Absatz 1 müssen durch einen außerhalb des Aufstellraumes angeordneten Schalter (Notschalter) jederzeit abgeschaltet werden können. ²Bei dem Notschalter muß ein Schild mit der Aufschrift „NOTSCHALTER – FEUERUNG" vorhanden sein.

(3) Wird in dem Aufstellraum Heizöl gelagert oder ist der Raum für die Heizöllagerung nur vom Aufstellraum zugänglich, muß die Heizölzufuhr mit dem Notschalter oder von der Stelle des Notschalters aus durch eine entsprechend gekennzeichnete Absperreinrichtung unterbrochen werden können.

(4) Abweichend von Absatz 1 dürfen die Feuerstätten auch in anderen Räumen aufgestellt werden, wenn

1. sie nur der Beheizung des Aufstellraumes dienen und sicher betrieben werden können, oder
2. diese Räume in freistehenden Gebäuden liegen, die allein dem Betrieb der Feuerstätten sowie der Brennstofflagerung dienen.

§ 6 Heizräume. (1) ¹Feuerstätten für feste Brennstoffe mit einer Gesamtnennwärmeleistung von mehr als 50 kW dürfen nur in besonderen Räumen (Heizräumen) aufgestellt werden; § 5 Abs. 4 Nr. 2 gilt entsprechend. ²Die Heizräume dürfen

1. nicht anderweitig genutzt werden, ausgenommen zur Aufstellung von Wärmepumpen, Blockheizkraftwerken und ortsfesten Verbrennungsmotoren sowie zur Lagerung von Brennstoffen, und

2. mit Aufenthaltsräumen, ausgenommen solche für das Betriebspersonal, sowie mit Treppenräumen notwendiger Treppen nicht in unmittelbarer Verbindung stehen.

(2) Heizräume müssen

1. mindestens einen Rauminhalt von 8 m³ und eine lichte Höhe von 2 m,

2. einen Ausgang, der ins Freie oder in einen Flur führt, der die Anforderungen an notwendige Flure erfüllt, und

3. Türen, die in Fluchtrichtung aufschlagen,

haben.

(3) ¹Wände, ausgenommen nichttragende Außenwände, und Stützen von Heizräumen sowie Decken über und unter ihnen müssen feuerbeständig sein. ²Deren Öffnungen müssen, soweit sie nicht unmittelbar ins Freie führen, mindestens feuerhemmende und selbstschließende Abschlüsse haben. ³Die Sätze 1 und 2 gelten nicht für Trennwände zwischen Heizräumen und den zum Betrieb der Feuerstätten gehörenden Räumen, wenn diese Räume die Anforderungen der Sätze 1 und 2 erfüllen.

(4) ¹Heizräume müssen zur Raumlüftung jeweils eine obere und eine untere Öffnung ins Freie mit einem Querschnitt von mindestens je 150 cm² oder Leitungen ins Freie mit strömungstechnisch äquivalenten Querschnitten haben. ²Der Querschnitt einer Öffnung oder Leitung darf auf die Verbrennungsluftversorgung nach § 3 Abs. 3 angerechnet werden.

(5) ¹Lüftungsleitungen für Heizräume müssen eine Feuerwiderstandsdauer von mindestens 90 Minuten haben, soweit sie durch andere Räume führen, ausgenommmen angrenzende, zum Betrieb der Feuerstätten gehörende Räume, die die Anforderungen nach Absatz 3 Sätze 1 und 2 erfüllen. ²Die Lüftungsleitungen dürfen mit anderen Lüftungsanlagen nicht verbunden sein und nicht der Lüftung anderer Räume dienen.

(6) Lüftungsleitungen, die der Lüftung anderer Räume dienen, müssen, soweit sie durch Heizräume führen,

1. eine Feuerwiderstandsdauer von mindestens 90 Minuten oder selbsttätige Absperrvorrichtungen für eine Feuerwiderstandsdauer von mindestens 90 Minuten haben und

2. ohne Öffnungen sein.

§ 7 Abgasanlagen. (1) Ohne Abgasanlage sind zulässig:

1. Gasfeuerstätten, wenn durch einen sicheren Luftwechsel im Aufstellraum gewährleistet ist, daß Gefahren oder unzumutbare Belästigungen nicht entstehen,

2. Gas-Haushalts-Kochgeräte mit einer Nennwärmeleistung von nicht mehr als 11 kW, wenn der Aufstellraum einen Rauminhalt von mehr als 15 m³

aufweist und mindestens eine Tür ins Freie oder ein Fenster, das geöffnet werden kann, hat,

3. nicht leitungsgebundene Gasfeuerstätten zur Beheizung von Räumen, die nicht gewerblichen Zwecken dienen, sowie Gas-Durchlauferhitzer, wenn diese Gasfeuerstätten besondere Sicherheitseinrichtungen haben, die in den Aufstellräumen die Kohlenmonoxydkonzentration auf einen Wert von höchstens 30 ppm begrenzen.

(2) Die Abgase von Gasfeuerstätten mit abgeschlossenem Verbrennungsraum, denen die Verbrennungsluft durch dichte Leitungen vom Freien zuströmt (raumluftunabhängige Gasfeuerstätten), dürfen durch die Außenwand ins Freie geleitet werden, wenn

1. eine Ableitung des Abgases über Dach nicht oder nur mit unverhältnismäßig hohem Aufwand möglich ist und

2. die Nennwärmeleistung der Feuerstätte 11 kW zur Beheizung und 28 kW zur Warmwasserbereitung nicht überschreitet

und Gefahren oder unzumutbare Belästigungen nicht entstehen.

(3) Die Abgase von Feuerstätten für feste Brennstoffe müssen in Schornsteine eingeleitet werden.

(4) ¹Luft-Abgas-Systeme sind zur Abgasabführung nur zulässig, wenn sie getrennte Luft- und Abgasschächte haben. ²An diese Systeme dürfen nur raumluftunabhängige Feuerstätten angeschlossen werden, deren Bauart sicherstellt, daß sie für diese Betriebsweise geeignet sind.

(5) Die Abgasanlagen müssen nach lichtem Querschnitt und Höhe, soweit erforderlich auch nach Wärmedurchlaßwiderstand und innerer Oberfläche, so bemessen sein, daß die Abgase bei allen bestimmungsgemäßen Betriebszuständen ins Freie abgeführt werden und gegenüber Räumen kein gefährlicher Überdruck auftreten kann.

(6) Mehrere Feuerstätten dürfen an einen gemeinsamen Schornstein, an eine gemeinsame Abgasleitung oder an ein gemeinsames Verbindungsstück nur angeschlossen werden, wenn

1. durch die Bemessung nach Absatz 5 die Ableitung der Abgase für jeden Betriebszustand sichergestellt ist,

2. bei Ableitung der Abgase mit Überdruck die Übertragung von Abgasen zwischen den Aufstellräumen oder ein Austritt von Abgasen über nicht in Betrieb befindliche Feuerstätten ausgeschlossen ist und

3. bei gemeinsamer Abgasleitung die Abgasleitung aus nichtbrennbaren Baustoffen besteht oder eine Brandübertragung zwischen den Geschossen durch selbsttätige Absperrvorrichtungen verhindert wird.

(7) ¹In Gebäuden muß jede Abgasleitung in einem eigenen Schacht angeordnet sein. ²Dies gilt nicht für Abgasleitungen in Aufstellräumen für Feuerstätten sowie für Abgasleitungen, die mit Unterdruck betrieben werden und eine Feuerwiderstandsdauer von mindestens 90 Minuten haben. ³Die Anordnung mehrerer Abgasleitungen in einem gemeinsamen Schacht ist zulässig, wenn

1. die Abgasleitungen aus nichtbrennbaren Baustoffen bestehen, oder

2. die zugehörigen Feuerstätten in demselben Geschoß aufgestellt sind, oder

3. eine Brandübertragung zwischen den Geschossen durch selbsttätige Absperrvorrichtungen verhindert wird.

[4]Die Schächte müssen eine Feuerwiderstandsdauer von mindestens 90 Minuten, in Wohngebäuden geringer Höhe von mindestens 30 Minuten haben.

(8) Schornsteine müssen

1. gegen Rußbrände beständig sein,

2. in Gebäuden eine Feuerwiderstandsdauer von mindestens 90 Minuten haben,

3. unmittelbar auf dem Baugrund gegründet oder auf einem feuerbeständigen Unterbau errichtet sein; es genügt ein Unterbau aus nichtbrennbaren Baustoffen für Schornsteine in Gebäuden geringer Höhe, für Schornsteine die oberhalb der obersten Geschoßdecke beginnen, sowie für Schornsteine an Gebäuden,

4. durchgehend sein; sie dürfen insbesondere nicht durch Decken unterbrochen sein, und

5. für die Reinigung Öffnungen mit Schornsteinreinigungsverschlüssen haben. Fußböden aus brennbaren Baustoffen unter Reinigungsöffnungen sind durch nichtbrennbare Baustoffe zu schützen, die nach vorn mindestens 50 cm und seitlich mindestens 20 cm über die Öffnungen vorspringen.

(9) [1]Schornsteine, Abgasleitungen und Verbindungsstücke, die mit Überdruck betrieben werden, müssen innerhalb von Gebäuden

1. vollständig in vom Freien dauernd gelüfteten Räumen liegen oder

2. in Räumen liegen, die § 3 Abs. 1 Nr. 3 entsprechen, oder

3. der Bauart nach so beschaffen sein, daß Abgase in gefahrdrohender Menge nicht austreten können.

[2]Für Abgasleitungen genügt, wenn sie innerhalb von Gebäuden über die gesamte Länge hinterlüftet sind.

(10) Verbindungsstücke und Abgasleitungen dürfen nicht in Decken, Wänden oder unzugänglichen Hohlräumen angeordnet, Verbindungstücke außerdem nicht in andere Geschosse geführt werden.

§ 8 Abstände von Abgasanlagen zu brennbaren Bauteilen sowie zu Fenstern. (1) [1]Schornsteine müssen

1. von Holzbalken und von Bauteilen entsprechender Abmessungen aus brennbaren Baustoffen einen Abstand von mindestens 2 cm,

2. von sonstigen Bauteilen aus brennbaren Baustoffen einen Abstand von mindestens 5 cm einhalten. Dies gilt nicht für Schornsteine, die nur mit geringer Fläche an Bauteile, wie Fußleisten und Dachlatten, angrenzen.

[2]Zwischenräume zwischen der Außenfläche von Schornsteinen und angrenzenden Bauteilen müssen mit nichtbrennbaren, formbeständigen Baustoffen geringer Wärmeleitfähigkeit ausgefüllt sein.

(2) [1]Abgasleitungen, die nicht in Schächte eingebaut sind, müssen von Bauteilen aus brennbaren Baustoffen einen Abstand von mindestens 20 cm haben. [2]Es genügt ein Abstand von mindestens 5 cm, wenn die Abgasleitungen mindestens 2 cm dick mit nichtbrennbaren Dämmstoffen ummantelt sind oder wenn die Abgastemperatur der Feuerstätten bei Nennwärmeleistung nicht mehr als 160 °C betragen kann.

(3) [1]Verbindungsstücke zu Schornsteinen müssen von Bauteilen aus brennbaren Baustoffen einen Abstand von mindestens 25 cm einhalten. [2]Es genügt ein Abstand von mindestens 10 cm zu fest aufgeklebten Tapeten, oder wenn

die Verbindungsstücke mindestens 2 cm dick mit nichtbrennbaren Dämmstoffen ummantelt sind.

(4) [1]Abgasleitungen sowie Verbindungsstücke zu Schornsteinen müssen, soweit sie durch Bauteile aus brennbaren Baustoffen führen,

1. in einem Abstand von mindestens 20 cm mit einem Schutzrohr aus nichtbrennbaren Baustoffen versehen oder

2. in einem Umkreis von mindestens 20 cm mit nichtbrennbaren Baustoffen mit geringer Wärmeleitfähigkeit ummantelt sein.

[2]Abweichend von Satz 1 genügt ein Abstand von 5 cm, wenn die Abgastemperatur der Feuerstätten bei Nennwärmeleistung nicht mehr als 160 °C betragen kann oder Gasfeuerstätten eine Strömungssicherung haben.

(5) Abgasleitungen an Gebäuden müssen von Fenstern einen Abstand von mindestens 20 cm haben.

(6) Geringere Abstände als nach den Absätzen 1 bis 4 sind zulässig, wenn sichergestellt ist, daß an den Bauteilen aus brennbaren Baustoffen bei Nennwärmeleistung der Feuerstätten keine höheren Temperaturen als 85 °C auftreten können.

§ 9 Höhe der Mündungen von Schornsteinen und Abgasleitungen über Dach. (1) Die Mündungen von Schornsteinen und Abgasleitungen müssen

1. den First um mindestens 40 cm überragen oder von der Dachfläche mindestens 1 m entfernt sein; bei raumluftunabhängigen Gasfeuerstätten genügt ein Abstand von der Dachfläche von 40 cm, wenn die Gesamtnennwärmeleistung der Feuerstätten nicht mehr als 50 kW beträgt und das Abgas durch Ventilatoren abgeführt wird,

2. Dachaufbauten und Öffnungen zu Räumen um mindestens 1 m überragen, soweit deren Abstand zu den Schornsteinen und Abgasleitungen weniger als 1,5 m beträgt,

3. ungeschützte Bauteile aus brennbaren Baustoffen, ausgenommen Bedachungen, um mindestens 1 m überragen oder von ihnen mindestens 1,5 m entfernt sein,

4. bei Feuerstätten für feste Brennstoffe in Gebäuden, deren Bedachung nicht widerstandsfähig gegen Feuer ist, im Bereich des Firstes angeordnet sein und diesen um mindestens 80 cm überragen.

(2) Abweichend von Absatz 1 Nr. 1 und 2 können weitergehende Anforderungen gestellt werden, wenn Gefahren oder unzumutbare Belästigungen zu befürchten sind.

§ 10 Aufstellung von Wärmepumpen, Blockheizkraftwerken und ortsfesten Verbrennungsmotoren. (1) Für die Aufstellung von

1. Sorptionswärmepumpen mit feuerbeheizten Austreibern,

2. Blockheizkraftwerken in Gebäuden und

3. ortsfesten Verbrennungsmotoren

gelten § 3 Abs. 1 bis 5 sowie § 4 Abs. 1 bis 7 entsprechend.

(2) [1]Es dürfen

1. Sorptionswärmepumpen mit einer Nennwärmeleistung der Feuerung von mehr als 50 kW,

2. Wärmepumpen, die die Abgaswärme von Feuerstätten mit einer Gesamt-nennwärmeleistung von mehr als 50 kW nutzen,

3. Kompressionswärmepumpen mit elektrisch angetriebenen Verdichtern mit Antriebsleistungen von mehr als 50 kW,

4. Kompressionswärmepumpen mit Verbrennungsmotoren,

5. Blockheizkraftwerke in Gebäuden und

6. ortsfeste Verbrennungsmotoren

nur in Räumen aufgestellt werden, die die Anforderungen nach § 5 erfüllen. [2]Die Anforderungen der Verordnung des Innenministeriums über elektrische Betriebsräume (EltVO)[1]) vom 28. Oktober 1975 (GBl. S. 788) bleiben unberührt.

§ 11 Abführung der Ab- oder Verbrennungsgase von Wärmepumpen, Blockheizkraftwerken und ortsfesten Verbrennungsmotoren.

(1) [1]Die Verbrennungsgase von Blockheizkraftwerken und ortsfesten Verbrennungsmotoren in Gebäuden sind durch eigene, dichte Leitungen über Dach abzuleiten. [2]Mehrere Verbrennungsmotoren dürfen an eine gemeinsame Leitung angeschlossen werden, wenn die einwandfreie Abführung der Verbrennungsgase nachgewiesen ist. [3]Die Leitungen dürfen außerhalb der Aufstellräume der Verbrennungsmotoren nur nach Maßgabe von § 7 Abs. 7 und 9 sowie § 8 angeordnet sein.

(2) Die Einleitung der Verbrennungsgase in Schornsteine oder Abgasleitungen für Feuerstätten ist nur zulässig, wenn die einwandfreie Abführung der Verbrennungsgase und, soweit Feuerstätten angeschlossen sind, auch die einwandfreie Abführung der Abgase nachgewiesen ist.

(3) Für die Abführung der Abgase von Sorptionswärmepumpen mit feuerbeheizten Austreibern und Abgaswärmepumpen gelten die §§ 7 bis 9 entsprechend.

§ 12 Brennstofflagerung in Brennstofflagerräumen. (1) [1]Je Gebäude oder Brandabschnitt dürfen

1. feste Brennstoffe in einer Menge von mehr als 15 000 kg,

2. Heizöl und Dieselkraftstoff in Behältern mit mehr als insgesamt 5000 l oder

3. Flüssiggas in Behältern mit einem Füllgewicht von mehr als insgesamt 14 kg

nur in besonderen Räumen (Brennstofflagerräumen) gelagert werden, die nicht zu anderen Zwecken genutzt werden dürfen. [2]Das Fassungsvermögen der Behälter darf insgesamt 100 000 l Heizöl oder Dieselkraftstoff oder 6500 l Flüssiggas je Brennstofflagerraum und 30 000 l Flüssiggas je Gebäude oder Brandabschnitt nicht überschreiten.

(2) [1]Wände und Stützen von Brennstofflagerräumen sowie Decken über oder unter ihnen müssen feuerbeständig sein. [2]Durch Decken und Wände von Brennstofflagerräumen dürfen keine Leitungen geführt werden, ausgenommen Leitungen, die zum Betrieb dieser Räume erforderlich sind, sowie Heizrohrleitungen, Wasserleitungen und Abwasserleitungen. [3]Türen von Brennstofflagerräumen müssen mindestens feuerhemmend und selbstschließend sein. [4]Die Sätze 1 und 3 gelten nicht für Trennwände zwischen Brennstofflagerräumen und Heizräumen.

---

[1]) Nr. 7.

(3) ¹Brennstofflagerräume für flüssige Brennstoffe

1. müssen gelüftet werden können,
2. dürfen nur Bodenabläufe mit Heizölsperren oder Leichtflüssigkeitsabscheidern haben und
3. müssen an den Zugängen mit der Aufschrift „HEIZÖLLAGERUNG" oder „DIESELKRAFTSTOFFLAGERUNG" gekennzeichnet sein.

²Bei Lagerung von mehr als 20 000 l Heizöl kann verlangt werden, daß der Brennstofflagerraum von der Feuerwehr vom Freien aus beschäumt werden kann.

(4) Brennstofflagerräume für Flüssiggas

1. müssen über eine ständig wirksame Lüftung verfügen,
2. dürfen keine Öffnungen zu anderen Räumen, ausgenommen Öffnungen für Türen, und keine offenen Schächte und Kanäle haben,
3. dürfen mit ihren Fußböden nicht allseitig unterhalb der Geländeoberfläche liegen,
4. dürfen in ihren Fußböden außer Abläufen mit Flüssigkeitsverschluß keine Öffnungen haben und
5. müssen an ihren Zugängen mit der Aufschrift „FLÜSSIGGASLAGERUNG" gekennzeichnet sein.

§ 13 Brennstofflagerung außerhalb von Brennstofflagerräumen.

(1) In Wohnungen dürfen gelagert werden

1. Heizöl oder Dieselkraftstoff in einem Behälter bis zu 100 l oder in Kanistern bis zu insgesamt 40 l,
2. Flüssiggas in einem Behälter mit einem Füllgewicht von nicht mehr als 14 kg, wenn die Fußböden allseitig oberhalb der Geländeoberfläche liegen und außer Abläufen mit Flüssigkeitsverschluß keine Öffnungen haben.

(2) In sonstigen Räumen dürfen Heizöl oder Dieselkraftstoff von mehr als 1000 l und nicht mehr als 5000 l je Gebäude oder Brandabschnitt gelagert werden, wenn sie

1. die Anforderungen des § 5 Abs. 1 erfüllen und
2. nur Bodenabläufe mit Heizölsperren oder Leichtflüssigkeitsabscheidern haben.

(3) Sind in den Räumen nach Absatz 2 Feuerstätten aufgestellt, müssen diese

1. außerhalb des Auffangraumes für auslaufenden Brennstoff stehen und
2. einen Abstand von mindestens 1 m zu Lagerbehältern für Heizöl oder Dieselkraftstoff haben, soweit nicht ein Strahlungsschutz vorhanden ist.

§ 14¹⁾ Druckbehälter für Flüssiggas. (1) Für Druckbehälter für Flüssiggas im Sinne des § 1 Abs. 2 Satz 1 Nr. 1 Buchst. b der Betriebssicherheitsverordnung (BetrSichV) vom 27. September 2002 (BGBl. I S. 3777), zuletzt geändert durch Artikel 9 der Verordnung vom 23. Dezember 2004 (BGBl. I S. 3758), einschließlich der für ihren sicheren Betrieb erforderlichen Einrichtungen, die weder gewerblichen noch wirtschaftlichen Zwecken dienen und in deren Gefahrenbereich auch keine Arbeitnehmer beschäftigt werden, gelten §§ 2, 12, 14 bis 21 und 25 bis 27 BetrSichV entsprechend mit folgenden Maßgaben:

---

¹⁾ § 14 Abs. 1 neu gef. mWv 20. 9. 2005 durch VO v. 28. 6. 2005 (GBl. S. 609).

1. Fristen für die wiederkehrenden Prüfungen gelten als eingehalten, wenn diese innerhalb des Kalenderjahres vorgenommen werden, in dem die Fristen ablaufen.

2. Eine sicherheitstechnische Bewertung der Anlagen zur Ermittlung der Prüffristen ist nicht erforderlich; es gelten die Höchstfristen.

(2) Um die Anlagen nach Absatz 1 zur Lagerung von Flüssiggas im Freien sind Schutzzonen entsprechend dem Anhang zu dieser Verordnung einzurichten.

(3) Soweit durch die in Absatz 1 genannten gewerberechtlichen Vorschriften Zuständigkeitsregelungen berührt sind, entscheiden bei Anlagen im Anwendungsbereich der Landesbauordnung die Baurechtsbehörden im Benehmen mit den Gewerbeaufsichtsbehörden.

§ 15¹⁾ *(aufgehoben)*

§ 16 Inkrafttreten. Diese Verordnung tritt am 1. Januar 1996 in Kraft.

Anhang
zu § 14 Abs. 2

Schutzzonen um Flüssiggas-Behälter im Freien gemäß TRB²⁾ 610 „Druckbehälter, Aufstellung von Druckbehältern zum Lagern von Gasen"

1. Um die Armaturen (Peilventil) im Freien aufgestellter Flüssiggas-Behälter ist ein explosionsgefährdeter Bereich sowie ein Abstand zu Kanälen, Schächten und Öffnungen einzuhalten. Blindgeschlossene Anschlüsse sind wie öffnungslose Behälterwände zu betrachten. Oberirdisch im Freien aufgestellte Flüssiggas-Behälter müssen zudem, falls in der Umgebung eine Brandlast besteht, vor dieser geschützt sein.

2. Der explosionsgefährdete Bereich unterteilt sich in einen ständig einzuhaltenden Bereich A (Zone 1) und einen temporären Bereich B (Zone 2), der nur während der Befüllung einzuhalten ist. Die Bemessung dieser explosionsgefährdeten Bereiche sowie Beispiele für deren geometrische Gestaltung, sind den Bildern 1 und 2 zu entnehmen. In den explosionsgefährdeten Bereichen sind Zündquellen zu vermeiden. Der Bereich A darf sich nicht auf Nachbargrundstücke oder öffentliche Verkehrsflächen erstrecken. Der Bereich B darf während der Befüllung von Dritten nicht betreten und durchfahren werden.

3. Eine Einschränkung des explosionsgefährdeten Bereiches ist durch bauliche Maßnahmen, wie z.B. öffnungslose Wände aus nichtbrennbaren Baustoffen, an bis zu zwei Seiten zulässig. Bei einer Einschränkung an mehr als zwei Seiten sind ergänzende Lüftungsmaßnahmen vorzunehmen. Die Abtrennungen müssen mindestens so hoch sein, wie die Ausdehnung der Explosionsbereiche am Ort der Abtrennungen.

4. Innerhalb eines Abstandes von 3 m um den Projektionspunkt der Anschlüsse auf die Erdoberfläche dürfen keine offenen Kanäle, gegen Gaseintritt ungeschützte Kanaleinläufe, offene Schächte, Öffnungen zu tiefer liegenden Räumen (Kellerschächte) oder Luftansaugöffnungen angeordnet sein. Während des Befüllvorganges erweitert sich dieser Abstand temporär von 3 m auf 5 m.

5. Eine Einschränkung des Abstandes nach Nr. 4 ist durch bauliche Maßnahmen, wie z.B. öffnungslose Wände aus nichtbrennbaren Baustoffen, an bis zu zwei Seiten zulässig. Bei einer Einschränkung an mehr als zwei Seiten sind ergänzende Lüftungsmaßnahmen vorzunehmen. Die Höhe und die Länge der Abtrennungen sind gemäß Bild 3 zu bestimmen.

Schutzzone um Flüssiggasbehälter im Freien

(Abbildungen hier nicht wiedergegeben)

---

¹⁾ § 15 aufgeh. mWv 20. 9. 2005 durch VO v. 28. 6. 2005 (GBl. S. 609).
²⁾ **Amtl. Anm.:** Technische Regeln zur Druckbehälterverordnung.

4. Verordnung der Landesregierung und des Wirtschaftsministeriums über das baurechtliche Verfahren (Verfahrensverordnung zur Landesbauordnung – LBOVVO)[1]

Vom 13. November 1995

(GBl. S. 794)

geänd. durch ÄndVO v. 13. 2. 2001 (GBl. S. 121, ber. S. 516), Art. 2 ÄndVO v. 6. 5. 2003 (GBl. S. 228), Art. 15 Elektronik-AnpassungsG v. 14. 12. 2004 (GBl. S. 884), ÄndVO v. 21. 11. 2005 (GBl. S. 688) und Art. 70 Siebte AnpassungsVO v. 25. 4. 2007 (GBl. S. 252)

Inhaltsübersicht[2]

[1] Titel geänd. mWv 26. 11. 2005 durch VO v. 21. 11. 2005 (GBl. S. 688) und geänd. mWv 16. 6. 2007 durch VO v. 25. 4. 2007 (GBl. S. 252).

[2] Inhaltsübersicht geänd. mWv 1. 4. 2001 durch VO v. 13. 2. 2001 (GBl. S. 121).

Auf Grund von § 73 Abs. 2, 4 und 5 der Landesbauordnung für Baden-Württemberg (LBO)[1] vom 8. August 1995 (GBl. S. 617) wird verordnet:

Erster Abschnitt. Allgemeine Vorschriften zu den Bauvorlagen im Kenntnisgabeverfahren und im Genehmigungsverfahren

§ 1[2] **Bauvorlagen im Kenntnisgabeverfahren.** (1) Im Kenntnisgabeverfahren hat der Bauherr nach Maßgabe der folgenden Vorschriften als Bauvorlagen einzureichen:

1. den Lageplan (§§ 4 und 5),
2. die Bauzeichnungen (§ 6),
3. die Darstellung der Grundstücksentwässerung (§ 8),
4. die Erklärung zum Standsicherheitsnachweis (§ 10 Abs. 1),
5. die Bestätigungen des Planverfassers und des Lageplanfertigers (§ 11),
6. die Bestätigung des Bauherrn, daß er die Bauherrschaft für das Vorhaben übernommen und nach Maßgabe des § 42 LBO[1] einen geeigneten Bauleiter bestellt hat; Namen, Anschriften und Unterschriften des Bauherrn und des Bauleiters sind einzutragen.

(2) [1]Die Bauvorlagen sind in einfacher Ausfertigung bei der Gemeinde einzureichen; ist die Gemeinde nicht selbst Baurechtsbehörde, sind die Bauvorlagen nach Absatz 1 Satz 1 Nr. 1 bis 3 in zweifacher Ausfertigung einzureichen. [2]Werden die Bauvorlagen in elektronischer Form eingereicht, sind Mehrfertigungen in schriftlicher Form nicht erforderlich.

(3) Die Bauvorlagen sind vollständig im Sinne des § 53 Abs. 3 Satz 1 Nr. 1 LBO[1], wenn die in Absatz 1 genannten Bauvorlagen nach Art und Anzahl vorhanden sind.

§ 2[3] **Bauvorlagen im Genehmigungsverfahren.** (1) [1]Im Genehmigungsverfahren hat der Bauherr dem Bauantrag nach Maßgabe der folgenden Vorschriften als Bauvorlagen beizufügen:

1. den Lageplan (§§ 4 und 5),
2. die Bauzeichnungen (§ 6),
3. die Baubeschreibung (§ 7),
4. die Darstellung der Grundstücksentwässerung (§ 8),
5. die bautechnischen Nachweise (§ 9) oder die Erklärung zum Standsicherheitsnachweis (§ 10 Abs. 2),

---

[1] Nr. 1.
[2] § 1 Abs. 1 Nr. 4 neu gef. mWv 1. 4. 2001 durch VO v. 13. 2. 2001 (GBl. S. 121); Abs. 2 Satz 2 angef., bish. Wortlaut wird Satz 1 mWv 1. 3. 2005 durch G v. 14. 12. 2004 (GBl. S. 884).
[3] § 2 Abs. 1 Satz 1 Nr. 5 neu gef., Satz 2 geänd. mWv 1. 4. 2001 durch VO v. 13. 2. 2001 (GBl. S. 121); Abs. 2 Satz 3 angef. mWv 1. 3. 2005 durch G v. 14. 12. 2004 (GBl. S. 884).

6. nach Maßgabe des § 42 LBO[1]) die Benennung eines Bauleiters mit dessen Name, Anschrift und Unterschrift.

[2]Die in Satz 1 Nr. 4 bis 6 genannten Bauvorlagen mit Ausnahme der Erklärung zum Standsicherheitsnachweis können nachgereicht werden; sie sind der Baurechtsbehörde vor Baubeginn vorzulegen. [3]Die Darstellung der Grundstücksentwässerung und die bautechnischen Nachweise sind so rechtzeitig vorzulegen, daß sie noch vor Baubeginn geprüft werden können.

(2) [1]Die Bauvorlagen sind in zweifacher Ausfertigung bei der Gemeinde einzureichen; ist die Gemeinde nicht selbst Baurechtsbehörde, sind die Bauvorlagen mit Ausnahme der in Absatz 1 Satz 1 Nr. 5 und 6 genannten Vorlagen in dreifacher Ausfertigung einzureichen. [2]Ist für die Prüfung des Bauantrags die Beteiligung anderer Behörden oder Dienststellen erforderlich, kann die Baurechtsbehörde die Einreichung weiterer Ausfertigungen verlangen. [3]Werden die Bauvorlagen in elektronischer Form eingereicht, sind Mehrfertigungen in schriftlicher Form nicht erforderlich.

(3) Die Baurechtsbehörde kann

1. weitere Unterlagen verlangen, wenn diese zur Berurteilung des Vorhabens erforderlich sind,

2. auf Bauvorlagen oder einzelne Angaben in den Bauvorlagen verzichten, wenn diese zur Beurteilung des Vorhabens nicht erforderlich sind,

3. zulassen, daß über Absatz 1 Sätze 2 und 3 hinaus einzelne Bauvorlagen nachgereicht werden.

§ 3[2]) **Allgemeine Anforderungen an die Bauvorlagen.** (1) [1]Die Bauvorlagen müssen aus dauerhaftem Papier lichtbeständig hergestellt sein; sie müssen einen Heftrand und die Größe von DIN A 4 haben oder auf diese Größe nach DIN 824 gefaltet sein. [2]Dies gilt nicht, wenn die Bauvorlagen in elektronischer Form eingereicht werden.

(2) Hat die oberste Baurechtsbehörde Vordrucke öffentlich bekanntgemacht, so sind der Bauantrag und die betreffenden Bauvorlagen unter Verwendung dieser Vordrucke einzureichen.

Zweiter Abschnitt. Inhalt und Verfasser einzelner Bauvorlagen

§ 4 Lageplan. (1) Der Lageplan gliedert sich in einen zeichnerischen und einen schriftlichen Teil.

(2) [1]Der zeichnerische Teil ist auf der Grundlage eines nach dem neuesten Stand gefertigten Auszugs aus dem Liegenschaftskataster zu erstellen. [2]Der Lageplanfertiger hat die Übereinstimmung des zeichnerischen Teils mit dem Auszug aus dem Liegenschaftskataster auf dem Lageplan zu bestätigen. [3]Der zeichnerische Teil muß das zu bebauende Grundstück und dessen Nachbargrundstücke umfassen. [4]Die Nachbargrundstücke sind nur insoweit aufzunehmen, als es für die Beurteilung des Vorhabens erforderlich ist. [5]Für den zeich-

---

[1]) Nr. 1.
[2]) § 3 Abs. 1 Satz 2 angef., bish. Wortlaut wird Satz 1 mWv 1. 3. 2005 durch G v. 14. 12. 2004 (GBl. S. 884).

nerischen Teil ist der Maßstab 1:500 zu verwenden. [6]Die Baurechtsbehörde kann einen anderen Maßstab verlangen oder zulassen, wenn dies für die Beurteilung des Vorhabens erforderlich oder ausreichend ist.

(3) Der zeichnerische Teil des Lageplans muß folgende Angaben aus dem Liegenschaftskataster enthalten:

1. den Maßstab und die Nordrichtung,

2. die katastermäßigen Grenzen des Grundstücks und der Nachbargrundstücke einschließlich der Verkehrsflächen,

3. die Bezeichnung des Grundstücks und der Nachbargrundstücke nach dem Liegenschaftskataster.

(4) [1]Über Absatz 3 hinaus sind im zeichnerischen Teil des Lageplans darzustellen:

1. die vorhandenen und die in einem Bebauungsplan enthaltenen Verkehrsflächen unter Angabe der Straßengruppe, der Breite, der Höhenlage, sowie die in Planfeststellungsbeschlüssen ausgewiesenen, noch nicht in einen Bebauungsplan übernommenen Verkehrsflächen,

2. soweit in einem Bebauungsplan festgesetzt, die Abgrenzung der überbaubaren Flächen und der Flächen für Garagen und Stellplätze auf dem Grundstück und den Nachbargrundstücken,

3. die bestehenden baulichen Anlagen auf dem Grundstück und den Nachbargrundstücken unter Angabe ihrer Nutzung, ihrer Zahl der Vollgeschosse oder Gebäudehöhe und ihrer Dachform,

4. die Kulturdenkmale und die Naturdenkmale auf dem Grundstück und den Nachbargrundstücken,

5. die geplante Anlage unter Angabe

   a) der Außenmaße,

   b) der Höhenlage, bei Gebäuden des Erdgeschoßfußbodens,

   c) der Abstände zu den Grundstücksgrenzen und zu anderen vorhandenen oder geplanten Gebäuden auf demselben Grundstück,

   d) der erforderlichen Abstandsflächen,

   e) der Zu- und Abfahrten,

   f) der für das Aufstellen von Feuerwehrfahrzeugen erforderlichen Flächen unter Angabe ihrer Höhenlage,

6. die Abstände der geplanten Anlage von benachbarten öffentlichen Grünflächen, Wasserflächen, Wäldern, Mooren und Heiden sowie von Anlagen und Einrichtungen, von denen nach öffentlich-rechtlichen Vorschriften Mindestabstände einzuhalten sind, insbesondere von Verkehrsflächen und Bahnanlagen,

7. die Kinderspielplätze,

8. die Lage und Anzahl vorhandener und geplanter Stellplätze für Kraftfahrzeuge,

9. die Abgrenzung von Flächen, auf denen Baulasten oder sonstige für die Zulässigkeit des Vorhabens wesentliche öffentlich-rechtliche Lasten oder Beschränkungen für das Grundstück ruhen,

10. soweit erforderlich Hochspannungsleitungen, andere Leitungen und Einrichtungen für die Versorgung mit Elektrizität, Gas, Wärme, brennbaren Flüssigkeiten und Wasser sowie für das Fernmeldewesen,

11. Anlagen zur Aufnahme und Beseitigung von Abwasser und Fäkalien sowie Brunnen, Dungbehälter und Dungstätten,
12. die Lage vorhandener oder geplanter ortsfester Behälter für brennbare oder sonst schädliche Flüssigkeiten sowie deren Abstände zu der geplanten Anlage, zu Brunnen oder zu Wasserversorgungsanlagen. [2]Die erforderlichen Abstandsflächen nach Nummer 5 Buchst. d sind auf einem besonderen Blatt darzustellen. [3]Die übrigen Angaben können auf besonderen Blättern dargestellt werden, wenn der zeichnerische Teil sonst unübersichtlich würde.

(5) [1]Der Inhalt des Lageplans nach den Absätzen 3 und 4 ist in schwarzer Strichzeichnung oder Beschriftung, bei Festsetzungen nach dem Baugesetzbuch mit den für die Ausarbeitung von Bauleitplänen vorgeschriebenen, nicht farbigen Planzeichen darzustellen. [2]Es sind farbig zu kennzeichnen:

1.	die Grenzen des zu bebauenden Grundstücks:	
	bestehend	durch violette Außenbandierung,
	geplant	durch unterbrochene violette Außenbandierung,
2.	vorhandene Verkehrsflächen	in goldocker Flächenfarbe,
3.	vorhandene Anlagen, soweit sie nicht schraffiert sind,	in grauer Flächenfarbe,
4.	geplante Anlagen	
	auf dem Grundstück	in roter Flächenfarbe,
	auf den Nachbargrundstücken	durch rote Innenbandierung,
5.	Anlagen, deren Beseitigung beabsichtigt ist	
	auf dem Grundstück	in gelber Flächenfarbe,
	auf den Nachbargrundstücken	durch gelbe Innenbandierung,
6.	geplante Veränderungen bestehender Anlagen	durch rote Schraffur.

(6) Im schriftlichen Teil des Lageplans sind anzugeben:

1. die Bezeichnung des Grundstücks nach Liegenschaftskataster und Grundbuchblatt unter Angabe des Eigentümers und des Flächeninhalts,
2. die Bezeichnung der Nachbargrundstücke nach dem Liegenschaftskataster unter Angabe der Eigentümer mit Anschrift,
3. der wesentliche Inhalt von Baulasten und von sonstigen öffentlichen Lasten oder Beschränkungen, die das Grundstück betreffen, insbesondere Zugehörigkeit zu einer unter Denkmalschutz gestellten Gesamtanlage, Lage in einem geschützten Grünbestand oder einem Grabungsschutz-, Naturschutz-, Landschaftsschutz-, Wasserschutz-, Überschwemmungs-, Flurbereinigungs- oder Umlegungsgebiet,
4. die Festsetzungen des Bebauungsplans, soweit sie das Grundstück betreffen und im zeichnerischen Teil nicht enthalten sind, insbesondere Bauweise, Art und Maß der baulichen Nutzung,
5. die vorhandene und geplante Art der baulichen Nutzung des Grundstücks,
6. eine Berechnung der Flächenbeanspruchung des Grundstücks nach Grundflächen-, Geschoßflächen- oder Baumassenzahl für vorhandene und geplante Anlagen, soweit Festsetzungen im Bebauungsplan enthalten sind.

(7) [1]Für die Änderungen von Gebäuden, bei denen die Außenwände und Dächer sowie die Nutzung nicht verändert werden, ist ein Lageplan nicht erforderlich. [2]Es genügt ein Übersichtsplan, der die in Absatz 3 vorgeschriebenen Angaben und die Lage des zu ändernden Gebäudes auf dem Grundstück enthält.

§ 5 Erstellung des Lageplans durch Sachverständige. (1) [1]Im Kenntnisgabeverfahren ist der Lageplan durch einen Sachverständigen zu erstellen. [2]Dies gilt nicht bei:

1. eingeschossigen Gebäuden ohne Aufenthaltsräume bis zu 50 m² Grundfläche,

2. baulichen Anlagen, die keine Gebäude sind,

3. anderen Vorhaben nach § 51 Abs. 1 Nr. 4 bis 6 LBO[1]), es sei denn, eine der Voraussetzungen nach Absatz 2 Satz 1 ist gegeben,

4. Nutzungsänderungen ohne Änderung der Außenmaße des Gebäudes.

(2) [1]Im Genehmigungsverfahren ist der Lageplan für die Errichtung von Gebäuden durch einen Sachverständigen zu erstellen, wenn

1. Gebäude an der Grundstücksgrenze oder so errichtet werden sollen, daß nur die in den §§ 5 und 6 LBO[1]) vorgeschriebenen Mindesttiefen der Abstandsflächen eingehalten oder

2. diese Mindesttiefen unterschritten werden sollen oder

3. Flächen für Abstände durch Baulast ganz oder teilweise auf Nachbargrundstücke übernommen werden sollen.

[2]Dies gilt nicht bei eingeschossigen Gebäuden ohne Aufenthaltsräume bis zu 50 m² Grundfläche.

(3) Sachverständige im Sinne dieser Vorschrift sind

1. Vermessungsbehörden (§§ 7 und 9 des Vermessungsgesetzes),

2. die zu Katastervermessungen befugten Stellen des Bundes und des Landes (§ 10 des Vermessungsgesetzes),

3. Öffentlich bestellte Vermessungsingenieure, auch außerhalb ihres Amtsbezirks,

4. Personen, die nach der württ. Verordnung des Staatsministeriums über die Ausführung und Prüfung von Vermessungsarbeiten mit öffentlichem Glauben vom 4. Juli 1929 (RegBl. S. 260), geändert durch württ.-bad. Verordnung Nr. 382 der Landesregierung vom 13. Dezember 1949 (RegBl. 1950 S. 2) und württ.-hohenz. Verordnung des Staatsministeriums vom 2. Mai 1950 (RegBl. S. 185), bestellt wurden,

5. Personen, die von einer Industrie- und Handelskammer nach § 7 des Gesetzes über die Industrie- und Handelskammern in Baden-Württemberg als Sachverständige für vermessungstechnische Ingenieurarbeiten bestellt sind,

6. Personen, die das Studium der Fachrichtung Vermessungswesen an einer deutschen oder ausländischen Universität oder Fachhochschule, einschließlich Vorgängereinrichtungen, erfolgreich abgeschlossen haben sowie über eine zweijährige Berufserfahrung als Vermessungsingenieur in der Bundesrepublik Deutschland verfügen,

7. Personen, die eine Bestätigung der höheren Baurechtsbehörde über die Sachverständigeneigenschaft nach § 2 Abs. 4 Buchst. a Nr. 7 der Bauvor-

---

[1]) Nr. 1.

lagenverordnung vom 2. April 1984 (GBl. S. 262), eingefügt durch Verordnung vom 8. Juli 1985 (GBl. S. 234), erhalten haben.

§ 6 Bauzeichnungen. (1) [1]Für die Bauzeichnungen ist der Maßstab 1:100 zu verwenden. [2]Die Baurechtsbehörde kann einen anderen Maßstab verlangen oder zulassen, wenn dies zur Beurteilung des Vorhabens erforderlich oder ausreichend ist.

(2) In den Bauzeichnungen sind darzustellen:

1. die Grundrisse aller Geschosse einschließlich des nutzbaren Dachraums mit Angabe der vorgesehenen Nutzung der Räume und mit Einzeichnung der
   a) Treppen,
   b) Schornsteine und Abgasleitungen unter Angabe der Reinigungsöffnungen,
   c) Feuerstätten, Verbrennungsmotoren und Wärmepumpen,
   d) ortsfesten Behälter für brennbare oder sonst schädliche Flüssigkeiten mit Angabe des Fassungsvermögens,
   e) Aufzugsschächte,
2. die Schnitte, mit Einzeichnung der
   a) Geschoßhöhen,
   b) lichten Raumhöhen,
   c) Treppen und Rampen,
   d) Anschnitte des vorhandenen und des künftigen Geländes,
3. die Ansichten der geplanten baulichen Anlage mit dem Anschluß an angrenzende Gebäude unter Angabe des vorhandenen und künftigen Geländes; an den Eckpunkten der Außenwände sind die Höhenlage des künftigen Geländes sowie die Wandhöhe, bei geneigten Dächern auch die Dachneigung und die Firsthöhe anzugeben.

(3) In den Bauzeichnungen sind anzugeben:

1. der Maßstab,
2. die Maße,
3. bei Änderung baulicher Anlagen die zu beseitigenden und die neuen Bauteile.

(4) [1]In den Grundrissen und Schnitten sind farbig dazustellen:

1. neues Mauerwerk   rot,
2. neuer Beton oder Stahlbeton   blaßgrün,
3. vorhandene Bauteile   grau,
4. zu beseitigende Bauteile   gelb.

[2]Sind die Bauteile und Bauarten auch ohne farbige Darstellung zweifelsfrei zu erkennen, so können sie auch in Schwarz-Weiß dargestellt werden.

§ 7 Baubeschreibung. (1) In der Baubeschreibung sind zu erläutern:
1. die Nutzung des Vorhabens,
2. die Konstruktion,
3. die Feuerungsanlagen,
4. die haustechnischen Anlagen,

soweit dies zur Beurteilung erforderlich ist und die notwendigen Angaben nicht in die Bauzeichnungen aufgenommen werden können.

(2) Für gewerbliche Anlagen, die keiner immissionsschutzrechtlichen Genehmigung bedürfen, muß die Baubeschreibung zusätzliche Angaben enthalten über

1. die Bezeichnung der gewerblichen Tätigkeit,
2. die Zahl der Beschäftigten,
3. Art, Zahl und Aufstellungsort von Maschinen oder Apparaten,
4. die Art der zu verwendenden Rohstoffe und der herzustellenden Erzeugnisse,
5. die Art der Lagerung der Rohstoffe, Erzeugnisse, Waren, Produktionsmittel und Produktionsrückstände, soweit diese feuer-, explosions-, gesundheitsgefährlich oder wassergefährdend sind,
6. chemische, physikalische und biologische Einwirkungen auf die Beschäftigten oder auf die Nachbarschaft, wie Gerüche, Gase, Dämpfe, Rauch, Ruß, Staub, Lärm, Erschütterungen, ionisierende Strahlen, Flüssigkeiten, Abwässer und Abfälle.

(3) In der Baubeschreibung sind ferner der umbaute Raum und die Baukosten der baulichen Anlage einschließlich der Kosten der Wasserversorgungs- und Abwasserbeseitigungsanlagen auf dem Grundstück anzugeben.

§ 8 Darstellung der Grundstücksentwässerung. [1]Wenn nicht an eine öffentliche Kanalisation angeschlossen wird, sind Anlagen zur Beseitigung des Abwassers und des Niederschlagswassers in einem Entwässerungsplan im Maßstab 1:500 darzustellen. [2]Der Plan muß enthalten:

1. die Führung der vorhandenen und geplanten Leitungen außerhalb der Gebäude mit Schächten und Abscheidern,
2. die Lage der vorhandenen und geplanten Kleinkläranlagen, Gruben und ähnlichen Einrichtungen.

[3]Kleinkläranlagen, Gruben und ähnliche Einrichtungen sind, soweit erforderlich, durch besondere Bauzeichnungen darzustellen.

(2) Bei Anschluß an eine öffentliche Kanalisation sind darzustellen:

1. Lage, Abmessung, Gefälle der öffentlichen Kanalisation sowie die Sohlenhöhe und Einlaufhöhe an der Anschlußstelle,
2. Lage, Querschnitte, Gefälle und Höhe der Anschlußkanäle.

(3) Über die Absätze 1 und 2 hinaus sind darzustellen:

1. die Lage der vorhandenen und geplanten Brunnen,
2. die Lage der vorhandenen und geplanten Anlagen zur Reinigung oder Vorbehandlung von Abwasser unter Angabe des Fassungsvermögens,
3. besondere Anlagen zur Löschwasserversorgung.

§ 9[1) Bautechnische Nachweise. (1) Bautechnische Nachweise sind:

1. der Standsicherheitsnachweis unter Berücksichtigung der Anforderungen des Brandschutzes an tragende Bauteile,
2. der Schallschutznachweis.

[1) § 9 Abs. 1 Nr. 2 aufgeh., bish. Nr. 3 wird Nr. 2, Abs. 3 neu gef. mWv 1. 7. 2003 durch VO v. 6. 5. 2003 (GBl. S. 228).

(2) ¹Der Standsicherheitsnachweis ist durch eine statische Berechnung sowie durch die Darstellung aller für die Standsicherheit wesentlichen Bauteile in Konstruktionszeichnungen zu erbringen. ²Berechnung und Konstruktionszeichnungen müssen übereinstimmen und gleiche Positionsangaben haben. ³Die Beschaffenheit und Tragfähigkeit des Baugrundes sind anzugeben.

(3) Der Schallschutznachweis ist durch Berechnungen zu erbringen und, soweit dies zur Beurteilung erforderlich ist, durch Zeichnungen zu ergänzen.

§ 10¹⁾ Erklärung zum Standsicherheitsnachweis. (1) ¹Im Kenntnisgabeverfahren hat der Bauherr diejenige Person zu benennen, die er mit der Erstellung des Standsicherheitsnachweises beauftragt hat. ²Namen, Anschriften und Unterschriften des Bauherrn und der beauftragten Person sind einzutragen. ³Wenn die Voraussetzungen für den Wegfall der bautechnischen Prüfung nach § 18 vorliegen, hat die beauftragte Person in dieser Erklärung zu versichern, dass sie die Qualifikationsanforderungen nach § 18 Abs. 3 erfüllt.

(2) Im Genehmigungsverfahren ist eine Erklärung nach Absatz 1 abzugeben, wenn die Voraussetzungen für den Wegfall der bautechnischen Prüfung nach § 18 vorliegen.

§ 11 Bestätigungen des Planverfassers und des Lageplanfertigers.

(1) Im Kenntnisgabeverfahren hat der Planverfasser unter Angabe von Name und Anschrift zu bestätigen, daß

1. die Voraussetzungen für das Kenntnisgabeverfahren nach § 51 Abs. 1 und 2 LBO²⁾ vorliegen,

2. die erforderlichen Bauvorlagen unter Beachtung der öffentlich-rechtlichen Vorschriften verfaßt worden sind, insbesondere die nach § 15 Abs. 3 LBO²⁾ erforderlichen Rettungswege einschließlich der notwendigen Flächen für die Feuerwehr vorgesehen sind,

3. die Qualifikationsanforderungen nach § 43 Abs. 3, 4 oder 5 LBO²⁾ oder § 77 Abs. 9 oder 10 LBO²⁾ erfüllt sind.

(2) Im Kenntnisgabeverfahren hat der Lageplanfertiger unter Angabe von Name und Anschrift zu bestätigen, daß

1. der Lageplan unter Beachtung der öffentlich-rechtlichen Vorschriften verfaßt worden ist, insbesondere die Vorschriften über die Abstandsflächen und die Festsetzungen über das Maß der baulichen Nutzung eingehalten sind,

2. die nach § 5 erforderlichen Qualifikationsanforderungen erfüllt sind.

(3) Wird im Kenntnisgabeverfahren ein Antrag nach § 51 Abs. 5 LBO²⁾ gestellt, müssen die davon betroffenen Bestätigungen nach Absatz 1 Satz 1 Nr. 2 und Absatz 2 Satz 1 Nr. 1 unter dem Vorbehalt erfolgen, daß die beantragte Abweichung, Ausnahme oder Befreiung gewährt wird.

Dritter Abschnitt. Bauvorlagen in besonderen Fällen

§ 12 Bauvorlagen für den Abbruch baulicher Anlagen. ¹Beim Abbruch baulicher Anlagen sind folgende Bauvorlagen einzureichen:

---

¹⁾ § 10 neu gef. mWv 1. 4. 2001 durch VO v. 13. 2. 2001 (GBl. S. 121).
²⁾ Nr. **1.**

1. ein Übersichtsplan mit Bezeichnung des Grundstücks nach Straße und Hausnummer im Maßstab 1:500,

2. die Angabe von Lage und Nutzung der abzubrechenden Anlage,

3. die Bestätigung des vom Bauherrn bestellten Fachunternehmers, daß er

   a) über die notwendige Befähigung zur Durchführung der Abbrucharbeiten verfügt, insbesondere über ausreichende Kenntnisse in Standsicherheitsfragen, Fragen des Arbeits- und Gesundheitsschutzes sowie über ausreichende praktische Erfahrungen beim Abbruch baulicher Anlagen,

   b) über die für den Abbruch notwendigen Einrichtungen und Geräte verfügt,

4. die Bestätigung des Bauherrn, daß er die für den Abbruch erforderlichen Genehmigungen nach anderen öffentlich-rechtlichen Vorschriften, insbesondere nach den denkmalschutzrechtlichen Vorschriften, beantragt hat. [2]Verfügt der Fachunternehmer nicht über die nach Satz 1 Nr. 3 Buchst. a geforderten Kenntnisse in Standsicherheitsfragen, hat er die Hinzuziehung eines geeigneten Tragwerksplaners zu bestätigen.

§ 13 Bauvorlagen für Werbeanlagen. (1) Bauvorlagen für die Errichtung von Werbeanlagen sind:

1. der Lageplan,

2. die Bauzeichnungen,

3. die Baubeschreibung,

4. soweit erforderlich eine fotografische Darstellung der Umgebung und die Bestätigung der Standsicherheit.

(2) [1]Für den Lageplan ist ein Maßstab nicht kleiner als 1:500 zu verwenden. [2]Der Lageplan muß enthalten:

1. die Bezeichnung des Grundstücks nach dem Liegenschaftskataster unter Angabe des Eigentümers mit Anschrift sowie nach Straße und Hausnummer,

2. die katastermäßigen Grenzen des Grundstücks,

3. den Ort der Errichtung der Werbeanlage,

4. die Festsetzungen des Bebauungsplans über die Art des Baugebiets,

5. die festgesetzten Baulinien, Baugrenzen und Bebauungstiefen,

6. die auf dem Grundstück vorhandenen baulichen Anlagen,

7. die Abstände der Werbeanlage zu öffentlichen Verkehrsflächen unter Angabe der Straßengruppe,

8. die Kulturdenkmale und die Naturdenkmale auf dem Grundstück und den Nachbargrundstücken,

9. die Lage innerhalb einer denkmalschutzrechtlichen Gesamtanlage, in einem geschützten Grünbestand, einem Naturschutz- oder Landschaftsschutzgebiet.

(3) [1]Für die Bauzeichnungen ist ein Maßstab nicht kleiner als 1:50 zu verwenden. [2]Die Bauzeichnungen müssen enthalten:

1. die Darstellung der Werbeanlage in Verbindung mit der baulichen Anlage, vor der oder in deren Nähe sie errichtet werden soll,

2. die farbgetreue Wiedergabe aller sichtbaren Teile der Werbeanlage,

3. die Ausführungsart der Werbeanlage.

(4) In der Baubeschreibung sind, soweit dies zur Beurteilung erforderlich ist und die notwendigen Angaben nicht in den Lageplan und die Bauzeichnungen aufgenommen werden können, anzugeben:

1. die Art und Größe der Werbeanlage,

2. die Farben der Werbeanlage,

3. benachbarte Signalanlagen und Verkehrszeichen.

Vierter Abschnitt. Bauvorlagen in besonderen Verfahren

§ 14 Bauvorlagen für das Zustimmungsverfahren. Für den Antrag auf Zustimmung nach § 70 LBO[1]) gelten § 2 mit Ausnahme von Absatz 1 Satz 1 Nr. 5 und 6 und § 3 entsprechend.

§ 15 Bauvorlagen für den Bauvorbescheid. (1) Dem Antrag auf einen Bauvorbescheid nach § 57 LBO[1]) sind die Bauvorlagen beizufügen, die zur Beurteilung der durch den Vorbescheid zu entscheidenden Fragen des Bauvorhabens erforderlich sind.

(2) § 2 Abs. 2 und 3 und § 3 gelten entsprechend.

§ 16[2]) Bauvorlagen für die Ausführungsgenehmigung Fliegender Bauten. (1) [1]Dem Antrag auf eine Ausführungsgenehmigung Fliegender Bauten nach § 69 LBO[1]) sind die in § 2 Abs. 1 Satz 1 Nr. 2 und 3 genannten Bauvorlagen sowie die bau- und maschinentechnischen Nachweise beizufügen. [2]Die Baubeschreibung muß ausreichende Angaben über die Konstruktion, den Aufbau und den Betrieb der Fliegenden Bauten enthalten.

(2) [1]Die Bauvorlagen sind in zweifacher Ausfertigung einzureichen. [2]§ 2 Abs. 3 und § 3 Abs. 1 Satz 1 gelten entsprechend; die Bauzeichnungen müssen aus Papier auf reißfester Unterlage hergestellt sein.

Fünfter Abschnitt.[3]) Erstellung der bautechnischen Nachweise, bautechnische Prüfung und bautechnische Prüfbestätigung

§ 16 a[4]) Erstellung der bautechnischen Nachweise. [1]Soweit die bautechnischen Nachweise nicht als Bauvorlagen einzureichen sind, müssen sie vor Baubeginn, spätestens jedoch vor Ausführung des jeweiligen Bauabschnitts erstellt sein; § 9 gilt entsprechend. [2]Ist im Kenntnisgabeverfahren eine bautechnische Prüfung durchzuführen, müssen die bautechnischen Nachweise so rechtzeitig erstellt sein, dass sie noch vor Baubeginn oder Ausführung des jeweiligen Bauabschnitts geprüft werden können.

---

[1]) Nr. **1.**
[2]) § 16 Abs. 2 Satz 2 geänd. mWv 1. 3. 2005 durch G v. 14. 12. 2004 (GBl. S. 884).
[3]) 5. Abschn. Überschr. neu gef. mWv 1. 4. 2001 durch VO v. 13. 2. 2001 (GBl. S. 121).
[4]) § 16 a eingef. mWv 1. 4. 2001 durch VO v. 13. 2. 2001 (GBl. S. 121).

§ 17[1] Bautechnische Prüfung, bautechnische Prüfbestätigung.

(1) [1]Für bauliche Anlagen ist eine bautechnische Prüfung nach den Absätzen 2 bis 4 durchzuführen, soweit in § 18 oder § 19 nichts anderes bestimmt ist. [2]Die bautechnische Prüfung umfaßt:

1. die Prüfung der bautechnischen Nachweise (§ 9),
2. die Überwachung der Ausführung in konstruktiver Hinsicht.

(2) [1]Im Kenntnisgabeverfahren hat der Bauherr einen Prüfingenieur für Baustatik (Prüfingenieur) mit der bautechnischen Prüfung zu beauftragen. [2]Der Prüfingenieur muß unter Angabe von Name und Anschrift eine bautechnische Prüfbestätigung abgeben. [3]Die bautechnische Prüfbestätigung umfaßt:

1. die Bescheinigung der Vollständigkeit und Richtigkeit der bautechnischen Nachweise (Prüfbericht),
2. eine Fertigung der mit Prüfvermerk versehenen bautechnischen Nachweise.

[4]Der Bauherr hat die bautechnische Prüfbestätigung vor Baubeginn bei der Baurechtsbehörde einzureichen. [5]Der Prüfbericht kann auch für einzelne Bauabschnitte erteilt werden. [6]Er muß stets vor Ausführung des jeweiligen Bauabschnitts vorliegen und den geprüften Bauabschnitt genau bezeichnen.

(3) [1]Im Genehmigungsverfahren hat der Bauherr die bautechnischen Nachweise der Baurechtsbehörde zur bautechnischen Prüfung vorzulegen. [2]Die Baurechtsbehörde kann die bautechnische Prüfung ganz oder teilweise einem Prüfamt für Baustatik (Prüfamt) oder einem Prüfingenieur übertragen; die Übertragung kann widerrufen werden. [3]Wird die bautechnische Prüfung übertragen, ist der Baurechtsbehörde eine bautechnische Prüfbestätigung vorzulegen.

(4) Mit der Prüfung der bautechnischen Nachweise und der Überwachung der Ausführung können auch verschiedene Prüfingenieure beauftragt werden.

§ 18[2] Wegfall der bautechnischen Prüfung. (1) Keiner bautechnischen Prüfung bedürfen

1. Wohngebäude geringer Höhe, sofern sie nicht Garagen mit einer Nutzfläche von jeweils mehr als 200 m² enthalten,
2. sonstige Gebäude geringer Höhe bis 250 m² Grundfläche, die neben einer Wohnnutzung oder ausschließlich

   a) Büroräume,

   b) Räume für die Berufsausübung freiberuflich oder in ähnlicher Art Tätiger und

   c) anders genutzte Räume mit einer Nutzlast von jeweils bis 2 kN/m²

   enthalten können, sofern sie nicht Garagen mit einer Nutzfläche von jeweils mehr als 200 m² enthalten,

3. landwirtschaftliche Gebäude bis zu 7 m Wandhöhe und einer Grundfläche

   a) bis zu 250 m²,

   b) bis zu 1200 m², wenn die freie Spannweite der Dachbinder nicht mehr als 10 m beträgt,

---

[1] § 17 Abs. 5 aufgeh. mWv 1. 4. 2001 durch VO v. 13. 2. 2001 (GBl. S. 121); Abs. 1 Satz 1 geänd. mWv 26. 11. 2005 durch VO v. 21. 11. 2005 (GBl. S. 688).
[2] § 18 neu gef. mWv 1. 4. 2001 durch VO v. 13. 2. 2001 (GBl. S. 121, ber. S. 516).

4. nichtgewerbliche eingeschossige Gebäude mit Aufenthaltsräumen bis zu 250 m² Grundfläche,

5. Gebäude ohne Aufenthaltsräume

a) bis zu 250 m² Grundfläche und mit nicht mehr als einem Geschoss,

b) bis zu 100 m² Grundfläche und mit nicht mehr als zwei Geschossen,

6. Nebenanlagen zu Nummer 1 bis 5, ausgenommen Gebäude,

sofern die Anforderungen nach Absatz 3 erfüllt sind.

(2) Außer bei den in Absatz 1 genannten Gebäuden entfällt die bautechnische Prüfung auch bei

1. Erweiterungen bestehender Gebäude durch Anbau, wenn der Anbau Absatz 1 entspricht,

2. sonstigen Änderungen von Wohngebäuden und anderen Gebäuden nichtgewerblicher Nutzung, wenn nicht infolge der Änderung die gesamte Anlage statisch nachgerechnet werden muss,

sofern die Anforderungen nach Absatz 3 erfüllt sind.

(3) Standsicherheitsnachweise von Vorhaben nach den Absätzen 1 und 2 müssen verfasst sein.[1]

1. von einem Bauingenieur mit einer Berufserfahrung auf dem Gebiet der Baustatik von mindestens fünf Jahren oder

2. von einer Person, die in den letzten fünf Jahren vor dem 31. Mai 1985 hauptberuflich auf dem Gebiet der Baustatik ohne wesentliche Beanstandungen Standsicherheitsnachweise verfasst hat, wenn ihr eine Bestätigung darüber von der höheren Baurechtsbehörde ausgestellt und diese Bestätigung bis zum 31. Mai 1986 beantragt worden ist.

(4) Wurde der Standsicherheitsnachweis bei einem Vorhaben nach Absatz 1 oder 2 nicht von einer in Absatz 3 genannten Person verfasst, beschränkt sich die bautechnische Prüfung auf die Prüfung des Standsicherheitsnachweises.

(5) [1]Die Absätze 1 bis 4 gelten in den in der Anlage aufgeführten besonders erdbebengefährdeten Gemeinden und Gemeindeteilen nur bei Vorhaben nach Absatz 1 Nummern 5 und 6. [2]Bei sonstigen Vorhaben nach Absatz 1 oder 2 beschränkt sich die bautechnische Prüfung auf die Prüfung der Standsicherheitsnachweise und die Überwachung der Ausführung in konstruktiver Hinsicht.

§ 19[2] **Verzicht auf bautechnische Bauvorlagen sowie bautechnische Prüfbestätigungen.** (1) Bauvorlagen nach §§ 9 und 10 sowie bautechnische Prüfbestätigungen brauchen nicht vorgelegt zu werden,

1. soweit zur Ausführung des Bauvorhabens nach Maßgabe der bautechnischen Anforderungen die Aufstellung statischer und anderer bautechnischer Berechnungen nicht notwendig ist oder

2. wenn das Bauvorhaben unter der Leitung und Bauüberwachung geeigneter Fachkräfte der Baubehörden von Gebietskörperschaften oder Kirchen ausgeführt wird.

---

[1] Zeichensetzung amtlich.
[2] § 19 Überschr. neu gef. mWv 1. 4. 2001 durch VO v. 13. 2. 2001 (GBl. S. 121).

(2) Darüber hinaus kann die Baurechtsbehörde im Genehmigungsverfahren auf die Vorlage der in Absatz 1 genannten Bauvorlagen verzichten, soweit sie die bautechnischen Anforderungen aus der Erfahrung beurteilen kann.

Sechster Abschnitt. Festlegung von Grundriß und Höhenlage der Gebäude auf dem Baugrundstück

§ 20 Festlegung nach § 59 Abs. 5 LBO[1] **im Kenntnisgabeverfahren.** Abweichend von § 59 Abs. 5 Nr. 2 LBO[1] braucht die Festlegung von Grundriß und Höhenlage bei Vorhaben nach § 5 Abs. 1 Satz 2 nicht durch einen Sachverständigen vorgenommen zu werden.

Siebter Abschnitt. Ordnungswidrigkeiten, Inkrafttreten

§ 21[2] **Ordnungswidrigkeiten.** Ordnungswidrig nach § 75 Abs. 3 Nr. 2 LBO[1] handelt, wer vorsätzlich oder fahrlässig

1. als Bauherr eine unrichtige Erklärung nach § 10 abgibt,
2. als Planverfasser oder Lageplanfertiger eine unrichtige Bestätigung (§ 11) abgibt,
3. als Bauherr eine unrichtige Bestätigung (§ 12 Satz 1 Nr. 4) abgibt,
4. als Bauherr entgegen § 16 a Satz 1 mit dem Bau beginnt oder Bauarbeiten fortsetzt, bevor der dafür erforderliche Standsicherheitsnachweis erstellt ist,
5. als Bauherr entgegen § 17 Abs. 2 Sätze 4 bis 6 mit dem Bau beginnt oder Bauarbeiten fortsetzt, bevor er die danach erforderliche bautechnische Prüfbestätigung vorgelegt hat.

§ 22 Inkrafttreten. [1]Diese Verordnung tritt am 1. Januar 1996 in Kraft. [2]Gleichzeitig treten die Verordnung des Innenministeriums über Bauvorlagen im baurechtlichen Verfahren (Bauvorlagenverordnung – BauVorlVO) vom 2. April 1984 (GBl. S. 262, ber. S. 519), geändert durch Verordnung vom 8. Juli 1985 (GBl. S. 234), sowie die §§ 1 und 1 a der Verordnung des Innenministeriums über die bautechnische Prüfung genehmigungspflichtiger Vorhaben (Bauprüfverordnung – BauPrüfVO) vom 11. August 1977 (GBl. S. 387), zuletzt geändert durch Verordnung vom 18. Oktober 1990 (GBl. S. 324) außer Kraft.

---

[1] Nr. **1.**
[2] § 21 neu gef. mWv 1. 4. 2001 durch VO v. 13. 2. 2001 (GBl. S. 121).

Anlage[1])
(zu § 18 Abs. 5)

Gemeinden und Gemeindeteile in besonders erdbebengefährdeten Gebieten

1. Regierungsbezirk Freiburg
   - Binzen
   - Efringen-Kirchen ohne die Gemarkung Blansingen
   - Eimeldingen
   - Fischingen
   - Grenzach-Wyhlen
   - Inzlingen
   - Irndorf
   - Kandern nur die Gemarkungen Holzen und Wollbach
   - Lörrach
   - Rheinfelden (Baden) nur die Gemarkungen Adelhausen, Degerfelden, Eichsel und Herten
   - Rümmingen
   - Schallbach
   - Steinen nur die Gemarkung Hüsingen
   - Weil am Rhein
   - Wittlingen
2. Regierungsbezirk Tübingen
   - Albstadt
   - Ammerbuch nur die Gemarkungen Entringen, Pfäffingen und Poltringen
   - Balingen
   - Beuron nur die Gemarkung Hausen
   - Bingen nur die Gemarkungen Hochberg und Hornstein
   - Bisingen
   - Bitz
   - Bodelshausen
   - Burladingen
   - Dußlingen
   - Gammertingen ohne die Gemarkung Kettenacker
   - Geislingen (Zollernalbkreis) ohne die Gemarkungen Erlaheim und Binsdorf
   - Gomaringen
   - Grosselfingen
   - Haigerloch nur die Gemarkungen Hart, Owingen und Stetten
   - Hausen am Tann
   - Hechingen
   - Hettingen ohne die Gemarkung Inneringen
   - Hirrlingen
   - Inzigkofen ohne die Gemarkung Engelswies
   - Jungingen
   - Kirchentellinsfurt
   - Kusterdingen
   - Leibertingen nur die Gemarkung Kreenheinstetten
   - Meßstetten
   - Mössingen
   - Nehren
   - Neufra
   - Neustetten ohne die Gemarkung Wolfenhausen
   - Nusplingen
   - Obernheim

---

[1]) Anl. neu gef. mWv 26. 11. 2005 durch VO v. 21. 11. 2005 (GBl. S. 688).

- Ofterdingen
- Pfullingen ohne die östliche Teilfläche (Gemarkung Pfullingen, Gewanne Übersberg, Hülben-wald und Gerstenberg)
- Rangendingen
- Reutlingen nur die Gemarkungen Bronnweiler, Degerschlacht, Gönningen, Ohmenhausen, Reutlingen und Reutlingen-Betzingen
- Rottenburg am Neckar ohne die Gemarkungen Baisingen, Eckenweiler, Ergenzingen, Hail-fingen und Seebronn
- Schwenningen
- Sigmaringen
- Sonnenbühl
- Starzach nur die Gemarkung Wachendorf
- Stetten am kalten Markt
- Straßberg
- Trochtelfingen ohne die Gemarkung Wilsingen
- Tübingen
- Veringenstadt
- Wannweil
- Winterlingen

3. Exklaven anderer Gemeinden, die vom Gebiet der aufgeführten Gemeinden und Gemeindeteile umschlossen sind.

5. Verwaltungsvorschrift des Wirtschaftsministeriums über die Herstellung notwendiger Stellplätze (VwV Stellplätze)

Vom 16. April 1996
(GABl S. 289)
geänd. durch ÄndVwV v. 4. 8. 2003 (GABl. S. 590)

I. [Vollzug der §§ 37, 74 Abs. 2 Nr. 2 LBO]

Beim Vollzug der § 37 und § 74 Abs. 2 Nr. 2 der Landesbauordnung für Baden-Württemberg (LBO)[1] vom 8. August 1995 (GBl. S. 617) ist folgendes zu beachten:

Zu § 74 Abs. 2 Nr. 2:

Erhöhung der Zahl der notwendigen Stellplätze für Wohnungen durch Satzung nach § 74 Abs. 2 Nr. 2 LBO[1]

Die Voraussetzungen zum Erlaß einer solchen Satzung liegen aus Gründen des Verkehrs insbesondere dann vor, wenn durch die örtlichen Verhältnisse bei Nachweis von nur einem Stellplatz je Wohnung verkehrsgefährdende Zustände zu befürchten sind. Dies kann z.B. dann der Fall sein, wenn in beengten Erschließungsverhältnissen mit bereits vorhandener hoher Verkehrsbelastung ein durch die Errichtung zusätzlicher Wohnungen zu erwartender, über die Zahl von einem Stellplatz pro Wohnung hinausgehender Parkierungsbedarf nicht abgedeckt werden kann. Gründe des Verkehrs können auch dann vorliegen, wenn aufgrund übergeordneter verkehrsregelnder Maßnahmen in dem betreffenden Gebiet ein Halteverbot angeordnet ist und somit keine Möglichkeit besteht, einen ständigen oder zeitweiligen (z.B. durch Besucher) Mehrbedarf aufzunehmen.

Gründe des Verkehrs können auch dann vorliegen, wenn in Gemeindeteilen mit unzureichender Anbindung an den öffentlichen Personennahverkehr – ÖPNV – (z.B. abgelegene Weiler) davon ausgegangen werden muß, daß die Haushalte i.d.R. mit mehr als einem Kraftfahrzeug ausgestattet sein müssen, um die für die tägliche Lebensführung notwendige Mobilität aufbringen zu können.

Voraussetzungen zum Erlaß einer Satzung aus städtebaulichen Gründen können z.B. dann vorliegen, wenn in Gemeindeteilen aufgrund der städtebaulichen Planung ein Mehrbedarf an notwendigen Stellplätzen zu erwarten ist, die Erschließungswege aus stadtgestalterischen Gründen jedoch so konzipiert sind, daß ruhender Verkehr dort nicht untergebracht werden soll.

Im Regelfall werden sowohl städtebauliche als auch Gründe des Verkehrs nicht gleichermaßen und flächendeckend im gesamten Gemeindegebiet vorliegen.

---

[1] Nr. 1.

Zu § 37 Abs. 1:

1. Ermittlung der Zahl der notwendigen Stellplätze bei anderen Anlagen

Hierbei kommt es auf die Lage, die Nutzung, die Größe und die Art des Bauvorhabens an. Bei der Ermittlung der Zahl der notwendigen Stellplätze ist von den im Anhang abgedruckten Richtzahlen auszugehen. Die Umstände des Einzelfalles sind innerhalb des angegebenen Spielraums in die Beurteilung einzubeziehen. Die Einbindung des Standorts in das Netz des öffentlichen Personennahverkehrs ist nach der im Anhang aufgeführten Art und Weise zu berücksichtigen. Eine besonders gute Erreichbarkeit des Standorts mit öffentlichen Verkehrsmitteln führt dabei zur größtmöglichen Minderung der Zahl der Stellplätze, wobei eine Grundausstattung der Anlage mit Stellplätzen grundsätzlich erhalten bleiben muß. Die Grundausstattung beträgt mindestens 30% der Stellplätze nach Tabelle B des Anhangs. Ergibt sich bei dieser Ermittlung ein geringerer Wert als die in der Tabelle genannte Mindestzahl, ist jedoch mindestens diese Zahl zu erbringen. Errechnet sich bei der Ermittlung der Zahl der notwendigen Stellplätze eine Bruchzahl, ist nach allgemeinem mathematischem Grundsatz auf ganze Zahlen auf- bzw. abzurunden.

Bei Anlagen mit mehreren Nutzungsarten ist der Stellplatzbedarf für jede Nutzungsart getrennt zu ermitteln. Lassen die einzelnen Nutzungsarten eine wechselseitige Bereitstellung der Stellplätze zu, kann die Zahl der notwendigen Stellplätze entsprechend gemindert werden.

Für Anlagen, die von den Richtzahlen nicht erfaßt sind, ist die Zahl der notwendigen Stellplätze nach den besonderen Umständen des Einzelfalles gegebenenfalls in Anlehnung an die Richtzahlen vergleichbarer Anlagen zu ermitteln.

Bei barrierefreien Anlagen nach § 39 Abs. 1 und 2 LBO[1]) ist ein angemessener Prozentsatz der Stellplätze barrierefrei auszuführen.

2. Altenwohnungen

Von der Verpflichtung zur Herstellung von einem Stellplatz je Wohnung sind grundsätzlich auch Altenwohnungen erfaßt, bei denen i.d.R. von einem geringeren Stellplatzbedarf ausgegangen werden kann. Soweit es sich dabei um Wohnanlagen oder Teile von Anlagen handelt, die nachweislich dauerhaft zur Nutzung durch alte Menschen vorgesehen sind, führt diese uneingeschränkte Verpflichtung zu einer nicht beabsichtigten Härte, da hier auch die Möglichkeit des § 37 Abs. 3 S. 2 LBO[1]) wenig entlastend wirkt. Diese Fälle sind über eine Befreiung nach § 56 Abs. 5 LBO[1]) zu lösen. Eine Beschränkung der Baugenehmigung auf die Nutzung als Altenwohnung ist geeignet, eine dauerhafte Nutzung im beantragten Sinne sicherzustellen bzw. ein Aufleben der Stellplatzverpflichtung im Falle anderer Nutzungen zu verdeutlichen.

---

[1]) Nr. **1**.

Zu § 37 Absatz 2:

Abweichung von der Stellplatzverpflichtung nach § 37 Abs. 2 S. 2 LBO[1)]

Soweit die in § 37 Abs. 2 S. 2 LBO[1)] genannten Voraussetzungen zur Zulassung einer Abweichung vorliegen, muß im Interesse der Schaffung von zusätzlichem Wohnraum durch Ausbau, Anbau, Nutzungsänderung oder auch Teilung die Abweichung zugelassen werden; die Baurechtsbehörde hat insoweit kein Ermessen.

Eine Herstellung zusätzlicher Stellplätze auf dem Baugrundstück ist bei Vorhaben im Bestand häufig wegen fehlender Grundfläche nicht (ebenerdig) möglich. Die Baurechtsbehörde hat in diesen Fällen zu prüfen, inwieweit andere, technisch aufwendigere Lösungen (z.B. Doppelparker, Tiefgaragenplätze oder mehrgeschossige Parkierungseinrichtungen) noch im Verhältnis zum Aufwand für den zusätzlich zu schaffenden Wohnraum stehen. Die zu erwartenden erhöhten Aufwendungen für solche Lösungen oder sonstige erhebliche Nachteile sind vom Bauherrn darzulegen.

§ 37 Abs. 2 S. 2 LBO[1)] geht als Spezialregelung der Bestimmung nach § 56 Abs. 2 LBO[1)] vor. Liegen die Voraussetzungen nach § 37 Abs. 2 S. 2 LBO[1)] nicht vor, ist auch im Rahmen des § 56 Abs. 2 LBO[1)] keine Möglichkeit zur Zulassung einer Abweichung gegeben.

Zu § 37 Absatz 3:

Aussetzen der Verpflichtung zur Herstellung notwendiger Stellplätze

§ 37 Abs. 3 S. 2 LBO[1)] räumt dem Bauherrn einen Anspruch auf Aussetzung der Herstellung der notwendigen Stellplätze ein. Soweit und solange nachweislich ein Stellplatzbedarf nicht oder nicht in vollem Umfang besteht, z.B. weil die Bewohner kein Kraftfahrzeug halten, ist die Verpflichtung zur Herstellung der gleichwohl notwendigen Stellplätze auszusetzen. Da die Stellplatzverpflichtung als solche dadurch nicht berührt wird, muß in diesen Fällen die Fläche für die zu einem späteren Zeitpunkt eventuell herzustellenden Stellplätze durch Baulast gesichert sein. Die Vorschrift kommt z.B. bei solchen Wohngebäuden zur Anwendung, die einer zeitlich begrenzten Belegungsbindung zugunsten von alten Menschen unterliegen. In Betracht kommt aber auch eine teilweise Aussetzung der Pflicht zur Herstellung der notwendigen Stellplätze im Verhältnis zu dem Umfang, in dem ein Arbeitgeber den Beschäftigten in der betroffenen baulichen Anlage preisgünstige Zeitkarten für den ÖPNV („Job-Tickets") zur Verfügung stellt und so den tatsächlich von der Anlage ausgelösten ruhenden Verkehr vermindert. Der Nachweis über das Vorliegen der Voraussetzung zur Aussetzung der Verpflichtung zur Herstellung der notwendigen Stellplätze obliegt dem Bauherrn; die Baurechtsbehörde legt in der Entscheidung über die Aussetzung fest, in welcher Form und in welchen zeitlichen Abständen der Nachweis zu erbringen ist.

[1)] Nr. 1.

Zu § 37 Absatz 4:

Voraussetzungen einer Bestimmung des Grundstücks durch die Baurechtsbehörde

Die Gründe des Verkehrs müssen in diesen Fällen hinreichend schwerwiegend und konkret sein und dürfen sich nicht allein auf allgemeine verkehrsplanerische Überlegungen stützen. Eine Bestimmung durch die Baurechtsbehörde ist beispielsweise gerechtfertigt, wenn durch die Errichtung der notwendigen Stellplätze auf dem beabsichtigten Grundstück entweder im Umfeld dieses Grundstücks selbst oder, sofern die Errichtung auf einem anderen Grundstück vorgesehen ist, im Umfeld des Baugrundstücks Verhältnisse geschaffen würden, die zur Gefährdung der Sicherheit und Leichtigkeit des Verkehrs führen würden. Eine Bestimmung durch die Baurechtsbehörde ist aber auch dann gerechtfertigt, wenn die vom Bauherrn beabsichtigte Herstellung von Stellplätzen einer konkreten verkehrsplanerischen Konzeption der Gemeinde, z.B. zur Schaffung verkehrsberuhigter Bereiche mit Parkierung in Gebietsrandlage, zuwiderlaufen würde.

Zu § 37 Absatz 6:

Abweichung von der Stellplatzverpflichtung bei Wohnungen

Eine Erfüllung der Stellplatzverpflichtung durch Ablösung ist für Wohnungen durch § 37 Abs. 6 S. 1 LBO[1]) ausgeschlossen. Um Fälle unbilliger Härten ausschließen und einem Scheitern von Wohnbauvorhaben durch fehlende Stellplätze entgegenwirken zu können, verlangt § 37 Abs. 6 S. 2 LBO[1]) die Zulassung einer Abweichung von § 37 Abs. 1 S. 1, soweit die unter Ziff. 1 oder 2 genannten Voraussetzungen vorliegen. Unzumutbar kann das Verlangen nach Herstellung von Stellplätzen u.a. dann werden, wenn die wirtschaftlichen Aufwendungen für die Errichtung der Stellplätze, z.B. bei Unterbringung in Untergeschossen oder in mehreren Geschossen, durch schwierige topografische und/oder konstruktive Verhältnisse die ortsüblichen Aufwendungen erheblich übersteigen oder die Aufwendungen für die Errichtung der Stellplätze nicht mehr im Verhältnis zum Aufwand der gesamten Baumaßnahme stehen würden. Der Bauherr hat das Vorliegen der Voraussetzungen nach § 37 Abs. 6 Nr. 1 LBO[1]) darzulegen.

Aufgrund öffentlich-rechtlicher Vorschriften ausgeschlossen sein kann die Herstellung von Stellplätzen z.b. dann, wenn die Gemeinde von ihrem Satzungsrecht nach § 74 Abs. 2 Nr. 3 (oder 4) LBO[1]) Gebrauch gemacht und die Herstellung auf dem Baugrundstück ausgeschlossen hat.

Nicht erfaßt von der Regelung sind die Fälle, in denen planungsrechtliche Festsetzungen oder örtliche Bauvorschriften die Herstellung von Stellplätzen auf dem Baugrundstück ausschließen, gleichzeitig jedoch andere Flächen in zumutbarer Entfernung zur Herstellung von Stellplätzen, z.B. in Gemeinschaftsanlagen, ausgewiesen werden. Auf diesen Flächen muß die Herstellung der notwendigen Stellplätze jedoch für den betroffenen Bauherrn auch rechtlich und tatsächlich möglich sein.

---

[1]) Nr. 1.

II. [Aufhebungsvorschrift]

Die Verwaltungsvorschrift des Innenministeriums über die Herstellung notwendiger Stellplätze vom 8. Dezember 1986 (GABl. 1987 S. 3), geändert durch Verwaltungsvorschrift vom 24. Mai 1989 (GABl S. 673) wird aufgehoben.

Anhang[1]

Bei der Ermittlung der Zahl der notwendigen Stellplätze ist wie folgt zu verfahren:

1. Der Standort der baulichen Anlage wird hinsichtlich seiner Einbindung in den ÖPNV entsprechend Tabelle A bewertet.
   Eine Bewertung unterbleibt funktionsbedingt bei den in Tabelle (B) mit Stern gekennzeichneten Anlagen. Eine Bewertung unterbleibt auch bei Einrichtungen für mobilitätseingeschränkte Personen.

A. Kriterien ÖPNV

Punkte je Kriterium	Erreichbarkeit[2]	Dichte der Verkehrsmittel	Leistungsfähigkeit[3] (Taktfolge werktags 6 h – 19 h)	Attraktivität des Verkehrsmittels
1	mindestens eine Haltestelle des ÖPNV in R = > 500 m – max 600 m	mehr als 1 Bus- oder Bahnlinie	Takt max 15 min	Bus überwiegend auf eigenen Busspur
2	mindestens eine Haltestelle des ÖPNV in R = > 300 m – max 500 m	mehr als 2 Bus- oder Bahnlinien	Takt max 10 min	Straßenbahn, Stadtbahn
3	mindestens eine Haltestelle des ÖPNV in R = max 300 m	mehr als 3 Bus- oder Bahnlinien	Takt max 5 min	Schienenschnellverkehr (S-Bahn, Stadtbahn) mit eigenem Gleiskörper

Es sind im günstigsten Fall, d.h. bei maximaler Punktzahl in jeder der 4 Kategorien, 12 Punkte erreichbar.

Beispiel:

– Vom Standort der baulichen Anlage aus ist eine Haltestelle des ÖPNV in einem Radius zwischen 300 m und 500 m erreichbar: 2 Punkte

– Mehr als 1 Bus oder Bahnlinie können erreicht werden: 1 Punkt

– Die kürzeste Taktfolge des leistungsfähigsten Verkehrsmittels werktags zwischen 6 h und 19 h beträgt max 10 Minuten: 2 Punkte

– Das attraktivste erreichbare Verkehrsmittel ist die S-Bahn: 3 Punkte

                                                                            8 Punkte

Die Standortqualität dieser baulichen Anlage wird hinsichtlich ihrer Einbindung in das ÖPNV-Netz mit insgesamt 8 Punkten bewertet.

2. Aus Tabelle B wird nach Nutzungsart und Größe der Anlage eine Zahl von Stellplätzen ermittelt. Diese wird ggf. entsprechend der nach Nr. 1 erreichten Punktzahl gemindert.
   Die Zahl der notwendigen Stellplätze beträgt bei

[1] Anh. geänd. mWv 1. 1. 2004 durch VwV v. 4. 8. 2003 (GABl. S. 590).
[2] **Amtl. Anm.:** Besonderheiten, die die Erreichbarkeit beschränken, wie Eisenbahnlinien oder Flußläufe, sind zu berücksichtigen.
[3] **Amtl. Anm.:** Kürzester Takt des leistungsfähigsten Verkehrsmittels.

5 VwV Stellplätze VwV über die Herstellung notwendiger Stellplätze

unter 4 Punkte = 100% der aus Tab. B ermittelten Stellplätze,
4 – 6 Punkte = 80% der aus Tab. B ermittelten Stellplätze,
7 – 9 Punkte = 60% der aus Tab. B ermittelten Stellplätze,
10 – 11 Punkte = 40% der aus Tab. B ermittelten Stellplätze,
12 Punkte = 30% der aus Tab. B ermittelten Stellplätze.

B. [Nutzungsart und Größe der Anlage]

Nr.	VERKEHRSQUELLE	ZAHL DER STELLPLÄTZE
1	*Wohnheime*	
1.1	Altenheime	1 Stellplatz je 10 – 15 Plätze, mindestens jedoch 3 Stellplätze
1.2	Behindertenwohnheime	1 Stellplatz je 10 – 15 Plätze, mindestens jedoch 3 Stellplätze
1.3	Kinder- und Jugendwohnheime	1 Stellplatz je 20 Plätze, mindestens jedoch 2 Stellplätze
1.4	Sonstige Wohnheime	1 Stellplatz je 2 – 5 Plätze, mindestens jedoch 2 Stellplätze
2	*Gebäude mit Büro-, Verwaltungs- und Praxisräumen*	
2.1	Büro- und Verwaltungsräume allgemein	1 Stellplatz je 30 – 40 m² Büronutzfläche[*1)] mindestens jedoch 1 Stellplatz
2.2	Räume mit erheblichem Besucherverkehr (Schalter-, Abfertigungs- oder Beratungsräume, Arztpraxen o.ä.)	1 Stellplatz je 20 – 30 m² Nutzfläche mindestens jedoch 3 Stellplätze
3	*Verkaufsstätten*	
3.1	Verkaufsstätten bis 700 m² Verkaufsnutzfläche	1 Stellplatz je 30 – 50 m² Verkaufsnutzfläche[*2)], mindestens jedoch 2 Stellplätze je Laden
3.2	Verkaufsstätten mit mehr als 700 m² Verkaufsnutzfläche	1 Stellplatz je 10 – 30 m² Verkaufsnutzfläche[*2)]
4	*Versammlungsstätten (außer Sportstätten), Kirchen*	
4.1	Versammlungsstätten	1 Stellplatz je 4 – 8 Sitzplätze
4.2	Kirchen	1 Stellplatz je 10 – 40 Sitzplätze
5	*Sportstätten*	
5.1	Sportplätze	1 Stellplatz je 250 m² Sportfläche[*3)], zusätzlich 1 Stellplatz je 10 – 15 Besucherplätze
5.2	Spiel- und Sporthallen,	1 Stellplatz je 50 m² Sportfläche,[*3)] zusätzlich 1 Stellplatz je 10 – 15 Besucherplätze
5.3	Fitneßcenter	1 Stellplatz je 25 m² Sportfläche[*3)]
5.4	Freibäder	1 Stellplatz je 200 – 300 m² Grundstücksfläche
5.5	Hallenbäder	1 Stellplatz je 5 – 10 Kleiderablagen, zusätzlich 1 Stellplatz je 10 – 15 Besucherplätze
5.6	Tennisanlagen	3 – 4 Stellplätze je Spielfeld, zusätzlich 1 Stellplatz je 10 – 15 Besucherplätze
5.7	Kegel-, Bowlingbahnen	4 Stellplätze je Bahn
5.8*	Bootshäuser und Bootsliegeplätze	1 Stellplatz je 2 – 3 Boote
5.9*	Reitanlagen	1 Stellplatz je 4 Pferdeeinstellplätze
6	*Gaststätten, Beherbergungsbetriebe, Vergnügungsstätten*	
6.1	Gaststätten	1 Stellplatz je 6 – 12 m² Gastraum
6.2*	Tanzlokale, Discotheken	1 Stellplatz je 4 – 8 m² Gastraum

96

Nr.	VERKEHRSQUELLE	ZAHL DER STELLPLÄTZE
6.3	Spielhallen	1 Stellplatz je 10 – 20 m² Nutzfläche des Ausstellraumes mindestens 3 Stellplätze
6.4	Hotels, Pensionen, Kurheime und andere Beherbergungsbetriebe	1 Stellplatz je 2 – 6 Betten
6.5	Jugendherbergen	1 Stellplatz je 10 Betten
7	*Krankenhäuser und Pflegeeinrichtungen*	
7.1	Universitätskliniken und ähnliche Lehrkrankenhäuser	1 Stellplatz je 2 – 3 Betten
7.2*	Krankenhäuser, Kureinrichtungen	1 Stellplatz je 3 – 6 Betten
7.3	Pflegeheime	1 Stellplatz je 10 – 15 Betten, mindestens jedoch 3 Stellplätze
8	*Schulen, Einrichtungen für Kinder und Jugendliche*	
8.1	Grund- und Hauptschulen	1 Stellplatz je 30 Schüler
8.2	Sonstige allgemeinbildenden Schulen	1 Stellplatz je 25 Schüler, zusätzlich 1 Stellplatz je 10 – 15 Schüler über 18 Jahre
8.3	Berufsschulen, Berufsfachschulen	1 Stellplatz je 20 Schüler zusätzlich 1 Stellplatz je 3 – 5 Schüler über 18 Jahre
8.4*	Sonderschulen für Behinderte	1 Stellplatz je 15 Schüler
8.5	Fachhochschulen, Hochschulen, Berufsakademien	1 Stellplatz je 2 – 4 Studierende
8.6	Kindergärten, Kindertagesstätten und dgl.	1 Stellplatz je 20 – 30 Kinder, mindestens jedoch 2 Stellplätze
8.7	Jugendfreizeitheime und dgl.	1 Stellplatz je 15 Besucherplätze
9	*Gewerbliche Anlagen*	
9.1	Handwerks- und Industriebetriebe	1 Stellplatz je 50 – 70 m² Nutzfläche*4) oder je 3 Beschäftigte*5)
9.2	Lagerräume, Lagerplätze	1 Stellplatz je 120 m² Nutzfläche*4) oder je 3 Beschäftigte
9.3	Ausstellungs- und Verkaufsplätze	1 Stellplatz je 80 – 100 m² Nutzfläche*4) oder je 3 Beschäftigte*5)
9.4*	Kfz-Werkstätten, Tankstellen mit Wartungs- oder Reparaturständen	6 Stellplätze je Wartungs- oder Reparaturstand
9.5*	Kfz-Waschanlagen	3 Stellplätze je Waschplatz
9.6	Reifenhandelsbetriebe mit Montageständen	2 – 3 Stellplätze je Montagestand
10	*Verschiedenes*	
10.1*	Kleingartenanlagen	1 Stellplatz je 3 Kleingärten
10.2*	Friedhöfe	1 Stellplatz je 2000 m² Grundstücksfläche, mindestens jedoch 10 Stellplätze

Stellplätze für Beschäftigte der jeweiligen Anlagen sind bereits eingeschlossen.

*1) **Amtl. Anm.:** Nicht zur Büronutzfläche werden gerechnet:
Sozial- und Sanitärräume, Funktionsflächen für betriebstechnische Anlagen, Verkehrsflächen.
*2) **Amtl. Anm.:** Nicht zur Verkaufsnutzfläche werden gerechnet:
Sozial- und Sanitärräume, Kantinen, Ausstellungsflächen, Lagerflächen, Funktionsflächen für betriebstechnische Anlagen, Verkehrsflächen.
*3) **Amtl. Anm.:** Nicht zur Sportfläche werden gerechnet:
Sozial- und Sanitärräume, Umkleideräume, Geräteräume, Funktionsflächen für betriebstechnische Anlagen, Verkehrsflächen.
*4) **Amtl. Anm.:** Nicht zur Nutzfläche werden gerechnet:
Sozial- und Sanitärräume, Kantinen, Funktionsflächen für betriebliche Anlagen, Verkehrsflächen.
*5) **Amtl. Anm.:** Der Stellplatzbedarf ist in der Regel nach der Nutzfläche zu berechnen. Ergibt sich dabei ein offensichtliches Mißverhältnis zum tatsächlichen Stellplatzbedarf, so ist die Zahl der Beschäftigten zugrunde zu legen.

6. Verordnung des Wirtschaftsministeriums über Garagen und Stellplätze (Garagenverordnung – GaVO)[1]

Vom 7. Juli 1997

(GBl. S. 332)

Inhaltsübersicht

Auf Grund von § 73 Abs. 1 Nr. 2 und 3 und Abs. 2 Satz 1 Nr. 1 der Landesbauordnung für Baden-Württemberg (LBO)[2] vom 8. August 1995 (GBl. S. 617) wird verordnet:

§ 1 Begriffe. (1) Offene Garagen sind Garagen, die

1. unmittelbar ins Freie führende unverschließbare Öffnungen in einer Größe von insgesamt mindestens einem Drittel der Gesamtfläche der Umfassungswände haben,

2. diese Öffnungen in mindestens zwei sich gegenüberliegenden und nicht mehr als 70 m voneinander entfernten Umfassungswänden haben und

3. eine ständige Querlüftung haben.

(2) Geschlossene Garagen sind Garagen, die die Voraussetzungen des Absatzes 1 nicht erfüllen.

---

[1] **Amtl. Anm.:** Die Verpflichtungen aus der Richtlinie 83/189/EWG des Rates vom 28. März 1983 über ein Informationsverfahren auf dem Gebiet der Normen und technischen Vorschriften (ABl. EG Nr. L 109 S. 8), zuletzt geändert durch die Richtlinie 94/10/EG des Europäischen Parlaments und des Rates vom 23. März 1994 (ABl. EG Nr. L 100 S. 30), sind beachtet worden.

[2] Nr. **1.**

(3) Oberirdische Garagen sind Garagen, deren Fußboden im Mittel nicht mehr als 1,5 m unter der Geländeoberfläche liegt.

(4) Automatische Garagen sind Garagen ohne Personen- und Fahrverkehr, in denen die Kraftfahrzeuge mit mechanischen Förderanlagen von der Garagenzufahrt zu den Garagenstellplätzen befördert und ebenso zum Abholen an die Garagenausfahrt zurückbefördert werden.

(5) Garagenstellplätze sind Flächen zum Abstellen von Kraftfahrzeugen in Garagen.

(6) Verkehrsflächen einer Garage sind alle ihre allgemein befahr- und begehbaren Flächen, ausgenommen Garagenstellplätze.

(7) [1]Die Nutzfläche einer Garage ist die Summe aller miteinander verbundenen Flächen der Garagenstellplätze und der Verkehrsflächen. [2]Die Nutzfläche einer automatischen Garage ist die Summe der Flächen aller Garagenstellplätze. [3]Stellplätze auf Dächern (Dachstellplätze) und die dazugehörigen Verkehrsflächen werden der Nutzfläche nicht zugerechnet, soweit in § 2 Abs. 5 nichts anderes bestimmt ist.

(8) Es sind Garagen mit einer Nutzfläche

1. bis 100 m²	Kleingaragen,
2. über 100 m² bis 1000 m²	Mittelgaragen,
3. über 1000 m²	Großgaragen.

§ 2 Zu- und Abfahrten. (1) Zwischen Garagen und öffentlichen Verkehrsflächen können Zu- und Abfahrten als Stauraum für wartende Kraftfahrzeuge verlangt werden, wenn dies wegen der Sicherheit oder Ordnung des Verkehrs erforderlich ist.

(2) [1]Die Fahrbahnen von Zu- und Abfahrten vor Mittel- und Großgaragen müssen mindestens 2,75 m breit sein; bei Kurven muß der Radius des Inneren Fahrbahnrandes mindestens 5 m betragen. [2]Breitere Fahrbahnen können in Kurven mit Innenradien von weniger als 10 m verlangt werden, wenn dies wegen der Sicherheit oder Ordnung des Verkehrs erforderlich ist. [3]Für Fahrbahnen im Bereich von Zu- und Abfahrtssperren genügt eine Breite von 2,3 m.

(3) Großgaragen müssen getrennte Fahrbahnen für Zu- und Abfahrten haben.

(4) [1]Bei Großgaragen ist neben den Fahrbahnen der Zu- und Abfahrten ein mindestens 0,8 m breiter Gehweg erforderlich, soweit nicht für den Fußgängerverkehr besondere Fußwege vorhanden sind. [2]Der Gehweg muß gegenüber der Fahrbahn erhöht oder mindestens durch Markierungen am Boden leicht erkennbar und dauerhaft abgegrenzt sein.

(5) In den Fällen der Absätze 1 bis 4 sind die Dachstellplätze und die dazugehörigen Verkehrsflächen der Nutzfläche zuzurechnen.

(6) Für Zu- und Abfahrten von Stellplätzen gelten die Absätze 1 bis 4 entsprechend.

§ 3 Rampen. (1) [1]Rampen von Mittel- und Großgaragen dürfen nicht mehr als 15 vom Hundert geneigt sein. [2]Die Breite der Fahrbahnen auf diesen Rampen muß mindestens 2,75 m, die in gewendelten Rampenbereichen mindestens 3,5 m betragen. [3]Gewendelte Rampenteile müssen eine Querneigung von mindestens 3 vom Hundert haben. [4]Der Halbmesser des inneren Fahrbahnrandes muß mindestens 5 m betragen.

(2) [1]Zwischen öffentlicher Verkehrsfläche und einer Rampe mit mehr als 10 vom Hundert Neigung muß eine Fläche von mindestens 3 m Länge liegen, deren Neigung nicht mehr als 10 vom Hundert betragen darf. [2]Bei Rampen von Kleingaragen können Ausnahmen zugelassen werden, wenn keine Bedenken wegen der Sicherheit oder Ordnung des Verkehrs bestehen.

(3) [1]In Großgaragen müssen Rampen, die von Fußgängern benutzt werden, einen mindestens 0,8 m breiten Gehweg haben, der gegenüber der Fahrbahn erhöht oder mindestens durch Markierungen am Boden leicht erkennbar und dauerhaft abgegrenzt sein muß. [2]An Rampen, die von Fußgängern nicht benutzt werden dürfen, ist auf das Verbot hinzuweisen.

(4) Für Rampen von Stellplätzen gelten die Absätze 1 bis 3 entsprechend.

(5) Kraftbetriebene geneigte Hebebühnen sind keine Rampen.

§ 4 Stellplätze und Fahrgassen, Frauenparkplätze. (1) Garagenstellplätze müssen mindestens 5 m, hintereinander und parallel zur Fahrgasse angeordnete Garagenstellplätze mindestens 6 m lang sein.

(2) [1]Garagenstellplätze müssen mindestens 2,3 m breit sein. [2]Diese Breite darf bis zu 0,1 m Abstand von jeder Längsseite der Stellplätze nicht durch Wände, Stützen, andere Bauteile oder Einrichtungen begrenzt sein. [3]Satz 2 gilt nicht für Garagenstellplätze auf kraftbetriebenen Hebebühnen. [4]Garagenstellplätze für Behinderte müssen mindestens 3,50 m breit sein.

(3) [1]Die Breite von Fahrgassen, die unmittelbar der Zu- oder Abfahrt von Garagenstellplätzen dienen, muß mindestens den Anforderungen der folgenden Tabelle entsprechen; Zwischenwerte sind zulässig:

Anordnung der Garagenstellplätze zur Fahrgasse im Winkel von	Erforderliche Fahrgassenbreite (in m) bei einer Breite des Garagenstellplatzes von		
	2,3 m	2,4 m	2,5 m
90°	6,5	6	5,5
75°	5,5	5	5
60°	4,5	4	4
45°	3,5	3	3
bis 30°	3	3	3

[2]Vor kraftbetriebenen Hebebühnen müssen die Fahrgassen mindestens 8 m breit sein, wenn die Hebebühnen Fahrspuren haben oder beim Absenken in die Fahrgasse hineinragen.

(4) Fahrgassen, die nicht unmittelbar der Zu- oder Abfahrt von Garagenstellplätzen dienen, müssen mindestens 2,75 m, Fahrgassen mit Gegenverkehr mindestens 5 m breit sein.

(5) [1]In Mittel- und Großgaragen sind die einzelnen Garagenstellplätze und die Fahrgassen mindestens durch Markierungen am Boden leicht erkennbar und dauerhaft gegeneinander abzugrenzen. [2]In jedem Geschoß müssen leicht erkennbare und dauerhafte Hinweise auf Fahrtrichtungen und Ausfahrten vor-

handen sein. [3]Satz 1 gilt nicht für Garageneinstellplätze auf kraftbetriebenen Hebebühnen und auf horizontal verschiebbaren Plattformen.

(6) Für Garagenstellplätze auf horizontal verschiebbaren Plattformen können Ausnahmen von den Absätzen 1 und 2 zugelassen werden, wenn keine Bedenken wegen der Sicherheit und Ordnung des Verkehrs bestehen und eine Breite der Fahrgasse von mindestens 2,75 m erhalten bleibt.

(7) In Großgaragen sind die einzelnen Garagenstellplätze leicht erkennbar und dauerhaft durch Nummern, Markierungen oder durch andere geeignete Maßnahmen so zu kennzeichnen, daß abgestellte Kraftfahrzeuge in den einzelnen Geschossen ohne Schwierigkeiten wieder aufgefunden werden können.

(8) [1]In allgemein zugänglichen geschlossenen Großgaragen sind mindestens 10 vom Hundert der Stellplätze als Frauenparkplätze einzurichten. [2]Diese sind ausschließlich der Benutzung durch Frauen vorbehalten. [3]Frauenparkplätze sind in der Nähe der Zufahrten anzuordnen. [4]Frauenparkplätze sind als solche zu kennzeichnen.

(9) [1]Die Absätze 1 bis 8 gelten nicht für automatische Garagen. [2]Für Stellplätze gelten die Absätze 1 bis 6 entsprechend.

§ 5 Lichte Höhe. [1]Mittel- und Großgaragen müssen in zum Begehen bestimmten Bereichen, auch unter Unterzügen, Lüftungsleitungen, sonstigen Bauteilen und Einrichtungen, eine lichte Höhe von mindestens 2 m haben. [2]Dies gilt nicht für Garagenstellplätze auf kraftbetriebenen Hebebühnen.

§ 6 Wände, Decken, Dächer und Stützen. (1) [1]Für Wände, Decken, Dächer und Stützen gelten die Anforderungen der §§ 5 bis 7 und 9 der Allgemeinen Ausführungsverordnung des Wirtschaftsministeriums zur Landesbauordnung (LBOAVO)[1]), soweit in den Absätzen 2 bis 8 nichts anderes bestimmt ist. [2]Befinden sich über Garagen Geschosse mit Aufenthaltsräumen und ergeben sich deshalb aus den §§ 5 und 6 LBOAVO[1]), aus einer Regelung nach § 38 Abs. 1 LBO[2]) oder aus einer Rechtsverordnung auf Grund von § 73 Abs. 1 Nr. 2 LBO[2]) weitergehende Anforderungen, gelten insoweit anstelle der Absätze 2 bis 4 die weitergehenden Anforderungen.

(2) Tragende Wände, Decken und Stützen von offenen Mittel- und Großgaragen müssen folgendes Brandverhalten aufweisen:
1. keine Anforderungen bei Garagen in nicht mehr als einem Geschoß, auch mit Dachstellplätzen,
2. nichtbrennbar bei sonstigen Garagen, soweit die tragenden Wände, Decken und Stützen nicht feuerbeständig sind.

(3) Tragende Wände, Decken und Stützen von geschlossenen Mittel- und Großgaragen müssen folgendes Brandverhalten aufweisen:
1. feuerhemmend bei oberirdischen Garagen in nicht mehr als einem Geschoß, auch mit Dachstellplätzen,
2. feuerhemmend und aus nichtbrennbaren Baustoffen bei sonstigen oberirdischen Garagen,
3. feuerbeständig bei unterirdischen Garagen.

---

[1]) Nr. **2**.
[2]) Nr. **1**.

(4) Außenwände von Mittel- und Großgaragen, die einen Abstand von weniger als 2,5 m zu Nachbargrenzen oder weniger als 5 m zu bestehenden oder baurechtlich zulässigen Gebäuden auf demselben Grundstück haben, sind mit einem Brandverhalten wie die tragenden Wände, ohne Öffnungen sowie von außen nach innen mit einem Feuerwiderstand wie feuerbeständige Wände herzustellen.

(5) Innenwände von Mittel- und Großgaragen müssen folgendes Brandverhalten aufweisen:

1. bei Trennwänden notwendiger Treppenräume nichtbrennbar mit einem Feuerwiderstand wie die tragenden Wände, mindestens jedoch feuerhemmend,

2. bei Trennwänden zwischen Garagen und nicht zur Garage gehörenden Räumen nichtbrennbar und mit einem Feuerwiderstand wie die tragenden Wände,

3. bei anderen Wänden nichtbrennbar.

(6) Befahrbare Dächer müssen abweichend von § 5 Abs. 1 Nr. 6 LBOA-VO[1] hinsichtlich ihres Brandverhaltens den Anforderungen an Decken entsprechen.

(7) § 9 Abs. 4 LBOAVO[1] findet auf Dächer von Kleingaragen und offenen Garagen keine Anwendung.

(8) Untere Verkleidungen von Decken und Dächern müssen

1. in Mittelgaragen mindestens schwerentflammbar,

2. in Großgaragen nichtbrennbar sein; schwerentflammbare Verkleidungen sind zulässig, wenn sie überwiegend aus nichtbrennbaren Bestandteilen bestehen und unmittelbar unter der Decke oder dem Dach angebracht sind.

§ 7 Rauchabschnitte, Brandabschnitte. (1) [1]Geschlossene Großgaragen müssen durch mindestens feuerhemmende Wände aus nichtbrennbaren Baustoffen in Rauchabschnitte unterteilt sein, die

1. in oberirdischen Garagen höchstens 5000 m²,

2. in unterirdischen Garagen höchstens 2500 m²

groß sein dürfen. [2]Ein Rauchabschnitt darf sich über mehrere Geschosse erstrecken.

(2) [1]Die Rauchabschnitte nach Absatz 1 dürfen höchstens doppelt so groß sein, wenn sie

1. Öffnungen oder Schächte für den Rauch- und Wärmeabzug mit einem freien Gesamtquerschnitt von mindestens 1000 cm² je Garagenstellplatz haben, die höchstens 20 m voneinander entfernt sind, oder

2. maschinelle Rauch- und Wärmeabzugsanlagen haben, die sich bei Raucheinwirkung selbsttätig einschalten, die mindestens für eine Stunde einer Temperatur von 300 °C standhalten, deren elektrische Leitungen bei Brandeinwirkung für mindestens die gleiche Zeit funktionsfähig bleiben und die in der Stunde einen mindestens zehnfachen Luftwechsel, jedoch nicht mehr als 70 000 m³ gewährleisten; eine ausreichende Versorgung mit Zuluft muß vorhanden sein, oder

3. Sprinkleranlagen haben.

---

[1] Nr. 2.

²In sonst anders genutzten Gebäuden dürfen bei Garagengeschossen, deren Fußboden im Mittel mehr als 4 m unter der Geländeoberfläche liegt, die Rauchabschnitte nur dann verdoppelt werden, wenn sowohl Maßnahmen für einen Rauch- und Wärmeabzug nach Nummer 1 oder 2 durchgeführt werden als auch Sprinkleranlagen nach Nummer 3 vorhanden sind.

(3) ¹Öffnungen in den Wänden zwischen den Rauchabschnitten müssen mit mindestens rauchdichten und selbstschließenden Abschlüssen aus nichtbrennbaren Baustoffen versehen sein. ²Die Abschlüsse müssen Feststellanlagen haben, die bei Raucheinwirkung ein selbsttätiges Schließen bewirken; sie müssen auch von Hand geschlossen werden können.

(4) ¹Automatische Garagen müssen durch Brandwände in Brandabschnitte von höchstens 6000 m³ Brutto-Rauminhalt unterteilt sein. ²Die Absätze 1 bis 3 gelten nicht für automatische Garagen.

(5) § 7 Abs. 4 LBOAVO[1] gilt nicht für Garagen.

§ 8 Verbindung mit anderen Räumen. (1) Kleingaragen dürfen mit anders genutzten Räumen sowie mit anderen Gebäuden unmittelbar nur durch Öffnungen mit mindestens dichtschließenden Türen verbunden sein; dies gilt nicht für Türen in Wänden, die keine Brandschutzanforderungen erfüllen müssen.

(2) Offene Mittel- und Großgaragen dürfen mit nicht zur Garage gehörenden Räumen sowie mit anderen Gebäuden unmittelbar nur durch Öffnungen mit mindestens feuerhemmenden und selbstschließenden Türen verbunden sein.

(3) Geschlossene Mittel- und Großgaragen dürfen verbunden sein

1. mit Fluren, Treppenräumen und Aufzügen, die nicht nur der Garage dienen, nur durch Räume mit feuerbeständigen Wänden und Decken sowie mindestens feuerhemmenden und selbstschließenden, in Fluchtrichtung aufschlagenden Türen (Sicherheitsschleusen); zwischen Sicherheitsschleusen und Fluren oder Treppenräumen sowie Aufzugsvorräumen genügen selbstschließende und rauchdichte Türen, zwischen Sicherheitsschleusen und Aufzügen in Fahrschächten Fahrschachttüren.

2. mit anderen Räumen sowie mit anderen Gebäuden unmittelbar nur durch Öffnungen mit mindestens feuerhemmenden und selbstschließenden Türen, soweit sich aus einer Regelung nach § 38 Abs. 1 LBO[2] oder aus einer Rechtsverordnung auf Grund von § 73 Abs. 1 Nr. 2 LBO[2] keine weitergehenden Anforderungen ergeben.

(4) Automatische Garagen dürfen mit nicht zur Garage gehörenden Räumen sowie mit anderen Gebäuden nicht verbunden sein.

§ 9 Rettungswege. (1) ¹Jede Mittel- und Großgarage muß in jedem Geschoß mindestens zwei voneinander unabhängige Rettungswege nach § 15 Abs. 3 LBO[2] haben. ²Der zweite Rettungsweg darf auch über eine Rampe führen. ³In oberirdischen Mittel- und Großgaragen genügt ein Rettungsweg, wenn ein Ausgang ins Freie in höchstens 10 m Entfernung erreichbar ist.

---

[1] Nr. 2.
[2] Nr. 1.

(2) [1]Von jeder Stelle einer Mittel- und Großgarage muß in jedem Geschoß mindestens eine notwendige Treppe oder ein Ausgang ins Freie

1. bei offenen Mittel- und Großgaragen in einer Entfernung von höchstens 50 m,

2. bei geschlossenen Mittel- und Großgaragen in einer Entfernung von höchstens 30 m

erreichbar sein. [2]Die Entfernung ist in der Luftlinie, jedoch nicht durch Bauteile zu messen.

(3) Bei oberirdischen Mittel- und Großgaragen, deren Garagenstellplätze im Mittel nicht mehr als 3 m über der Geländeoberfläche liegen, sind Treppenräume für notwendige Treppen nicht erforderlich.

(4) In Mittel- und Großgaragen müssen dauerhafte und leicht erkennbare Hinweise auf die Ausgänge vorhanden sein.

(5) [1]Für Dachstellplätze gelten die Absätze 1 bis 4 entsprechend. [2]Die Absätze 1 bis 4 gelten nicht für automatische Garagen.

§ 10 Beleuchtung. (1) In Mittel- und Großgaragen muß eine allgemeine elektrische Beleuchtung vorhanden sein, die in den Rettungswegen und den Fahrgassen eine Beleuchtungsstärke von mindestens 20 Lux sicherstellt.

(2) In geschlossenen Großgaragen muß über die Anforderung in Absatz 1 hinaus zur Beleuchtung der Rettungswege vorhanden sein

1. eine Sicherheitsbeleuchtung, die eine vom Versorgungsnetz unabhängige, bei Ausfall des Netzstroms sich selbsttätig einschaltende Ersatzstromquelle hat, die für einen mindestens einstündigen Betrieb und eine Beleuchtungsstärke von mindestens 1 Lux ausgelegt ist, oder

2. nachleuchtende Markierungen, die für mindestens eine Stunde eine entsprechende Beleuchtungsstärke gewährleisten und leicht erkennbar zu den Ausgängen führen.

(3) Die Absätze 1 und 2 gelten nicht für automatische Garagen.

§ 11 Lüftung. (1) Eine natürliche Lüftung ist ausreichend in

1. Kleingaragen,

2. offenen Mittel- und Großgaragen,

3. geschlossenen Mittel- und Großgaragen mit geringem Zu- und Abgangsverkehr, wie Wohnhausgaragen, wenn sie den Anforderungen des Absatzes 2 entsprechen,

4. geschlossenen Mittel- und Großgaragen mit geringem Zu- und Abgangsverkehr, wenn sie den Voraussetzungen des Absatzes 3 entsprechen.

(2) In geschlossenen Mittel- und Großgaragen mit geringem Zu- und Abgangsverkehr ist eine natürliche Lüftung ausreichend, wenn eine ständige Querlüftung gesichert ist durch

1. unverschließbare Lüftungsöffnungen oder bis zu 2 m hohe Lüftungsschächte jeweils mit einem freien Gesamtquerschnitt von mindestens 1500 cm² je Garagenplatz,

2. einen Abstand der einander gegenüberliegenden Außenwände mit Lüftungsöffnungen oder Lüftungsschächten von höchstens 35 m und

3. einen Abstand zwischen den einzelnen Lüftungsöffnungen oder Lüftungsschächten von höchstens 20 m.

(3) Für geschlossene Mittel- und Großgaragen mit geringem Zu- und Abgangsverkehr, die den Anforderungen des Absatzes 2 nicht entsprechen, ist eine natürliche Lüftung ausreichend, wenn

1. nach dem Gutachten eines anerkannten Sachverständigen nach § 1 der Verordnung des Innenministeriums über anerkannte Sachverständige für die Prüfung technischer Anlagen und Einrichtungen nach Bauordnungsrecht (BauSVO) zu erwarten ist, daß der Halbstundenmittelwert des Volumengehalts an Kohlenmonoxyd in der Luft unter Berücksichtigung der regelmäßigen Verkehrsspitzen im Mittel nicht mehr als 100 ppm beträgt, und

2. dies nach Inbetriebnahme auf der Grundlage von ununterbrochenen Messungen über einen Zeitraum von mindestens einem Monat von einem anerkannten Sachverständigen nach § 1 BauSVO bestätigt wird.

(4) [1]Maschinelle Abluftanlagen sind in geschlossenen Mittel- und Großgaragen erforderlich, soweit sich aus den Absätzen 2 und 3 nichts anderes ergibt. [2]Die Zuluftöffnungen müssen so verteilt sein, daß alle Teile der Garage ausreichend gelüftet werden; bei nicht ausreichenden Zuluftöffnungen muß eine maschinelle Zuluftanlage vorhanden sein.

(5) [1]Die maschinellen Abluftanlagen sind so zu bemessen, daß der Halbstundenmittelwert des Volumengehalts an Kohlenmonoxyd in der Luft, gemessen in einer Höhe von 1,5 m über dem Fußboden, nicht mehr als 100 ppm beträgt. [2]Diese Forderung gilt als erfüllt, wenn die Abluftanlagen

1. in Garagen mit geringem Zu- und Abgangsverkehr mindestens 6 m³,

2. in anderen Garagen mindestens 12 m³ Abluft in der Stunde je m² Garagennutzfläche abführen können.

[3]Für Garagen mit regelmäßig besonders hohen Verkehrsspitzen, wie Garagen für Versammlungsstätten, kann im Einzelfall ein rechnerischer Nachweis darüber verlangt werden, daß die Forderung nach Satz 1 erfüllt ist; der Nachweis ist durch einen nach § 1 BauSVO anerkannten Sachverständigen zu erbringen.

(6) [1]Maschinelle Abluftanlagen müssen in jedem Lüftungssystem mindestens zwei gleich große Ventilatoren haben, die bei gleichzeitigem Betrieb zusammen den erforderlichen Gesamtvolumenstrom erbringen. [2]Jeder Ventilator einer maschinellen Zu- oder Abluftanlage muß aus einem eigenen Stromkreis gespeist werden, an dem andere elektrische Anlagen nicht angeschlossen werden dürfen. [3]Soll das Lüftungssystem zeitweise nur mit einem Ventilator betrieben werden, müssen die Ventilatoren so geschaltet sein, daß sich bei Ausfall eines Ventilators der andere selbsttätig einschaltet.

(7) [1]Geschlossene Großgaragen mit nicht nur geringem Zu- und Abgangsverkehr müssen CO-Anlagen zur Messung und Warnung (CO-Warnanlagen) haben. [2]Die CO-Warnanlagen müssen so beschaffen sein, daß die Benutzer der Garagen bei einem CO-Gehalt der Luft von mehr als 250 ppm über ein akustisches Signal und durch Blinkzeichen dazu aufgefordert werden, die Motoren abzustellen. [3]Die CO-Warnanlagen müssen an eine Ersatzstromquelle angeschlossen sein.

(8) In geschlossenen Mittel- und Großgaragen müssen an der Zufahrt und in jedem Geschoß leicht erkennbar und dauerhaft folgende Hinweise vorhanden sein:

„Abgase gefährden die Gesundheit. Vermeiden Sie längeren Aufenthalt!".

(9) Die Absätze 1 bis 8 gelten nicht für automatische Garagen.

§ 12 Feuerlöschanlagen, Rauch- und Wärmeabzug. (1) Großgaragen müssen in Geschossen, deren Fußboden im Mittel

1. entweder mehr als 4 m unter

2. oder mehr als 15 m über

der Geländeoberfläche liegt, in unmittelbarer Nähe jedes Treppenraumzugangs Wandhydranten an Steigleitungen „naß" oder „naß/trocken" haben.

(2) In sonst anders genutzten Gebäuden müssen Geschosse von Großgaragen, deren Fußboden im Mittel mehr als 4 m unter der Geländeoberfläche liegt

1. Öffnungen oder Schächte für den Rauch- und Wärmeabzug mit einem freien Gesamtquerschnitt von mindestens 1000 cm² je Garagenstellplatz haben, die höchstens 20 m voneinander entfernt sind, oder

2. maschinelle Rauch- und Wärmeabzugsanlagen haben, die sich bei Raucheinwirkung selbsttätig einschalten, die mindestens für eine Stunde einer Temperatur von 300 °C standhalten, deren elektrische Leitungen bei Brandeinwirkung für mindestens die gleiche Zeit funktionsfähig bleiben und die in der Stunde einen mindestens zehnfachen Luftwechsel, jedoch nicht mehr als 70 000 m³ gewährleisten; eine ausreichende Versorgung mit Zuluft muß vorhanden sein, oder

3. Sprinkleranlagen haben.

(3) Automatische Garagen mit mehr als 20 Stellplätzen müssen Sprinkleranlagen haben; bei weniger als 20 Stellplätzen genügen nichtselbsttätige Feuerlöschanlagen, deren Art im Einzelfall im Benehmen mit der für den Brandschutz zuständigen Stelle festzulegen ist.

§ 13 Zusätzliche Bauvorlagen, Feuerwehrpläne. (1) Bauvorlagen für Mittel- und Großgaragen müssen zusätzliche Angaben enthalten über:

1. die Zahl, Abmessung und Kennzeichnung der Garagenstellplätze und Fahrgassen (§ 4 Abs. 1 bis 8),

2. die maschinellen Rauchabzugsanlagen (§ 7 Abs. 2 Satz 1 Nr. 2, § 12 Abs. 2 Nr. 2),

3. die Feuerlöschanlagen (§ 7 Abs. 2 Satz 1 Nr. 3, § 12 Abs. 1, Abs. 2 Nr. 3 und Abs. 3),

4. die Beleuchtung der Rettungswege (§ 10 Abs. 2),

5. die maschinellen Zu- und Abluftanlagen (§ 11 Abs. 4 und 5),

6. die CO-Warnanlagen (§ 11 Abs. 7).

(2) ¹Soweit es für den Einsatz der Feuerwehr erforderlich ist, können bei geschlossenen Großgaragen Feuerwehrpläne verlangt werden mit Angaben über:

1. die Zufahrten und die Löschwasserversorgung auf dem Grundstück,

2. die Angriffswege für die Feuerwehr im Gebäude,

3. die Art und Lage der Feuerlöschanlagen sowie die maschinellen Rauchabzugsanlagen.

²Weitere Angaben können verlangt werden, wenn dies zur Beurteilung des Vorhabens erforderlich ist.

§ 14 Betriebsvorschriften. (1) ¹Maschinelle Abluftanlagen müssen so betrieben werden, daß der Halbstundenmittelwert des Volumengehalts an Kohlenmonoxyd in der Luft unter Berücksichtigung der regelmäßig zu erwartenden Verkehrsspitzen, gemessen in einer Höhe von 1,5 m über dem Fußboden, nicht mehr als 100 ppm beträgt. [2]CO-Warnanlagen müssen ständig eingeschaltet sein.

(2) [1]In Kleingaragen dürfen bis zu 200 l Dieselkraftstoff und bis zu 20 l Benzin in dicht verschlossenen, bruchsicheren Behältern außerhalb von Kraftfahrzeugen aufbewahrt werden. [2]In Mittel- und Großgaragen ist die Aufbewahrung von Kraftstoffen außerhalb von Kraftfahrzeugen unzulässig; andere brennbar Stoffe dürfen in diesen Garagen nur aufbewahrt werden, wenn sie zum Fahrzeugzubehör zählen oder der Unterbringung von Fahrzeugzubehör dienen.

(3) Damit der Volumengehalt an Kohlenmonoxyd in der Luft durch einen unnötig langen Aufenthalt an Abfahrtssperren nicht erhöht wird, muß sichergestellt sein, daß in geschlossenen Großgaragen, deren Benutzung entgeltlich ist, die Entgelte entrichtet werden, bevor die abgestellten Kraftfahrzeuge die Garagenstellplätze verlassen.

§ 15 Abstellen von Kraftfahrzeugen in anderen Räumen als Garagen.

(1) Kraftfahrzeuge dürfen in Treppenräumen und allgemein zugänglichen Fluren nicht abgestellt werden.

(2) Kraftfahrzeuge dürfen in sonstigen Räumen, die keine Garagen sind, nur abgestellt werden, wenn

1. die Kraftfahrzeuge Arbeitsmaschinen sind oder
2. die Räume der Instandsetzung, der Ausstellung oder dem Verkauf von Kraftfahrzeugen dienen oder
3. die Räume Lagerräume sind, in denen Kraftfahrzeuge mit leeren Kraftstoffbehältern abgestellt werden, oder
4. das Fassungsvermögen der Kraftstoffbehälter insgesamt nicht mehr als 12 l beträgt, Kraftstoff außer dem Inhalt der Kraftstoffbehälter in diesen Räumen nicht aufbewahrt wird und diese Räume keine Zündquellen oder leicht entzündliche Stoffe enthalten.

§ 16 Prüfungen.

(1) [1]In geschlossenen Mittel- und Großgaragen müssen folgende Anlagen und Einrichtungen vor der ersten Inbetriebnahme und nach einer wesentlichen Änderung durch einen nach § 1 BauSVO anerkannten Sachverständigen auf ihre Wirksamkeit und Betriebssicherheit geprüft werden:

1. die maschinellen Rauchabzugsanlagen (§ 7 Abs. 2 Satz 1 Nr. 2, § 12 Abs. 2 Nr. 2),
2. die Feuerlöschanlagen (§ 7 Abs. 2 Satz 1 Nr. 3, § 12 Abs. 1, Abs. 2 Nr. 3 und Abs. 3),
3. die Sicherheitsbeleuchtung einschließlich Sicherheitsstromversorgung (§ 10 Abs. 2 Nr. 1),
4. die maschinellen Zu- und Abluftanlagen (§ 11 Abs. 4 und 5),
5. die CO-Warnanlagen einschließlich Sicherheitsstromversorgung (§ 11 Abs. 7).

[2]Die Prüfungen sind bei Sprinkleranlagen und bei CO-Warnanlagen jährlich, bei den anderen Anlagen und Einrichtungen alle zwei Jahre zu wiederholen.

(2) Der Betreiber hat

1. die Prüfungen nach Absatz 1 zu veranlassen,
2. die hierzu nötigen Vorrichtungen und fachlich geeignete Arbeitskräfte bereitzustellen sowie die erforderlichen Unterlagen bereitzuhalten,
3. die von dem Sachverständigen festgestellten Mängel unverzüglich beseitigen zu lassen und dem Sachverständigen die Beseitigung mitzuteilen sowie
4. die Berichte über die Prüfungen mindestens fünf Jahre aufzubewahren und der Baurechtsbehörde auf Verlangen vorzulegen.

(3) Der Sachverständige hat der Baurechtsbehörde mitzuteilen,

1. wann er die Prüfungen nach Absatz 1 durchgeführt hat und
2. welche hierbei festgestellten Mängel der Betreiber nicht unverzüglich hat beseitigen lassen.

§ 17 Besondere Anforderungen. Soweit die Vorschriften dieser Verordnung zur Verhinderung oder Beseitigung von Gefahren nicht ausreichen, können besondere Anforderungen gestellt werden

1. für Garagen oder Stellplätze, die für Kraftfahrzeuge mit einer Länge von mehr als 5 m und einer Breite von mehr als 2 m bestimmt sind,
2. für Garagen in Geschossen, deren Fußboden mehr als 22 m über der Geländeoberfläche liegt.

§ 18 Ordnungswidrigkeiten. Ordnungswidrig nach § 75 Abs. 3 Nr. 2 LBO[1] handelt, wer vorsätzlich oder fahrlässig

1. entgegen § 14 Abs. 1 maschinelle Abluftanlagen nicht so betreibt, daß der dort genannte Wert des CO-Gehaltes der Luft eingehalten wird,
2. entgegen § 16 Abs. 1 die vorgeschriebenen Prüfungen nicht oder nicht rechtzeitig durchführen läßt.

§ 19 Übergangsvorschriften. (1) Auf die zum Zeitpunkt des Inkrafttretens dieser Verordnung bestehenden Garagen sind die Betriebsvorschriften nach § 14 Abs. 1 und 2 sowie die Vorschriften über Prüfungen nach § 16 entsprechend anzuwenden.

(2) Betreiber von bestehenden allgemein zugänglichen geschlossenen Großgaragen haben Frauenparkplätze nach § 4 Abs. 8 innerhalb von zwei Jahren nach Inkrafttreten dieser Verordnung einzurichten und zu kennzeichnen.

§ 20 Inkrafttreten. (1) Diese Verordnung tritt am ersten Tage des auf die Verkündung[2] folgenden Monats in Kraft.

(2) Gleichzeitig tritt die Verordnung des Innenministeriums über Garagen und Stellplätze (Garagenverordnung – GaVO) vom 13. September 1989 (GBl. S. 458, ber. S. 496) außer Kraft.

---

[1] Nr. 1.
[2] Verkündet am 12. 8. 1997.

7. Verordnung des Innenministeriums über elektrische Betriebsräume – EltVO –

Vom 28. Oktober 1975
(GBl. S. 788, ber. 1976 S. 256)

Auf Grund von § 90 Abs. 2 Satz 2, § 110 Abs. 1 Nr. 1 bis 3 der Landesbauordnung für Baden-Württemberg – LBO –[1] in der Fassung vom 20. Juni 1972 (Ges.Bl. S. 352) wird im Einvernehmen mit dem Ministerium für Arbeit, Gesundheit und Sozialordnung verordnet:

§ 1 Anwendungsbereich. (1) Die Vorschriften dieser Verordnung gelten für die Errichtung, Unterhaltung und Nutzung von elektrischen Betriebsräumen mit den in § 3 genannten elektrischen Anlagen in
1. Geschäftshäusern,
2. Versammlungsstätten,
ausgenommen Versammlungsstätten in fliegenden Bauten,
3. Büro- und Verwaltungsgebäuden,
4. Krankenhäusern, Altenpflegeheimen, Entbindungs- und Säuglingsheimen,
5. Schulen und Sportstätten,
6. Beherbergungsstätten, Gaststätten,
7. geschlossenen Großgaragen und
8. Wohngebäuden.

(2) Die Vorschriften dieser Verordnung gelten nicht für elektrische Betriebsräume in freistehenden Gebäuden oder durch Brandwände abgetrennten Gebäudeteilen, wenn diese nur die elektrischen Betriebsräume enthalten.

§ 2 Begriffsbestimmung. Elektrische Betriebsräume sind Räume, die ausschließlich der Unterbringung von Einrichtungen zur Erzeugung oder Verteilung elektrischer Energie oder zur Aufstellung von Batterien dienen.

§ 3 Allgemeine Anforderungen. [1]Innerhalb von Gebäuden nach § 1 Abs. 1 müssen
1. Transformatoren und Schaltanlagen für Nennspannungen über 1 kV,
2. ortsfeste Stromerzeugungsaggregate und
3. Zentralbatterien für Sicherheitsbeleuchtung
in jeweils eigenen elektrischen Betriebsräumen untergebracht sein. [2]Schaltanlagen für Sicherheitsbeleuchtung dürfen nicht in elektrischen Betriebsräumen mit Anlagen nach Satz 1 Nr. 1 und 2 aufgestellt werden. [3]Es kann verlangt werden, daß sie in eigenen elektrischen Betriebsräumen aufzustellen sind.

§ 4 Anforderungen an elektrische Betriebsräume. (1) [1]Elektrische Betriebsräume müssen so angeordnet sein, daß sie im Gefahrenfall von allgemein

---

[1] Nr. 1.

109

zugänglichen Räumen oder vom Freien leicht und sicher erreichbar sind und ungehindert verlassen werden können; sie dürfen von Treppenräumen mit notwendigen Treppen nicht unmittelbar zugänglich sein. [2]Der Rettungsweg innerhalb elektrischer Betriebsräume bis zu einem Ausgang darf nicht länger als 40 m sein.

(2) [1]Elektrische Betriebsräume müssen so groß sein, daß die elektrischen Anlagen ordnungsgemäß errichtet und betrieben werden können; sie müssen eine lichte Höhe von mindestens 2 m haben. [2]Dieses Maß darf in Bedienungs- und Wartungsgängen durch Bauteile oder Einrichtungen nicht verringert werden.

(3) Elektrische Betriebsräume müssen ständig so be- und entlüftet werden, daß die beim Betrieb der Transformatoren und Stromerzeugungsaggregate entstehende Verlustwärme, bei Batterien die Gase, wirksam abgeführt werden.

(4) In elektrischen Betriebsräumen sollen nur die zum Betrieb der elektrischen Anlagen erforderlichen Leitungen und Einrichtungen vorhanden sein.

§ 5 Zusätzliche Anforderungen an elektrische Betriebsräume für Transformatoren und Schaltanlagen. (1) [1]Elektrische Betriebsräume für Transformatoren und Schaltanlagen müssen von anderen Räumen feuerbeständig abgetrennt sein. [2]Wände von elektrischen Betriebsräumen mit Öltransformatoren müssen außerdem so dick wie Brandwände sein. [3]Öffnungen zur Durchführung von Kabeln sind mit nichtbrennbaren Baustoffen so zu schließen, daß Feuer und Rauch nicht in benachbarte Räume eindringen können.

(2) [1]Türen müssen mindestens feuerhemmend und selbstschließend sein sowie aus nichtbrennbaren Baustoffen bestehen; soweit sie ins Freie führen, genügen selbstschließende Türen aus nichtbrennbaren Baustoffen. [2]Türen müssen nach außen aufschlagen. [3]Türschlösser müssen so beschaffen sein, daß der Zutritt unbefugter Personen jederzeit verhindert ist, der elektrische Betriebsraum jedoch ungehindert verlassen werden kann. [4]An den Türen muß außen ein Hochspannungswarnschild angebracht sein.

(3) [1]Elektrische Betriebsräume für Öltransformatoren dürfen sich nicht in Geschossen befinden, deren Fußboden mehr als 4 m unter der festgelegten Geländeoberfläche liegt. [2]Sie dürfen auch nicht in Geschossen über dem Erdgeschoß liegen.

(4) [1]Die Zuluft für die elektrischen Betriebsräume muß unmittelbar oder über besondere Lüftungsleitungen dem Freien entnommen, die Abluft unmittelbar oder über besondere Lüftungsleitungen ins Freie geführt werden. [2]Lüftungsleitungen, die durch andere Räume führen, sind so herzustellen, daß Feuer und Rauch nicht in andere Räume übertragen werden können. [3]Öffnungen von Lüftungsleitungen zum Freien müssen Schutzgitter haben.

(5) Fußböden müssen aus nichtbrennbaren Baustoffen bestehen; dies gilt nicht für Fußbodenbeläge.

(6) [1]Unter Transformatoren muß auslaufende Isolier- und Kühlflüssigkeit sicher aufgefangen werden können. [2]Für höchstens drei Transformatoren mit jeweils bis zu 1000 l Isolierflüssigkeit in einem elektrischen Betriebsraum genügt es, wenn die Wände in der erforderlichen Höhe sowie der Fußboden undurchlässig ausgebildet sind; an den Türen müssen entsprechend hohe und undurchlässige Schwellen vorhanden sein.

(7) Fenster, die von außen leicht erreichbar sind, müssen so beschaffen oder gesichert sein, daß unbefugte Personen nicht in den elektrischen Betriebsraum eindringen können.

(8) [1] Elektrische Betriebsräume mit Transformatoren dürfen vom Gebäudeinnern aus nur von Fluren und über Sicherheitsschleusen zugänglich sein. [2] Bei elektrischen Betriebsräumen mit Öltransformatoren muß mindestens ein Ausgang unmittelbar ins Freie oder über einen Vorraum ins Freie führen. [3] Der Vorraum darf auch mit dem Schaltraum, jedoch nicht mit anderen Räumen in Verbindung stehen. [4] Sicherheitsschleusen mit mehr als 20 m³ Luftraum müssen Rauchabzüge haben.

(9) [1] Abweichend von Absatz 8 Sätze 1 und 2 sind Sicherheitsschleusen und unmittelbar oder über einen Vorraum ins Freie führende Ausgänge nicht erforderlich bei elektrischen Betriebsräumen mit Transformatoren in

1. Geschäftshäusern mit Verkaufsstätten, die nicht unter den Anwendungsbereich der Geschäftshausverordnung vom 15. August 1969 (Ges.Bl. S. 229) fallen,

2. Versammlungsstätten, die nicht unter den Anwendungsbereich der Versammlungsstättenverordnung[1] vom 10. August 1974 (Ges.Bl. S. 330) fallen,

3. Büro- oder Verwaltungsgebäuden, die keine Hochhäuser sind,

4. Krankenhäuser, Altenpflegeheimen, Entbindungs- und Säuglingsheimen mit nicht mehr als 30 Betten,

5. Schulen und Sportstätten, die keine Räume enthalten, auf welche die Versammlungsstättenverordnung anzuwenden ist,

6. Beherbergungsstätten mit nicht mehr als 30 Betten,

7. Wohngebäuden, die keine Hochhäuser sind.

[2] Die Wände von elektrischen Betriebsräumen mit Öltransformatoren müssen in diesen Fällen feuerbeständig, die Türen feuerbeständig und selbstschließend sein.

§ 6 Zusätzliche Anforderungen an elektrische Betriebsräume für ortsfeste Stromerzeugungsaggregate. (1) [1] Für elektrische Betriebsräume für ortsfeste Stromerzeugungsaggregate gilt § 5 Abs. 1, 2, 4 und 5 entsprechend. [2] Wände in der erforderlichen Höhe sowie der Fußboden müssen gegen wassergefährdende Flüssigkeiten undurchlässig ausgebildet sein; an den Türen muß eine mindestens 10 cm hohe Schwelle vorhanden sein.

(2) [1] Die Abgase von Verbrennungsmaschinen sind über besondere Leitungen ins Freie zu führen. [2] Die Abgasrohre und Abgasanlagen müssen von Bauteilen aus brennbaren Baustoffen einen Abstand von mindestens 10 cm haben. [3] Werden Abgasrohre durch Bauteile aus brennbaren Baustoffen geführt, so sind die Bauteile im Umkreis von 10 cm aus nichtbrennbaren, formbeständigen Baustoffen herzustellen, wenn ein besonderer Schutz gegen strahlende Wärme nicht vorhanden ist.

(3) Die elektrischen Betriebsräume müssen frostfrei sein oder beheizt werden können.

§ 7 Zusätzliche Anforderungen an elektrische Betriebsräume für Zentralbatterien. (1) [1] Elektrische Betriebsräume für Zentralbatterien für Sicherheitsbeleuchtung müssen von Räumen mit erhöhter Brandgefahr feuer-

---

[1] Nr. 8.

111

beständig, von anderen Räumen mindestens feuerhemmend getrennt sein. [2]Dies gilt auch für Batterieschränke. [3]§ 5 Abs. 4 gilt entsprechend. [4]Die elektrischen Betriebsräume müssen frostfrei sein oder beheizt werden können. [5]Öffnungen zur Durchführung von Kabeln sind mit nichtbrennbaren Baustoffen so zu schließen, daß Feuer und Rauch nicht in benachbarte Räume eindringen können.

(2) Türen müssen nach außen aufschlagen, in feuerbeständigen Trennwänden mindestens feuerhemmend und selbstschließend sein und in allen anderen Fällen aus nichtbrennbaren Baustoffen bestehen.

(3) [1]Fußböden sowie Sockel für Batterien müssen gegen die Einwirkung der Elektrolyten widerstandsfähig sein. [2]An den Türen muß eine Schwelle vorhanden sein, die auslaufende Elektrolyten zurückhält.

(4) Der Fußboden von elektrischen Betriebsräumen, in denen geschlossene Zellen aufgestellt werden, muß an allen Stellen für elektrostatische Ladungen einheitlich und ausreichend ableitfähig sein.

(5) Lüftungsanlagen müssen gegen die Einwirkungen des Elektrolyten widerstandsfähig sein.

(6) Das Rauchen und das Verwenden von offenem Feuer sind in den elektrischen Betriebsräumen verboten; auf das Verbot ist leicht erkennbar und dauerhaft an der Außenseite der Türen hinzuweisen.

§ 8 Bauvorlagen. [1]Die Bauvorlagen müssen Angaben über die Lage des elektrischen Betriebsraumes und die Art der elektrischen Anlage enthalten. [2]Soweit erforderlich, müssen sie ferner Angaben über die Schallschutzmaßnahmen enthalten.

§ 9 Inkrafttreten. Diese Verordnung tritt am 1. Januar 1976 in Kraft.

8. Verordnung des Wirtschaftsministeriums über den Bau und Betrieb von Versammlungsstätten (Versammlungsstättenverordnung – VStättVO)[1)]

Vom 28. April 2004
(GBl. S. 311, ber. S. 653)

Inhaltsübersicht

[1)] **Amtl. Anm.:** Die Verpflichtungen aus der Richtlinie 98/34/EG des Europäischen Parlaments und des Rates vom 22. Juni 1998 über ein Informationsverfahren auf dem Gebiet der Normen und technischen Vorschriften (ABl. EG Nr. L 204 S. 37), zuletzt geändert durch die Richtlinie 98/48/EG des Europäischen Parlaments und des Rates vom 20. Juli 1998 (ABl. EG Nr. L 217 S. 18), sind beachtet worden.

Auf Grund von § 73 Abs. 1 Nr. 2 bis 5 und Abs. 2 der Landesbauordnung für Baden-Württemberg (LBO)[1] vom 8. August 1995 (GBl. S. 617) wird verordnet:

Teil 1. Allgemeine Vorschriften

§ 1 Anwendungsbereich. (1) Die Vorschriften dieser Verordnung gelten für den Bau und Betrieb von

1. Versammlungsstätten mit Versammlungsräumen, die einzeln mehr als 200 Besucher fassen. Sie gelten auch für Versammlungsstätten mit mehreren Versammlungsräumen, die insgesamt mehr als 200 Besucher fassen, wenn diese Versammlungsräume gemeinsame Rettungswege haben;

---

[1] Nr. 1.

2. Versammlungsstätten im Freien mit Szeneflächen, deren Besucherbereich mehr als 1000 Besucher fasst und ganz oder teilweise aus baulichen Anlagen besteht;
3. Sportstadien, die mehr als 5000 Besucher fassen.

(2) [1]Die Anzahl der Besucher ist wie folgt zu bemessen:
1. für Sitzplätze an Tischen:
   ein Besucher je m² Grundfläche des Versammlungsraumes,
2. für Sitzplätze in Reihen und für Stehplätze:
   zwei Besucher je m² Grundfläche des Versammlungsraumes,
3. für Stehplätze auf Stufenreihen:
   zwei Besucher je laufendem Meter Stufenreihe,
4. bei Ausstellungsräumen:
   ein Besucher je m² Grundfläche des Versammlungsraumes.
[2]Für Besucher nicht zugängliche Flächen werden in die Berechnung nicht einbezogen. [3]Für Versammlungsstätten im Freien und für Sportstadien gelten Satz 1 Nr. 1 bis 3 und Satz 2 entsprechend.

(3) Die Vorschriften dieser Verordnung gelten nicht für
1. Räume, die dem Gottesdienst gewidmet sind,
2. Unterrichtsräume in allgemein- und berufsbildenden Schulen,
3. Ausstellungsräume in Museen,
4. Fliegende Bauten.

(4) Bauprodukte, Bauarten und Prüfverfahren, die den in Vorschriften anderer Mitgliedsstaaten der Europäischen Union oder anderer Vertragsstaaten des Abkommens über den Europäischen Wirtschaftsraum genannten technischen Anforderungen entsprechen, dürfen verwendet werden, wenn das geforderte Schutzniveau in Bezug auf Sicherheit, Gesundheit und Gebrauchstauglichkeit gleichermaßen dauerhaft erreicht und die Verwendbarkeit nachgewiesen wird.

§ 2 Begriffe. (1) Versammlungsstätten sind bauliche Anlagen oder Teile baulicher Anlagen, die für die gleichzeitige Anwesenheit vieler Menschen bei Veranstaltungen, insbesondere erzieherischer, wirtschaftlicher, geselliger, kultureller, künstlerischer, politischer, sportlicher oder unterhaltender Art, bestimmt sind, sowie Schank- und Speisewirtschaften.

(2) Erdgeschossige Versammlungsstätten sind Gebäude mit nur einem Geschoss ohne Ränge oder Emporen, dessen Fußboden an keiner Stelle mehr als 1 m unter der Geländeoberfläche liegt; dabei bleiben Geschosse außer Betracht, die ausschließlich der Unterbringung technischer Anlagen und Einrichtungen dienen.

(3) [1]Versammlungsräume sind Räume für Veranstaltungen oder für den Verzehr von Speisen und Getränken. [2]Hierzu gehören auch Aulen und Foyers, Vortrags- und Hörsäle sowie Studios.

(4) Szeneflächen sind Flächen für künstlerische und andere Darbietungen; für Darbietungen bestimmte Flächen unter 20 m² gelten nicht als Szeneflächen.

(5) In Versammlungsstätten mit einem Bühnenhaus ist
1. das Zuschauerhaus der Gebäudeteil, der die Versammlungsräume und die mit ihnen in baulichem Zusammenhang stehenden Räume umfasst,

2. das Bühnenhaus der Gebäudeteil, der die Bühnen und die mit ihnen in baulichem Zusammenhang stehenden Räume umfasst,

3. die Bühnenöffnung die Öffnung in der Trennwand zwischen der Hauptbühne und dem Versammlungsraum,

4. die Bühne der hinter der Bühnenöffnung liegende Raum mit Szenenflächen; zur Bühne zählen die Hauptbühne sowie die Hinter- und Seitenbühnen einschließlich der jeweils zugehörigen Ober- und Unterbühnen,

5. eine Großbühne eine Bühne

a) mit einer Szenenfläche hinter der Bühnenöffnung von mehr als 200 m²,

b) mit einer Oberbühne mit einer lichten Höhe von mehr als 2,5 m über der Bühnenöffnung oder

c) mit einer Unterbühne,

6. die Unterbühne der begehbare Teil des Bühnenraumes unter dem Bühnenboden, der zur Unterbringung einer Untermaschinerie geeignet ist,

7. die Oberbühne der Teil des Bühnenraumes über der Bühnenöffnung, der zur Unterbringung einer Obermaschinerie geeignet ist.

(6) Mehrzweckhallen sind überdachte Versammlungsstätten für verschiedene Veranstaltungsarten.

(7) Studios sind Produktionsstätten für Film, Fernsehen oder Hörfunk mit Besucherplätzen.

(8) Foyers sind Empfangs- und Pausenräume für Besucher.

(9) ¹Ausstattungen sind Bestandteile von Bühnen- oder Szenenbildern. ²Hierzu gehören insbesondere Wand-, Fußboden- und Deckenelemente, Bildwände, Treppen und sonstige Bühnenbildteile.

(10) ¹Requisiten sind bewegliche Einrichtungsgegenstände von Bühnen- oder Szenenbildern. ²Hierzu gehören insbesondere Möbel, Leuchten, Bilder und Geschirr.

(11) ¹Ausschmückungen sind vorübergehend eingebrachte Dekorationsgegenstände. ²Zu den Ausschmückungen gehören insbesondere Drapierungen, Girlanden, Fahnen und künstlicher Pflanzenschmuck.

(12) Sportstadien sind Versammlungsstätten mit Tribünen für Besucher und mit nicht überdachten Sportflächen.

(13) Tribünen sind bauliche Anlagen mit ansteigenden Steh- oder Sitzplatzreihen (Stufenreihen) für Besucher.

(14) Innenbereich ist die von Tribünen umgebene Fläche für Darbietungen.

Teil 2. Allgemeine Bauvorschriften

Abschnitt 1. Bauteile und Baustoffe

§ 3 Bauteile. (1) ¹Tragende Bauteile, wie Wände, Stützen und Decken, müssen feuerbeständig, in erdgeschossigen Versammlungsstätten mindestens feuerhemmend sein. ²Satz 1 gilt nicht für erdgeschossige Versammlungsstätten mit automatischen Feuerlöschanlagen.

(2) [1]Außenwände mehrgeschossiger Versammlungsstätten müssen aus nicht-brennbaren Baustoffen bestehen, soweit sie nicht feuerbeständig sind. [2]§ 6 Absatz 1 der Allgemeinen Ausführungsverordnung zur Landesbauordnung (LBOAVO)[1]) vom 17. November 1995 (GBl. S. 836) in der jeweils geltenden Fassung bleibt unberührt.

(3) Trennwände von Versammlungsräumen und Bühnen müssen feuerbeständig, in erdgeschossigen Versammlungsstätten mindestens feuerhemmend sein.

(4) Räume mit besonderen Brandgefahren, wie Werkstätten, Magazine und Lagerräume, sowie Räume unter Tribünen und Podien, müssen feuerbeständige Trennwände und Decken haben.

(5) [1]Der Fußboden von Szenenflächen muss fugendicht sein. [2]Betriebs-bedingten Öffnungen sind zulässig. [3]Die Unterkonstruktion, mit Ausnahme der Lagerhölzer, muss aus nichtbrennbaren Baustoffen bestehen. [4]Räume un-ter dem Fußboden, die nicht zu einer Unterbühne gehören, müssen feuer-beständige Wände und Decken haben.

(6) Die Unterkonstruktion der Fußböden von Tribünen oder Podien, die veränderbare Einbauten in Versammlungsräumen sind, müssen aus nicht-brennbaren Baustoffen bestehen; dies gilt nicht für Podien mit insgesamt nicht mehr als 20 m² Fläche.

(7) Veränderbare Einbauten sind so auszubilden, dass sie in ihrer Standsi-cherheit nicht durch dynamische Schwingungen gefährdet werden können.

§ 4 Dächer. (1) [1]Tragwerke von Dächern, die den oberen Abschluss von Räumen der Versammlungsstätte bilden oder die von diesen Räumen nicht durch feuerbeständige Bauteile getrennt sind, müssen feuerbeständig sein; für Tragwerke von Dächern erdgeschossiger Versammlungsstätten genügen feuer-hemmende Bauteile. [2]Tragwerke von Dächern über Tribünen und Szenenflä-chen im Freien müssen mindestens feuerhemmend sein oder aus nichtbrenn-baren Baustoffen bestehen. [3]Satz 1 gilt nicht für Versammlungsstätten mit au-tomatischen Feuerlöschanlagen.

(2) Bedachungen müssen gegen Flugfeuer und strahlende Wärme wider-standfähig sein und die Brandweiterleitung behindern.

(3) [1]Baustoffe dürfen nicht brennend abtropfen. [2]Lichtdurchlässige Dachflä-chen müssen

1. schwerentflammbar sein bei Versammlungsstätten mit automatischen Feu-erlöschanlagen,

2. nichtbrennbar sein bei Versammlungsstätten ohne automatische Feuerlösch-anlagen.

[3]Lichtdurchlässige Dachflächen müssen bruchsicher sein.

§ 5 Dämmstoffe, Unterdecken, Bekleidungen und Bodenbeläge.
(1) Dämmstoffe müssen aus nichtbrennbaren Baustoffen bestehen.

(2) [1]Bekleidungen an Wänden in Versammlungsräumen müssen aus min-destens schwerentflammbaren Baustoffen bestehen. [2]In Versammlungsräumen

---

[1]) Nr. 2.

mit nicht mehr als 1000 m² Grundfläche genügen geschlossene nicht hinterlüftete Holzbekleidungen.

(3) ¹Unterdecken und Bekleidungen an Decken in Versammlungsräumen müssen aus nichtbrennbaren Baustoffen bestehen. ²In Versammlungsräumen mit nicht mehr als 1000 m² Grundfläche genügen Bekleidungen aus mindestens schwerentflammbaren Baustoffen oder geschlossene nicht hinterlüftete Holzbekleidungen.

(4) In Foyers, durch die Rettungswege aus anderen Versammlungsräumen führen, notwendigen Treppenräumen, Räumen zwischen notwendigen Treppenräumen und Ausgängen ins Freie sowie notwendigen Fluren müssen Unterdecken und Bekleidungen aus nichtbrennbaren Baustoffen bestehen.

(5) Unterdecken und Bekleidungen, die mindestens schwerentflammbar sein müssen, dürfen nicht brennend abtropfen.

(6) ¹Unterkonstruktionen, Halterungen und Befestigungen von Unterdecken und Bekleidungen nach den Absätzen 2 bis 4 müssen aus nichtbrennbaren Baustoffen bestehen; dies gilt nicht für Versammlungsräume mit nicht mehr als 100 m² Grundfläche. ²In den Hohlräumen hinter Unterdecken und Bekleidungen aus brennbaren Baustoffen dürfen Kabel und Leitungen nur aus Installationsschächten oder Installationskanälen aus nichtbrennbaren Baustoffen verlegt werden.

(7) ¹In notwendigen Treppenräumen, Räumen zwischen notwendigen Treppenräumen und Ausgängen ins Freie müssen Bodenbeläge nichtbrennbar sein. ²In notwendigen Fluren und Foyers, durch die Rettungswege aus anderen Versammlungsräumen führen, müssen Bodenbeläge mindestens schwerentflammbar sein.

Abschnitt 2. Rettungswege

§ 6 Führung der Rettungswege. (1) ¹Rettungswege müssen ins Freie zu öffentlichen Verkehrsflächen führen. ²Zu den Rettungswegen von Versammlungsstätten gehören insbesondere die frei zu haltenden Gänge und Stufengänge, die Ausgänge aus Versammlungsräumen, die notwendigen Flure und notwendigen Treppen, die Ausgänge ins Freie, die als Rettungsweg dienenden Balkone, Dachterrassen und Außentreppen sowie die Rettungswege im Freien auf dem Grundstück.

(2) ¹Versammlungsstätten müssen in jedem Geschoss mit Aufenthaltsräumen mindestens zwei voneinander unabhängige bauliche Rettungswege haben; die gilt für Tribünen entsprechend. ²Die Führung beider Rettungswege innerhalb eines Geschosses durch einen gemeinsamen notwendigen Flur ist zulässig. ³Rettungswege dürfen über Balkone, Dachterrassen und Außentreppen auf das Grundstück führen, wenn sie im Brandfall sicher begehbar sind.

(3) Rettungswege dürfen durch Foyers oder Hallen zu Ausgängen ins Freie geführt werden, wenn für jedes Geschoss mindestens ein weiterer von dem Foyer oder der Halle unabhängiger baulicher Rettungsweg vorhanden ist.

(4) Versammlungsstätten müssen für Geschosse mit jeweils mehr als 800 Besucherplätzen nur diesen Geschossen zugeordnete Rettungswege haben.

(5) Versammlungsräume und sonstige Aufenthaltsräume mit mehr als 100 m² Grundfläche müssen jeweils mindestens zwei möglichst weit auseinan-

der und entgegengesetzt liegende Ausgänge ins Freie oder zu Rettungswegen haben.

(6) Ausgänge und Rettungswege müssen durch Sicherheitszeichen dauerhaft und gut sichtbar gekennzeichnet sein.

§ 7 Bemessung der Rettungswege. (1) [1]Die Entfernung von jedem Besucherplatz bis zum nächsten Ausgang aus dem Versammlungsraum oder von der Tribüne darf nicht länger als 30 m sein. [2]Bei mehr als 5 m lichter Höhe ist je 2,5 m zusätzlicher lichter Höhe über der zu entrauchenden Ebene für diesen Bereich eine Verlängerung der Entfernung um 5 m zulässig. [3]Die Entfernung von 60 m bis zum nächsten Ausgang darf nicht überschritten werden. [4]Die Entfernung wird in der Lauflinie gemessen.

(2) [1]Die Entfernung von jeder Stelle einer Bühne bis zum nächsten Ausgang darf nicht länger als 30 m sein. [2]Gänge zwischen den Wänden der Bühne und dem Rundhorizont oder den Dekorationen müssen eine lichte Breite von 1,20 m haben; in Großbühnen müssen diese Gänge vorhanden sein.

(3) Die Entfernung von jeder Stelle eines notwendigen Flures oder eines Foyers bis zum Ausgang ins Freie oder zu einem notwendigen Treppenraum darf nicht länger als 30 m sein.

(4) [1]Die Breite der Rettungswege ist nach der größtmöglichen Personenzahl zu bemessen. [2]Die lichte Breite eines jeden Teiles von Rettungswegen muss mindestens 1,20 m betragen. [3]Die lichte Breite eine jeden Teiles von Rettungswegen muss für die darauf angewiesenen Personen mindestens betragen bei
1. Versammlungsstätten im Freien sowie Sportstadien
1,20 m je 600 Personen
2. anderen Versammlungsstätten
1,20 m je 200 Personen
Staffelungen sind nur in Schritten von 0,60 m zulässig. [4]Bei Ausgängen aus Aufenthaltsräumen mit weniger als 200 m² Grundfläche und bei Rettungswegen im Bühnenhaus genügt eine lichte Breite von 0,90 m. [5]Für Rettungswege von Arbeitsgalerien genügt eine Breite von 0,80 m.

(5) [1]Ausstellungshallen müssen durch Gänge so unterteilt sein, dass die Tiefe der zur Aufstellung von Ausstellungsständen bestimmten Grundflächen (Ausstellungsflächen) nicht mehr als 30 m beträgt. [2]Die Entfernung von jeder Stelle einer Ausstellungsfläche bis zu einem Gang darf nicht mehr als 20 m betragen; sie wird auf die nach Absatz 1 bemessene Entfernung nicht angerechnet. [3]Die Gänge müssen auf möglichst geradem Weg zu entgegengesetzt liegenden Ausgängen führen. [4]Die lichte Breite der Gänge und der zugehörigen Ausgänge muss mindestens 3 m betragen.

§ 8 Treppen. (1) Die Führung der jeweils anderen Geschossen zugeordneten notwendigen Treppen in einem gemeinsamen notwendigen Treppenraum (Schacheltreppen) ist zulässig.

(2) [1]Notwendige Treppen müssen feuerbeständig sein. [2]Für notwendige Treppen in notwendigen Treppenräumen oder als Außentreppen genügen nichtbrennbare Baustoffe. [3]Für notwendige Treppen von Tribünen und Podien als veränderbare Einbauten genügen Bauteile aus nichtbrennbaren Bau-

stoffen und Stufen aus Holz. [4]Die Sätze 1 bis 3 gelten nicht für notwendige Treppen von Ausstellungsständen.

(3) Die lichte Breite notwendiger Treppen darf nicht mehr als 2,40 m betragen.

(4) [1]Notwendige Treppen und dem allgemeinen Besucherverkehr dienende Treppen müssen auf beiden Seiten feste und griffsichere Handläufer ohne freie Enden haben. [2]Die Handläufe sind über Treppenabsätze fortzuführen.

(5) Notwendige Treppen und dem allgemeinen Besucherverkehr dienende Treppen müssen geschlossene Trittstufen haben; dies gilt nicht für Außentreppen.

(6) Wendeltreppen sind als notwendige Treppen für Besucher unzulässig.

§ 9 Türe und Tore. (1) Türen und Tore in raumabschließenden Innenwänden, die feuerbeständig sein müssen, sowie in inneren Brandwänden müssen mindestens feuerhemmend, rauchdicht und selbstschließend sein.

(2) Türen und Tore in raumabschließenden Innenwänden, die feuerhemmend sein müssen, müssen mindestens rauchdicht und selbstschließend sein.

(3) [1]Türen in Rettungswegen müssen in Fluchtrichtung aufschlagen und dürfen keine Schwellen haben. [2]Während des Aufenthaltes von Personen in der Versammlungsstätte müssen die Türen der jeweiligen Rettungswege jederzeit von innen leicht und in voller Breite geöffnet werden können.

(4) [1]Schiebetüren sind in Rettungswegen unzulässig; dies gilt nicht für automatische Schiebetüren, die die Rettungswege nicht beeinträchtigen. [2]Pendeltüren müssen in Rettungswegen Vorrichtungen haben, die ein Durchpendeln der Türen verhindern.

(5) Türen, die selbstschließend sein müssen, dürfen offen gehalten werden, wenn sie Einrichtungen haben, die bei Raucheinwirkung ein selbsttätiges Schließen der Türen bewirken; sie müssen auch von Hand geschlossen werden können.

(6) Mechanische Vorrichtungen zur Vereinzelung oder Zählung von Besuchern, wie Drehtüren oder -kreuze, sind in Rettungswegen unzulässig; dies gilt nicht für mechanische Vorrichtungen, die im Gefahrenfall von innen leicht und in voller Breite geöffnet werden können.

Abschnitt 3. Besucherplätze und Einrichtungen für Besucher

§ 10 Bestuhlung, Gänge und Stufengänge. (1) [1]In Reihen angeordnete Sitzplätze müssen unverrückbar befestigt sein; werden nur vorübergehend Stühle aufgestellt, so sind sie in den einzelnen Reihen fest miteinander zu verbinden. [2]Satz 1 gilt nicht für Gaststätten und Kantinen sowie für abgegrenzte Bereiche von Versammlungsräumen mit nicht mehr als 20 Sitzplätzen und ohne Stufen, wie Logen.

(2) Die Sitzplatzbereiche der Tribünen von Versammlungsstätten mit mehr als 5000 Besucherplätzen müssen unverrückbar befestigte Einzelsitze haben.

(3) [1]Sitzplätze müssen mindestens 0,50 m breit sein. [2]Zwischen den Sitzplatzreihen muss eine lichte Durchgangsbreite von mindestens 0,40 m vorhanden sein.

(4) [1]Sitzplätze müssen in Blöcken von höchstens 30 Sitzplatzreihen angeordnet sein. [2]Hinter und zwischen den Blöcken müssen Gänge mit einer Mindestbreite von 1,20 m vorhanden sein. [3]Die Gänge müssen auf möglichst kurzem Weg zum Ausgang führen.

(5) [1]Seitlich eines Ganges dürfen höchstens zehn Sitzplätze, bei Versammlungsstätten im Freien und Sportstadien höchstens 20 Sitzplätze angeordnet sein. [2]Zwischen zwei Seitengängen dürfen 20 Sitzplätze, bei Versammlungsstätten im Freien und Sportstadien höchstens 40 Sitzplätze angeordnet sein. [3]In Versammlungsräumen dürfen zwischen zwei Seitengängen höchstens 50 Sitzplätze angeordnet sein, wenn auf jeder Seite des Versammlungsraumes für jeweils vier Sitzreihen eine Tür mit einer lichten Breite von 1,20 m vorhanden ist.

(6) [1]Von jedem Tischplatz darf der Weg zu einem Gang nicht länger als 10 m sein. [2]Der Abstand von Tisch zu Tisch soll 1,50 m nicht unterschreiten.

(7) [1]In Versammlungsräumen müssen für Rollstuhlbenutzer mindestens 1 Prozent der Besucherplätze, mindestens jedoch zwei Plätze auf ebenen Standflächen vorhanden sein. [2]Den Plätzen für Rollstuhlbenutzer sind Besucherplätze für Begleitpersonen zuzuordnen. [3]Die Plätze für Rollstuhlbenutzer und die Wege zu ihnen sind durch Hinweisschilder gut sichtbar zu kennzeichnen.

(8) [1]Stufen in Gängen (Stufengänge) müssen eine Steigung von mindestens 0,10 m und höchstens 0,19 m und einen Auftritt von mindestens 0,26 m haben. [2]Der Fußboden des Durchganges zwischen Sitzplatzreihen und der Fußboden von Stehplatzreihen muss mit dem anschließenden Auftritt des Stufenganges auf einer Höhe liegen. [3]Stufengänge in Mehrzweckhallen mit mehr als 5000 Besucherplätzen und in Sportstadien müssen sich durch farbliche Kennzeichnung von den umgebenden Flächen deutlich abheben.

§ 11 Abschrankungen und Schutzvorrichtungen. (1) [1]Flächen, die im Allgemeinen zum Begehen bestimmt sind und unmittelbar an 20 cm tiefer liegende Flächen angrenzen, sind mit Abschrankungen zu umwehren, soweit sie nicht durch Stufengänge oder Rampen mit der tiefer liegenden Fläche verbunden sind. [2]Satz 1 ist nicht anzuwenden:

1. für die den Besuchern zugewandten Seiten von Bühnen und Szenenflächen,
2. vor Stufenreihen, wenn die Stufenreihe nicht mehr als 0,50 m über dem Fußboden der davor liegenden Stufenreihe oder des Versammlungsraumes liegt, oder
3. vor Stufenreihen, wenn die Rückenlehnen der Sitzplätze der davor liegenden Stufenreihe den Fußboden der hinteren Stufenreihe um mindestens 0,65 m überragen.

(2) [1]Abschrankungen, wie Umwehrungen, Geländer, Wellenbrecher, Zäune, Absperrgitter oder Glaswände, müssen mindestens 1,10 m hoch sein. [2]Umwehrungen von Flächen, auf denen mit der Anwesenheit von Kindern unter sechs Jahren gerechnet werden muss, müssen entsprechend § 4 Abs. 4 Satz 1 und 2 LBOAVO[1]) gestaltet sein.

(3) [1]Vor Sitzplatzreihen genügen Umwehrungen von 0,90 m Höhe; bei mindestens 0,20 m Brüstungsbreite der Umwehrung genügen 0,80 m; bei mindestens 0,50 m Brüstungsbreite genügen 0,70 m. [2]Liegt die Stufenreihe

---

[1]) Nr. 2.

nicht mehr als 1 m über dem Fußboden der davor liegenden Stufenreihe oder des Versammlungsraumes, genügen vor Sitzplatzreihen 0,65 m.

(4) Abschrankungen in den für Besucher zugänglichen Bereichen müssen so bemessen sein, dass sie dem Druck einer Personengruppe standhalten.

(5) Die Fußböden und Stufen von Tribünen, Podien, Bühnen oder Szenenflächen dürfen keine Öffnungen haben, durch die Personen abstürzen können.

(6) ¹Spielfelder, Manegen, Fahrbahnen für den Rennsport und Reitbahnen müssen durch Abschrankungen, Netze oder andere Vorrichtungen so gesichert sein, dass Besucher durch die Darbietung oder den Betrieb des Spielfeldes, der Manege oder der Bahn nicht gefährdet werden. ²Für Darbietungen und für den Betrieb technischer Einrichtungen im Luftraum über den Besucherplätzen gilt Satz 1 entsprechend.

(7) Werden Besucherplätze im Innenbereich von Fahrbahnen angeordnet, so muss der Innenbereich ohne Betreten der Fahrbahnen erreicht werden können.

§ 12 Toilettenräume. (1) ¹Versammlungsstätten müssen getrennte Toilettenräume für Damen und Herren haben. ²Toiletten sollen in jedem Geschoss angeordnet werden. ³Es sollen mindestens vorhanden sein:

Besucherplätze	Damentoiletten	Herrentoilette		
	Toiletten-becken	Toiletten-becken	Urinalbecken
bis 1000 je 100	1,4	0,6	1,2
1000 je weitere 100	0,8	0,4	0,6
über 20 000 je weitere 100	0,4	0,3	0,6

⁴Die ermittelten Zahlen sind auf ganze Zahlen aufzurunden. ⁵Soweit die Aufteilung der Toilettenräume nach Satz 2 nach der Art der Veranstaltung nicht zweckmäßig ist, kann für die Dauer der Veranstaltung eine andere Aufteilung erfolgen, wenn die Toilettenräume entsprechend gekennzeichnet werden. ⁶Auf dem Gelände der Versammlungsstätte oder in der Nähe vorhandener Toiletten können angerechnet werden, wenn sie für die Besucher der Versammlungsstätte zugänglich sind.

(2) Für Rollstuhlbenutzer muss eine ausreichende Zahl geeigneter, stufenlos erreichbarer Toiletten, mindestens jedoch je zehn Plätzen für Rollstuhlbenutzer eine Toilette, vorhanden sein.

(3) Jeder Toilettenraum muss einen Vorraum mit Waschbecken haben.

§ 13 Stellplätze für Behinderte. ¹Die Zahl der notwendigen Stellplätze für die Kraftfahrzeuge behinderter Personen muss mindestens der Hälfte der Zahl der nach § 10 Abs. 7 erforderlichen Besucherplätze entsprechen. ²Auf diese Stellplätze ist dauerhaft und leicht erkennbar hinzuweisen.

Abschnitt 4. Techische Einrichtungen

§ 14 Sicherheitsstromversorgungsanlagen, elektrische Anlagen und Blitzschutzanlagen. (1) Versammlungsstätten müssen eine Sicherheitsstromversorgungsanlage haben, die bei Ausfall der Stromversorgung den Betrieb der sicherheitstechnischen Anlagen und Einrichtungen übernimmt, insbesondere der

1. Sicherheitsbeleuchtung,
2. automatischen Feuerlöschanlagen und Druckerhöhungsanlagen für die Löschwasserversorgung,
3. Rauchabzugsanlagen,
4. Brandmeldeanlagen,
5. Alarmierungsanlagen.

(2) In Versammlungsstätten für verschiedene Veranstaltungsarten, wie Mehrzweckhallen, Theater und Studios, sind für die vorübergehende Verlegung beweglicher Kabel und Leitungen bauliche Vorkehrungen, wie Installationsschächte und -kanäle oder Abschottungen, zu treffen, die die Ausbreitung von Feuer und Rauch verhindern und die sichere Begehbarkeit, insbesondere der Rettungswege, gewährleisten.

(3) Elektrische Schaltanlagen dürfen für Besucher nicht zugänglich sein.

(4) Versammlungsstätten müssen Blitzschutzanlagen haben, die auch die sicherheitstechnischen Einrichtungen schützen (äußerer und innerer Blitzschutz).

§ 15 Sicherheitsbeleuchtung. (1) In Versammlungsstätten muss eine Sicherheitsbeleuchtung vorhanden sein, die so beschaffen ist, dass Arbeitsvorgänge auf Bühnen und Szenenflächen sicher abgeschlossen werden können und sich Besucher, Mitwirkende und Betriebsangehörige auch bei vollständigem Versagen der allgemeinen Beleuchtung bis zu öffentlichen Verkehrsflächen hin gut zurechtfinden können.

(2) Eine Sicherheitsbeleuchtung muss vorhanden sein

1. in notwendigen Treppenräumen, in Räumen zwischen notwendigen Treppenräumen und Ausgängen ins Freie und in notwendigen Fluren,
2. in Versammlungsräumen sowie in allen übrigen Räumen für Besucher (zum Beispiel Foyers, Garderoben, Toiletten),
3. für Bühnen und Szenenflächen,
4. in den Räumen für Mitwirkende und Beschäftigte mit mehr als 20 m² Grundfläche, ausgenommen Büroräume,
5. in elektrischen Betriebsräumen, in Räumen für haustechnische Anlagen sowie in Scheinwerfer- und Bildwerferräumen,
6. in Versammlungsstätten im Freien und Sportstadien, die während der Dunkelheit benutzt werden,
7. für Sicherheitszeichen von Ausgängen und Rettungswegen,
8. für Stufenbeleuchtungen.

(3) ¹In betriebsmäßig verdunkelten Versammlungsräumen, auf Bühnen und Szenenflächen muss eine Sicherheitsbeleuchtung in Bereitschaftsschaltung vorhanden sein. ²Die Ausgänge, Gänge und Stufen im Versammlungsraum müssen auch bei Verdunklung unabhängig von der übrigen Sicherheitsbeleuch-

tung erkennbar sein. ³Bei Gängen in Versammlungsräumen mit auswechselbarer Bestuhlung sowie bei Sportstadien mit Sicherheitsbeleuchtung ist eine Stufenbeleuchtung nicht erforderlich.

§ 16 Rauchableitung. (1) Versammlungsräume und sonstige Aufenthaltsräume mit mehr als 200 m² Grundfläche, Bühnen sowie notwendige Treppenräume müssen entraucht werden können.

(2) Für die Entrauchung von Versammlungsräumen und sonstigen Aufenthaltsräumen mit nicht mehr als 1000 m² Grundfläche genügen Rauchableitungsöffnungen mit einer freien Öffnungsfläche von insgesamt 1 Prozent der Grundfläche, Fenster oder Türen mit einer freien Öffnungsfläche von insgesamt 2 Prozent der Grundfläche oder maschinelle Rauchabzugsanlagen mit einem Luftvolumenstrom von 36 m³/h je Quadratmeter Grundfläche.

(3) Für die Entrauchung von Versammlungsräumen und sonstigen Aufenthaltsräumen mit mehr als 1000 m² Grundfläche sowie von Bühnen müssen Rauchabzugsanlagen vorhanden sein, die so bemessen sind, dass sie eine raucharme Schicht von mindestens 2,50 m auf allen zu entrauchenden Ebenen, bei Bühnen jedoch mindestens eine raucharme Schicht von der Höhe der Bühnenöffnung, ermöglichen.

(4) Notwendige Treppenräume müssen Rauchableitungsöffnungen mit einer freien Öffnungsfläche von mindestens 1 m² haben.

(5) ¹Rauchableitungsöffnungen sollen an der höchsten Stelle des Raumes liegen und müssen unmittelbar ins Freie führen. ²Die Rauchableitung über Schächte mit strömungstechnisch äquivalenten Querschnitten ist zulässig, wenn die Wände der Schächte die Anforderungen nach § 3 Abs. 3 erfüllen. ³Die Austrittsöffnungen müssen mindestens 0,25 m über der Dachfläche liegen. ⁴Fenster und Türen, die auch der Rauchableitung dienen, müssen im oberen Drittel der Außenwand der zu entrauchenden Ebene angeordnet werden.

(6) Die Abschlüsse der Rauchableitungsöffnungen von Bühnen mit Schutzvorhang müssen bei einem Überdruck von 350 Pa selbsttätig öffnen; eine automatische Auslösung durch geeignete Temperaturmelder ist zulässig.

(7) ¹Maschinelle Rauchabzugsanlagen sind für eine Betriebszeit von 30 Minuten bei einer Rauchgastemperatur von 300 °C auszulegen. ²Maschinelle Lüftungsanlagen können als maschinelle Rauchabzugsanlagen betrieben werden, wenn sie die an diese gestellten Anforderungen erfüllen.

(8) ¹Die Vorrichtungen zum Öffnen oder Einschalten der Rauchabzugsanlagen, der Abschlüsse der Rauchableitungsöffnungen und zum Öffnen der nach Absatz 5 angerechneten Fenster müssen von einer jederzeit zugänglichen Stelle im Raum aus leicht bedient werden können. ²Bei notwendigen Treppenräumen muss die Vorrichtung zum Öffnen von jedem Geschoss aus leicht bedient werden können.

(9) ¹Jede Bedienungsstelle muss mit einem Hinweisschild mit der Bezeichnung „RAUCHABZUG" und der Bezeichnung des jeweiligen Raumes gekennzeichnet sein. ²An der Bedienungsvorrichtung muss die Betriebsstellung der Anlage oder Öffnung erkennbar sein.

§ 17 Heizungsanlagen und Lüftungsanlagen. (1) ¹Heizungsanlagen in Versammlungsstätten müssen dauerhaft fest eingebaut sein. ²Sie müssen so angeordnet sein, dass ausreichende Abstände zu Personen, brennbaren Bauprodukten und brennbarem Material eingehalten werden und keine Beeinträchtigung durch Abgase entstehen.

(2) Versammlungsräume und sonstige Aufenthaltsräume mit mehr als 200 m² Grundfläche müssen Lüftungsanlagen haben.

§ 18 Stände und Arbeitsgalerien für Licht-, Ton-, Bild- und Regieanlagen. (1) ¹Stände und Arbeitsgalerien für den Betrieb von Licht-, Ton-, Bild- und Regieanlagen, wie Schnürböden, Beleuchtungstürme oder Arbeitsbrücken, müssen aus nichtbrennbaren Baustoffen bestehen. ²Der Abstand zwischen Arbeitsgalerien und Raumdecken muss mindestens 2 m betragen.

(2) ¹Von Arbeitsgalerien müssen mindestens zwei Rettungswege erreichbar sein. ²Jede Arbeitsgalerie einer Hauptbühne muss auf beiden Seiten der Hauptbühne einen Ausgang zu Rettungswegen außerhalb des Bühnenraumes haben.

(3) Öffnungen in Arbeitsgalerien müssen so gesichert sein, dass Personen oder Gegenstände nicht herabfallen können.

§ 19 Feuerlöscheinrichtungen und -anlagen. (1) ¹Versammlungsräume, Bühnen, Foyers, Werkstätten, Magazine, Lagerräume und notwendige Flure sind mit geeigneten Feuerlöschern in ausreichender Zahl auszustatten. ²Die Feuerlöscher sind gut sichtbar und leicht zugänglich anzubringen.

(2) In Versammlungsstätten mit Versammlungsräumen von insgesamt mehr als 1000 m² Grundfläche müssen Wandhydranten in ausreichender Zahl gut sichtbar und leicht zugänglich an geeigneten Stellen angebracht sein.

(3) Versammlungsstätten mit Versammlungsräumen von insgesamt mehr als 3600 m² Grundfläche müssen eine automatische Feuerlöschanlage haben; dies gilt nicht für Versammlungsstätten, deren Versammlungsräume jeweils nicht mehr als 400 m² Grundfläche haben.

(4) Foyers oder Hallen, durch die Rettungswege aus anderen Versammlungsräumen führen, müssen eine automatische Feuerlöschanlage haben.

(5) Versammlungsräume, bei denen eine Fußbodenebene höher als 22 m über der Geländeroberfläche liegt, sind nur in Gebäuden mit automatischer Feuerlöschanlage zulässig.

(6) Versammlungsräume in Kellergeschossen müssen eine automatische Feuerlöschanlage haben.

(7) In Versammlungsräumen müssen offene Küchen oder ähnliche Einrichtungen mit einer Grundfläche von mehr als 30 m² eine dafür geeignete automatische Feuerlöschanlage haben.

(8) Die Wirkung automatischer Feuerlöschanlagen darf durch überdeckte oder mehrgeschossige Ausstellungs- oder Dienstleistungsstände nicht beeinträchtigt werden.

(9) Automatische Feuerlöschanlagen müssen an eine Brandmelderzentrale angeschlossen sein.

§ 20 Bandmelde- und Alarmierungsanlagen, Brandmelder- und Alarmzentrale, Brandfallsteuerung der Aufzüge. (1) Versammlungsstätten mit Versammlungsräumen von insgesamt mehr als 1000 m² Grundfläche müssen Brandmeldeanlagen mit automatischen und nichtautomatischen Brandmeldern haben.

(2) Versammlungsstätten mit Versammlungsräumen von insgesamt mehr als 1000 m² Grundfläche müssen Alarmierungs- und Lautsprecheranlagen haben, mit denen im Gefahrenfall Besucher, Mitwirkende und Betriebsangehörige alarmiert und Anweisungen erteilt werden können.

(3) In Versammlungsstätten mit Versammlungsräumen von insgesamt mehr als 1000 m² Grundfläche müssen zusätzlich zu den örtlichen Bedienungsvorrichtungen zentrale Bedienungsvorrichtungen für Rauchabzugs-, Feuerlösch-, Brandmelde-, Alarmierungs- und Lautsprecheranlagen in einem für die Feuerwehr leicht zugänglichen Raum (Brandmelder- und Alarmzentrale) zusammengefasst werden.

(4) [1]In Versammlungsstätten mit Versammlungsräumen von insgesamt mehr als 1000 m² Grundfläche müssen die Aufzüge mit einer Brandfallsteuerung ausgestattet sein, die durch die automatische Brandmeldeanlage ausgelöst wird. [2]Die Brandfallsteuerung muss sicherstellen, dass die Aufzüge ein Geschoss mit Ausgang ins Freie oder das diesem nächstgelegene, nicht von der Brandmeldung betroffene Geschoss unmittelbar anfahren und dort mit geöffneten Türen außer Betrieb gehen.

(5) [1]Automatische Brandmeldeanlagen müssen durch technische Maßnahmen gegen Falschalarme gesichert sein. [2]Brandmeldungen müssen von der Brandmelderzentrale unmittelbar und automatisch zur Leitstelle der Feuerwehr weitergeleitet werden.

§ 21 Werkstätten, Magazine und Lagerräume. (1) Für feuergefährliche Arbeiten, wie Schweiß-, Löt- oder Klebearbeiten, müssen dafür geeignete Werkstätten vorhanden sein.

(2) Für das Aufbewahren von Dekorationen, Requisiten und anderem brennbaren Material müssen eigene Lagerräume (Magazine) vorhanden sein.

(3) Für die Sammlung von Abfällen und Wertstoffen müssen dafür geeignete Behälter im Freien oder besondere Lagerräume vorhanden sein.

(4) Werkstätten, Magazine und Lagerräume dürfen mit notwendigen Treppenräumen nicht in unmittelbarer Verbindung stehen.

Teil 3. Besondere Bauvorschriften

Abschnitt 1. Großbühnen

§ 22 Bühnenhaus. (1) In Versammlungsstätten mit Großbühnen sind alle für den Bühnenbetrieb notwendigen Räume und Einrichtungen in einem eigenen, von dem Zuschauerhaus getrennten Bühnenhaus unterzubringen.

(2) [1]Die Trennwand zwischen Bühnen- und Zuschauerhaus muss feuerbeständig und in der Bauart einer Brandwand hergestellt sein. [2]Türen in dieser Trennwand müssen feuerbeständig und selbstschließend sein.

§ 23 Schutzvorhang. (1) [1]Die Bühnenöffnung von Großbühnen muss gegen den Versammlungsraum durch einen Vorhang aus nichtbrennbarem Material dicht geschlossen werden können (Schutzvorhang). [2]Der Schutzvorhang muss durch sein Eigengewicht schließen können. [3]Die Schließzeit darf 30 Sekunden nicht überschreiten. [4]Der Schutzvorhang muss einem Druck von 450 Pa nach beiden Richtungen standhalten. [5]Eine höchstens 1 m breite, zur Hauptbühne sich öffnende, selbsttätig schließende Tür im Schutzvorhang ist zulässig.

(2) [1]Der Schutzvorhang muss so angeordnet sein, dass er im geschlossenen Zustand an allen Seiten an feuerbeständige Bauteile anschließt. [2]Der Bühnenboden darf unter dem Schutzvorhang durchgeführt werden. [3]Das untere Profil dieses Schutzvorhangs muss ausreichend steif sein oder mit Stahldornen in entsprechende stahlbewehrte Aussparungen im Bühnenboden eingreifen.

(3) [1]Die Vorrichtung zum Schließen des Schutzvorhangs muss mindestens an zwei Stellen von Hand ausgelöst werden können. [2]Beim Schließen muss auf der Bühne ein Warnsignal zu hören sein.

§ 24 Feuerlösch- und Brandmeldeanlagen. (1) Großbühnen müssen eine automatische Sprühwasserlöschanlage haben, die auch den Schutzvorhang beaufschlagt.

(2) Die Sprühwasserlöschanlage muss zusätzlich mindestens von zwei Stellen aus von Hand in Betrieb gesetzt werden können.

(3) In Großbühnen müssen neben den Ausgängen zu den Rettungswegen in Höhe der Arbeitsgalerien und des Schnürbodens Wandhydranten vorhanden sein.

(4) Großbühnen und Räume mit besonderen Brandgefahren müssen eine Brandmeldeanlage mit automatischen und nichtautomatischen Brandmeldern haben.

(5) Die Auslösung eines Alarmes muss optisch und akustisch am Platz der Brandsicherheitswache erkennbar sein.

§ 25 Platz für die Brandsicherheitswache. (1) [1]Auf jeder Seite der Bühnenöffnung muss für die Brandsicherheitswache ein besonderer Platz mit einer Grundfläche von mindestens 1 m × 1 m und einer Höhe von mindestens 2,20 m vorhanden sein. [2]Die Brandsicherheitswache muss die Fläche, die bespielt wird, überblicken und betreten können.

(2) [1]Am Platz der Brandsicherheitswache müssen die Vorrichtung zum Schließen des Schutzvorhangs und die Auflösevorrichtungen der Rauchabzugs- und Sprühwasserlöschanlagen der Bühne sowie ein nichtautomatischer Brandmelder leicht erreichbar angebracht und durch Hinweisschilder gekennzeichnet sein. [2]Die Auslösevorrichtungen müssen beleuchtet sein. [3]Diese Beleuchtung muss an die Sicherheitsstromversorgung angeschlossen sein. [4]Die Vorrichtungen sind gegen unbeabsichtigtes Auslösen zu sichern.

Abschnitt 2. Versammlungsstätten mit mehr als 5000 Besucherplätzen

§ 26 Räume für Lautsprecherzentrale, Polizei, Feuerwehr, Sanitäts- und Rettungsdienst. (1) [1]Mehrzweckhallen und Sportstadien müssen einen Raum für eine Lautsprecherzentrale haben, von dem aus die Besucherbereiche und der Innenbereich überblickt und Polizei, Feuerwehr und Rettungsdienste benachrichtigt werden können. [2]Die Lautsprecheranlage muss eine Vorrangschaltung für die Einsatzleitung der Polizei haben.

(2) [1]In Mehrzweckhallen und Sportstadien sind ausreichend große Räume für die Polizei und die Feuerwehr anzuordnen. [2]Der Raum für die Einsatzleitung der Polizei muss eine räumliche Verbindung mit der Lautsprecherzentrale haben und mit Anschlüssen für eine Videoanlage zur Überwachung der Besucherbereiche ausgestattet sein.

(3) Wird die Funkkommunikation der Einsatzkräfte von Polizei und Feuerwehr innerhalb der Versammlungsstätte durch die bauliche Anlage gestört, ist die Versammlungsstätte mit technischen Anlagen zur Unterstützung des Funkverkehrs auszustatten.

(4) In Mehrzweckhallen und Sportstadien muss mindestens ein ausreichend großer Raum für den Sanitäts- und Rettungsdienst vorhanden sein.

§ 27 Abschrankung und Blockbildung in Sportstadien mit mehr als 10 000 Besucherplätzen. (1) [1]Die Besucherplätze müssen vom Innenbereich durch mindestens 2,20 m hohe Abschrankungen abgetrennt sein. [2]In diesen Abschrankungen sind den Stufengängen zugeordnete, mindestens 1,80 m breite Tore anzuordnen, die sich im Gefahrenfall leicht zum Innenbereich hin öffnen lassen. [3]Die Tore dürfen nur vom Innenbereich oder von zentralen Stellen aus zu öffnen sein und müssen in geöffnetem Zustand durch selbsteinrastende Feststeller gesichert werden. [4]Der Übergang in den Innenbereich muss niveaugleich sein.

(2) Stehplätze müssen in Blöcken für höchstens 2500 Besucher angeordnet werden, die durch mindestens 2,20 m hohe Abschrankungen mit eigenen Zugängen abgetrennt sind.

(3) Die Anforderungen nach den Absätzen 1 oder 2 gelten nicht, wenn in dem mit den für öffentliche Sicherheit und Ordnung zuständigen Behörden abgestimmten Sicherheitskonzept nachgewiesen wird, dass abweichende Abschrankungen oder Blockbildungen unbedenklich sind.

§ 28 Wellenbrecher. [1]Werden mehr als fünf Stufen von Stehplatzreihen hintereinander angeordnet, so ist vor der vordersten Stufe eine durchgehende Schranke von 1,10 m Höhe anzuordnen. [2]Nach jeweils fünf weiteren Stufen sind Schranken gleicher Höhe (Wellenbrecher) anzubringen, die mindestens 3 m und höchstens 5,50 m lang sind. [3]Die seitlichen Abstände zwischen den Wellenbrechern dürfen nicht mehr als 5 m betragen. [4]Die Abstände sind nach höchstens fünf Stehplatzreihen durch versetzt angeordnete Wellenbrecher zu überdecken, die auf beiden Seiten mindestens 0,25 m länger sein müssen als die seitlichen Abstände zwischen den Wellenbrechern. [5]Die Wellenbrecher sind im Bereich der Stufenvorderkante anzuordnen.

§ 29 Abschrankung von Stehplätzen und Szenenflächen. (1) Werden vor Szenenflächen Stehplätze für Besucher angeordnet, so sind die Besucherplätze von der Szenenfläche durch eine Abschrankung so abzutrennen, dass zwischen der Szenenfläche und der Abschrankung ein Gang von mindestens 2 m Breite für den Ordnungsdienst und Rettungskräfte vorhanden ist.

(2) [1]Werden vor Szenenflächen mehr als 5000 Stehplätze für Besucher angeordnet, so sind durch mindestens zwei weitere Abschrankungen vor der Szenenfläche nur von den Seiten zugängliche Stehplatzbereiche zu bilden. [2]Die Abschrankungen müssen an den Seiten einen Abstand von jeweils mindestens 5 m und über die Breite der Szenenfläche einen Abstand von mindestens 10 m haben.

§ 30 Einfriedungen und Eingänge. (1) Stadionanlagen müssen eine mindestens 2,20 m hohe Einfriedung haben, die das Überklettern erschwert.

(2) [1]Vor den Eingängen sind Geländer so anzuordnen, dass Besucher nur einzeln und hintereinander Einlass finden. [2]Es sind Einrichtungen für Zugangskontrollen sowie für die Durchsuchung von Personen und Sachen vorzusehen. [3]Für die Einsatzkräfte von Polizei, Feuerwehr und Rettungsdiensten sind von den Besuchereingängen getrennte Eingänge anzuordnen.

(3) [1]Für Einsatz- und Rettungsfahrzeuge müssen besondere Zufahrten, Aufstell- und Bewegungsflächen vorhanden sein. [2]Von den Zufahrten und Aufstellflächen aus müssen die Eingänge der Versammlungsstätten unmittelbar erreichbar sein. [3]Für Einsatz- und Rettungsfahrzeuge muss eine Zufahrt zum Innenbereich vorhanden sein. [4]Die Zufahrten, Aufstell- und Bewegungsflächen müssen gekennzeichnet sein.

Teil 4. Besondere Betriebsvorschriften

Abschnitt 1. Rettungswege, Besucherplätze

§ 31 Rettungswege, Flächen für die Feuerwehr. (1) [1]Rettungswege auf dem Grundstück sowie Zufahrten, Aufstell- und Bewegungsflächen für Einsatzfahrzeuge von Polizei, Feuerwehr und Rettungsdiensten müssen ständig frei gehalten werden. [2]Darauf ist dauerhaft und gut sichtbar hinzuweisen.

(2) Rettungswege in der Versammlungsstätte müssen ständig frei gehalten werden.

(3) Während des Betriebes müssen alle Türen von Rettungswegen unverschlossen sein.

§ 32 Besucherplätze nach dem Bestuhlungs- und Rettungswegeplan.

(1) Die Zahl der im Bestuhlungs- und Rettungswegeplan genehmigten Besucherplätzen darf nicht überschritten und die genehmigte Anordnung der Besucherplätze darf nicht geändert werden.

(2) Eine Ausfertigung des für die jeweilige Nutzung genehmigten Planes ist in der Nähe des Haupteinganges eines jeden Versammlungsraumes gut sichtbar anzubringen.

(3) Ist nach der Art der Veranstaltung die Abschrankung der Stehflächen vor Szenenflächen erforderlich, sind Abschrankungen nach § 29 auch in Versammlungsstätten mit weniger als 5000 Stehplätzen einzurichten.

Abschnitt 2. Brandverhütung

§ 33 Vorhänge, Sitze, Ausstattungen, Requisiten und Ausschmückungen. (1) Vorhänge von Bühnen und Szenenflächen müssen aus mindestens schwerentflammbarem Material bestehen.

(2) [1] Sitze von Versammlungsstätten mit mehr als 5000 Besucherplätzen müssen aus mindestens schwerentflammbarem Material bestehen. [2] Die Unterkonstruktion muss aus nichtbrennbarem Material bestehen.

(3) [1] Ausstattungen müssen aus mindestens schwerentflammbarem Material bestehen. [2] Bei Bühnen oder Szenenflächen mit automatischen Feuerlöschanlagen genügen Ausstattungen aus normalentflammbarem Material.

(4) Requisiten müssen aus mindestens normalentflammbarem Material bestehen.

(5) [1] Ausschmückungen müssen aus mindestens schwerentflammbarem Material bestehen. [2] Ausschmückungen in notwendigen Fluren und notwendigen Treppenräumen müssen aus nichtbrennbarem Material bestehen.

(6) [1] Ausschmückungen müssen unmittelbar an Wänden, Decken oder Ausstattungen angebracht werden. [2] Frei im Raum hängende Ausschmückungen sind zulässig, wenn sie einen Abstand von mindestens 2,50 m zum Fußboden haben. [3] Ausschmückungen aus natürlichem Pflanzenschmuck dürfen sich nur so lange, wie sie frisch sind, in den Räumen befinden.

(7) Der Raum unter dem Schutzvorhang ist von Ausstattungen, Requisiten oder Ausschmückungen so freizuhalten, dass die Funktion des Schutzvorhangs nicht beeinträchtigt wird.

(8) Brennbares Material muss von Zündquellen, wie Scheinwerfern oder Heizstrahlern, so weit entfernt sein, dass das Material durch diese nicht entzündet werden kann.

§ 34 Aufbewahrung von Ausstattungen, Requisiten, Ausschmückungen und brennbarem Material. (1) Ausstattungen, Requisiten und Ausschmückungen dürfen nur außerhalb der Bühnen und der Szenenfläche aufbewahrt werden; dies gilt nicht für den Tagesbedarf.

(2) Auf den Bühnenerweiterungen dürfen Szenenaufbauten der laufenden Spielzeit bereitgestellt werden, wenn die Bühnenerweiterungen durch Tore gegen die Hauptbühne abgetrennt sind.

(3) An den Zügen von Bühnen oder Szenenflächen dürfen nur Ausstattungsteile für einen Tagesbedarf hängen.

(4) Pyrotechnische Sätze, Gegenstände und Anzündmittel, brennbare Flüssigkeiten und anderes brennbares Material, insbesondere Packmaterial, dürfen nur in den dafür vorgesehenen Magazinen aufbewahrt werden.

§ 35 Rauchen, Verwendung von offenem Feuer und pyrotechnischen Gegenständen. (1) [1] Auf Bühnen und Szenenflächen, in Werkstätten und Magazinen ist das Rauchen verboten. [2] Das Rauchverbot gilt nicht für Darsteller und Mitwirkende auf Bühnen- und Szenenflächen während der Proben und Veranstaltungen, soweit das Rauchen in der Art der Veranstaltungen begründet ist.

(2) [1]In Versammlungsräumen, auf Bühnen- und Szenenflächen und in Sportstadien ist das Verwenden von offenem Feuer, brennbaren Flüssigkeiten und Gasen, pyrotechnischen Sätzen, Gegenständen und Anzündmitteln und anderen explosionsgefährlichen Stoffen verboten, § 17 Abs. 1 bleibt unberührt. [2]Das Verwendungsverbot gilt nicht, soweit das Verwenden von offenem Feuer, brennbaren Flüssigkeiten und Gasen sowie pyrotechnischen Sätzen, Gegenständen und Anzündmitteln in der Art der Veranstaltung begründet ist und der Veranstalter die erforderlichen Brandschutzmaßnahmen im Einzelfall mit der für den Brandschutz zuständigen Dienststelle abgestimmt hat. [3]Für den Umgang mit pyrotechnischen Sätzen, Gegenständen und Anzündmitteln gelten die sprengstoffrechtlichen Vorschriften.

(3) Die Verwendung von Kerzen und ähnlichen Lichtquellen als Tischdekoration sowie die Verwendung von offenem Feuer in dafür vorgesehenen Kücheneinrichtungen zur Zubereitung von Speisen ist zulässig.

(4) Auf die Verbote der Absätze 1 und 2 ist dauerhaft und gut sichtbar hinzuweisen.

Abschnitt 3. Betrieb technischer Einrichtungen

§ 36 Bedienung und Wartung der technischen Einrichtungen, Laseranlagen. (1) [1]Der Schutzvorhang muss täglich vor der ersten Vorstellung oder Probe durch Aufziehen und Herablassen auf seine Betriebsbereitschaft geprüft werden. [2]Der Schutzvorhang ist nach jeder Vorstellung herabzulassen und zu allen arbeitsfreien Zeiten geschlossen zu halten.

(2) Die Automatik der Sprühwasserlöschanlage kann während der Dauer der Anwesenheit der Verantwortlichen für Veranstaltungstechnik abgeschaltet werden.

(3) Die automatische Brandmeldeanlage kann abgeschaltet werden, soweit dies in der Art der Veranstaltung begründet ist und der Veranstalter die erforderlichen Brandschutzmaßnahmen im Einzelfall mit der für den Brandschutz zuständigen Dienststelle abgestimmt hat.

(4) Während des Aufenthaltes von Personen in Räumen, für die eine Sicherheitsbeleuchtung vorgeschrieben ist, muss diese in Betrieb sein, soweit die Räume nicht ausreichend durch Tageslicht erhellt sind.

(5) Auf den Betrieb von Laseranlagen in den für Besucher zugänglichen Bereichen sind die arbeitsschutzrechtlichen Vorschriften entsprechend anzuwenden.

§ 37 Prüfungen. (1) Der Betreiber der Versammlungsstätte hat folgende technische Anlagen und Einrichtungen durch anerkannte Sachverständige nach § 1 der Bausachverständigenverordnung vom 15. Juli 1986 (GBl. S. 305) in der jeweils geltenden Fassung auf ihre Wirksamkeit und Betriebssicherheit prüfen zu lassen:

1. Lüftungsanlagen, ausgenommen solche, die einzelne Räume im selben Geschoss unmittelbar ins Freie be- oder entlüften (§ 17),

2. Rauchabzugsanlagen sowie maschinelle Anlagen zur Rauchfreihaltung von Rettungswegen (§ 16),

3. selbsttätige Feuerlöschanlagen, wie Sprinkleranlagen, Sprühwasser-Löschanlagen und Wassernebel-Löschanlagen (§§ 19, 24),

4. nichtselbsttätige Feuerlöschanlagen mit nassen Steigleitungen und Druckerhöhungsanlagen einschließlich des Anschlusses an die Wasserversorgungsanlage (§ 19),

5. Brandmelde- und Alarmierungsanlagen (§§ 20, 24),

6. Sicherheitsstromversorgungsanlagen einschließlich der angeschlossenen sicherheitstechnischen Einrichtungen (§ 14).

(2) Die Prüfungen nach Absatz 1 und 4 sind vor der ersten Inbetriebnahme und unverzüglich nach einer wesentlichen Änderung der technischen Anlagen und Einrichtungen durchführen zu lassen.

(3) Die Prüfungen nach Absatz 1 und 4 sind wiederkehrend innerhalb einer Frist von drei Jahren durchführen zu lassen.

(4) [1]Blitzschutzanlagen sind von Sachkundigen prüfen zu lassen. [2]Sachkundige sind Personen, die auf Grund ihrer fachlichen Ausbildung und Erfahrung ausreichende Kenntnisse auf dem jeweiligen Fachgebiet haben und mit den einschlägigen Vorschriften und den allgemein anerkannten Regeln der Technik vertraut sind.

(5) Der Bauherr oder der Betreiber hat die Prüfungen nach den Absätzen 1 bis 4 zu veranlassen, dafür die nötigen Vorrichtungen und fachlich geeigneten Arbeitskräfte bereitzustellen und die erforderlichen Unterlagen bereitzuhalten.

(6) Der Bauherr oder der Betreiber hat die Berichte über die Prüfungen vor der ersten Inbetriebnahme und vor Wiederinbetriebnahme nach wesentlichen Änderungen der zuständigen Baurechtsbehörde zu übersenden sowie die Berichte über wiederkehrende Prüfungen mindestens fünf Jahre aufzubewahren und der Baurechtsbehörde auf Verlangen vorzulegen.

(7) Der Bauherr oder Betreiber hat die bei den Prüfungen festgestellten Mängel unverzüglich beseitigen zu lassen und dem Sachverständigen die Beseitigung mitzuteilen.

(8) Der Sachverständige hat der Baurechtsbehörde mitzuteilen,

1. wann er die Prüfungen nach Absatz 1 durchgeführt hat und

2. welche hierbei festgestellten Mängel der Bauherr oder Betreiber nicht unverzüglich hat beseitigen lassen.

Abschnitt 4. Verantwortliche Personen, besondere Betriebsvorschriften

§ 38 Pflichten der Betreiber, Veranstalter und Beauftragten. (1) Der Betreiber ist für die Sicherheit der Veranstaltung und die Einhaltung der Vorschriften verantwortlich.

(2) Während des Betriebes von Versammlungsstätten muss der Betreiber oder ein von ihm beauftragter Veranstaltungsleiter ständig anwesend sein.

(3) Der Betreiber muss die Zusammenarbeit von Ordnungsdienst, Brandsicherheitswache und Sanitätswache mit der Polizei, der Feuerwehr und dem Rettungsdienst gewährleisten.

(4) Der Betreiber ist zur Einstellung des Betriebes verpflichtet, wenn für die Sicherheit der Versammlungsstätte notwendige Anlagen, Einrichtungen oder

Vorrichtungen nicht betriebsfähig sind oder wenn Betriebsvorschriften nicht eingehalten werden können.

(5) [1]Der Betreiber kann die Verpflichtungen nach den Absätzen 1 bis 4 durch schriftliche Vereinbarung auf den Veranstalter übertragen, wenn dieser oder dessen beauftragter Veranstaltungsleiter mit der Versammlungsstätte und deren Einrichtungen vertraut ist. [2]Die Verantwortung des Betreibers bleibt unberührt.

§ 39 Verantwortliche für Veranstaltungstechnik. (1) [1]Verantwortliche für Veranstaltungstechnik sind

1. die Geprüften Meister für Veranstaltungstechnik der Fachrichtungen Bühne/Studio, Beleuchtung, Halle nach der Verordnung über die Prüfung zum anerkannten Abschluss „Geprüfter Meister für Veranstaltungstechnik/Geprüfte Meisterin für Veranstaltungstechnik" in den Fachrichtungen Bühne/Studio, Beleuchtung, Halle, vom 26. Januar 1997 (BGBl. I S. 118), zuletzt geändert durch Verordnung vom 29. Juli 2002 (BGBl. I S. 2904),

2. technische Fachkräfte mit bestandenem fachrichtungsspezifischem Teil der Prüfung nach § 3 Abs. 1 Nr. 2 in Verbindung mit den §§ 5, 6 oder 7 der Verordnung über die Prüfung zum anerkannten Abschluss „Geprüfter Meister für Veranstaltungstechnik/Geprüfte Meisterin für Veranstaltungstechnik" in den Fachrichtungen Bühne/Studio, Beleuchtung, Halle, in der jeweiligen Fachrichtung,

3. Diplomingenieure der Fachrichtung Theater-, Veranstaltungs- und Produktionstechnik mit mindestens einem Jahr Berufserfahrung im technischen Betrieb von Bühnen, Studios und Mehrzweckhallen in der jeweiligen Fachrichtung, denen die Industrie- und Handelskammer Karlsruhe ein Befähigungszeugnis nach Anlage 1[1]) ausgestellt hat,

4. technische Fachkräfte, die den Befähigungsnachweis nach den bis zum Inkrafttreten dieser Verordnung geltenden Vorschriften erworben haben.

[2]Auf Antrag stellt die Industrie- und Handelskammer Karlsruhe auch den Personen nach Satz 1 Nr. 1 und 2 ein Befähigungszeugnis nach Anlage 1[1]) aus. [3]Die in einem anderen Land der Bundesrepublik Deutschland ausgestellten Befähigungszeugnisse werden anerkannt.

(2) Ausbildungen, die in einem anderen Mitgliedstaat der Europäischen Union oder einem Vertragsstaat des Abkommens über den Europäischen Wirtschaftsraum erworben und durch eine Zeugnis nachgewiesen werden, sind entsprechend den Richtlinien 89/48/EWG des Rates vom 21. Dezember 1988 über eine allgemeine Regelung zur Anerkennung der Hochschuldiplome, die eine mindestens dreijährige Berufsausbildung abschließen (ABl. Nr. L 019 vom 24. Januar 1989 S. 16) und Richtlinie 92/51/EWG des Rates vom 18. Juni 1992 über eine zweite Regelung zur Anerkennung beruflicher Befähigungsnachweise in Ergänzung der Richtlinie 89/48/EWG (ABl. Nr. L 209 vom 24. Juli 1992) den in Absatz 1 genannten Ausbildungen gleichgestellt.

§ 40 Aufgaben und Pflichten der Verantwortlichen für Veranstaltungstechnik, technische Probe. (1) Die Verantwortlichen für Veranstaltungstechnik müssen mit den bühnen-, studio- und beleuchtungstechnischen

---

[1]) Hier nicht wiedergegeben.

und sonstigen technischen Einrichtungen der Versammlungsstätte vertraut sein und deren Sicherheit und Funktionsfähigkeit, insbesondere hinsichtlich des Brandschutzes, während des Betriebes gewährleisten.

(2) Der Auf- oder Abbau bühnen-, studio- und beleuchtungstechnischer Einrichtungen von Großbühnen oder Szenenflächen mit mehr als 200 m² Grundfläche oder in Mehrzweckhallen mit mehr als 5000 Besucherplätzen sowie bei wesentlichen Wartungs- und Instandsetzungsarbeiten an diesen Einrichtungen und bei technischen Proben müssen von einem Verantwortlichen für Veranstaltungstechnik geleitet und beaufsichtigt werden.

(3) Bei Generalproben, Veranstaltungen, Sendungen oder Aufzeichnungen von Veranstaltungen auf Großbühnen oder Szenenflächen mit mehr als 200 m² Grundfläche oder in Mehrzweckhallen mit mehr als 5000 Besucherplätzen müssen mindestens ein Verantwortlicher für Veranstaltungstechnik der Fachrichtung Bühne/Studio oder der Fachrichtung Halle sowie ein Verantwortlicher für Veranstaltungstechnik der Fachrichtung Beleuchtung anwesend sein.

(4) Bei Szenenflächen mit mehr als 100 m² und nicht mehr als 200 m² Grundfläche oder in Mehrzweckhallen mit nicht mehr als 5000 Besucherplätzen müssen beim Auf- oder Abbau von bühnen-, studio- und beleuchtungstechnischen Einrichtungen die Aufgaben nach den Absätzen 1 bis 3 zumindest von einer Fachkraft für Veranstaltungstechnik mit abgeschlossener Berufsausbildung gemäß den einschlägigen verordnungsrechtlichen Ausbildungsvorschriften und mindestens drei Jahren Berufserfahrung wahrgenommen werden.

(5) Die Anwesenheit nach Absatz 3 und 4 ist nicht erforderlich,

1. wenn die Sicherheit und Funktionsfähigkeit der bühnen-, studio- und beleuchtungstechnischen sowie der sonstigen technischen Einrichtungen der Versammlungsstätte vom Verantwortlichen für Veranstaltungstechnik überprüft wurden und diese Einrichtungen während der Veranstaltung nicht bewegt oder sonst verändert werden, oder

2. wenn von Art oder Ablauf der Veranstaltung keine Gefahren ausgehen können

   und die Aufsicht führende Person mit den technischen Einrichtungen vertraut ist.

(6) ¹Bei Großbühnen sowie bei Szenenflächen mit mehr als 200 m² Grundfläche und bei Gastspielveranstaltungen mit eigenem Szenenaufbau in Versammlungsräumen muss vor der ersten Veranstaltung eine nichtöffentliche technische Probe mit vollem Szenenaufbau und voller Beleuchtung stattfinden. ²Diese technische Probe ist der Baurechtsbehörde mindestens 24 Stunden vorher anzuzeigen. ³Beabsichtigte wesentliche Änderungen des Szenenaufbaues nach der technischen Probe sind der zuständigen Baurechtsbehörde rechtzeitig anzuzeigen. ⁴Die Baurechtsbehörde kann auf die technische Probe verzichten, wenn dies nach der Art der Veranstaltung oder nach dem Umfang des Szenenaufbaues unbedenklich ist.

§ 41 Brandsicherheitswache, Sanitäts- und Rettungsdienst. (1) Bei Veranstaltungen mit erhöhten Brandgefahren hat der Betreiber eine Brandsicherheitswache einzurichten.

(2) ¹Bei jeder Veranstaltung auf Großbühnen sowie Szenenflächen mit mehr als 200 m² Grundfläche muss eine Brandsicherheitswache der Feuerwehr anwesend sein. ²Den Anweisungen der Brandsicherheitswache ist zu folgen. ³Eine Brandsicherheitswache der Feuerwehr ist nicht erforderlich, wenn die für den Brandschutz zuständige Dienststelle dem Betreiber bestätigt, dass er über eine ausreichende Zahl ausgebildeter Kräfte verfügt, die die Aufgaben der Brandsicherheitswache wahrnehmen.

(3) Veranstaltungen mit voraussichtlich mehr als 5000 Besuchern sind der für den Sanitäts- und Rettungsdienst zuständigen Behörde rechtzeitig anzuzeigen.

§ 42 Brandschutzordnung, Feuerwehrpläne. (1) ¹Der Betreiber oder ein von ihm Beauftragter hat im Einvernehmen mit der für den Brandschutz zuständigen Dienststelle eine Brandschutzverordnung aufzustellen und durch Aushang bekannt zu machen. ²In der Brandschutzordnung sind insbesondere die Erforderlichkeit und die Aufgaben eines Brandschutzbeauftragten und der Selbsthilfekräfte für den Brandschutz sowie die Maßnahmen festzulegen, die zur Rettung Behinderter, insbesondere Rollstuhlbenutzer, erforderlich sind.

(2) ¹Das Betriebspersonal ist bei Beginn des Arbeitsverhältnisses und danach mindestens einmal jährlich zu unterweisen über
1. die Lage und die Bedienung der Feuerlöscheinrichtungen und -anlagen, Rauchabzugsanlagen, Brandmelde- und Alarmierungsanlagen und der Brandmelder- und Alarmzentrale,
2. die Brandschutzordnung, insbesondere über das Verhalten bei einem Brand oder bei einer Panik, und
3. die Betriebsvorschriften.
²Der für den Brandschutz zuständigen Dienststelle ist Gelegenheit zu geben, an der Unterweisung teilzunehmen. ³Über die Unterweisung ist eine Niederschrift zu fertigen, die der Baurechtsbehörde auf Verlangen vorzulegen ist.

(3) Im Einvernehmen mit der für den Brandschutz zuständigen Dienststelle sind Feuerwehrpläne anzufertigen und der örtlichen Feuerwehr zur Verfügung zu stellen.

§ 43 Sicherheitskonzept, Ordnungsdienst. (1) Erfordert es die Art der Veranstaltung, hat der Betreiber ein Sicherheitskonzept aufzustellen und einen Ordnungsdienst einzurichten.

(2) ¹Für Versammlungsstätten mit mehr als 5000 Besucherplätzen hat der Betreiber im Einvernehmen mit den für Sicherheit oder Ordnung zuständigen Behörden ein Sicherheitskonzept aufzustellen. ²Im Sicherheitskonzept sind die Mindestzahl der Kräfte des Ordnungsdienstes gestaffelt nach Besucherzahlen und Gefährdungsgraden sowie die betrieblichen Sicherheitsmaßnahmen und die allgemeinen und besonderen Sicherheitsdurchsagen festzulegen.

(3) Der nach dem Sicherheitskonzept erforderliche Ordnungsdienst muss unter der Leitung eines vom Betreiber oder Veranstalter bestellten Ordnungsdienstleiters stehen.

(4) ¹Der Ordnungsdienstleiter und die Ordnungsdienstkräfte sind für die betrieblichen Sicherheitsmaßnahmen verantwortlich. ²Sie sind insbesondere für die Kontrolle an den Ein- und Ausgängen und den Zugängen zu den Besucherblöcken, die Beachtung der maximal zulässigen Besucherzahl und der

Anordnung der Besucherplätze, die Beachtung der Verbote des § 35, die Sicherheitsdurchsagen sowie für die geordnete Evakuierung im Gefahrenfall verantwortlich.

Teil 5. Zusätzliche Bauvorlagen

§ 44 Zusätzliche Bauvorlagen, Bestuhlungs- und Rettungswegeplan.
(1) Mit den Bauvorlagen ist ein Brandschutzkonzept vorzulegen, in dem insbesondere die maximal zulässige Zahl der Besucher, die Anordnung und Bemessung der Rettungswege und die zur Erfüllung der brandschutztechnischen Anforderungen erforderlichen baulichen, technischen und betrieblichen Maßnahmen dargestellt sind.

(2) Für die nach dieser Verordnung erforderlichen technischen Einrichtungen sind insbesondere Pläne, Beschreibungen und Nachweise vorzulegen.

(3) Mit den bautechnischen Nachweisen sind Standsicherheitsnachweise für dynamische Belastungen vorzulegen.

(4) Der Verlauf der Rettungswege im Freien, die Zufahrten und die Aufstell- und Bewegungsflächen für die Einsatz- und Rettungsfahrzeuge sind in einem besonderen Außenanlagenplan darzustellen.

(5) ¹Die Anordnung der Sitz- und Stehplätze, einschließlich der Plätze für Rollstuhlbenutzer, der Bühnen-, Szenen- oder Spielflächen sowie der Verlauf der Rettungswege sind in einem Bestuhlungs- und Rettungswegeplan im Maßstab von mindestens 1:200 darzustellen. ²Sind verschiedene Anordnungen vorgesehen, so ist für jede ein besonderer Plan vorzulegen.

§ 45 Gastspielprüfbuch. (1) Für den eigenen, gleich bleibenden Szenenaufbau von wiederkehrenden Gastspielveranstaltungen kann auf schriftlichen Antrag ein Gastspielprüfbuch erteilt werden.

(2) ¹Das Gastspielprüfbuch muss dem Muster der Anlage 2¹⁾ entsprechen. ²Der Veranstalter ist durch das Gastspielprüfbuch von der Verpflichtung entbunden, an jedem Gastspielort die Sicherheit des Szenenaufbaues und der dazu gehörenden technischen Einrichtungen erneut nachzuweisen.

(3) ¹Das Gastspielprüfbuch wird von der unteren Baurechtsbehörde erteilt, in deren Zuständigkeitsbereich die erste Veranstaltung oder die erste nichtöffentliche technische mit vollem Szenenaufbau und voller Beleuchtung stattfindet. ²Die Geltungsdauer ist auf die Dauer der Tournee zu befristen und kann auf schriftlichen Antrag verlängert werden. ³Vor der Erteilung ist eine technische Probe durchzuführen. ⁴Die in einem anderen Land der Bundesrepublik Deutschland ausgestellten Gastspielprüfbücher werden anerkannt.

(4) ¹Das Gastspielprüfbuch ist der für den Gastspielort zuständigen unteren Baurechtsbehörde rechtzeitig vor der ersten Veranstaltung am Gastspielort vorzulegen. ²Werden für die Gastspielveranstaltung Fliegende Bauten genutzt, ist das Gastspielprüfbuch mit der Anzeige der Aufstellung der Fliegenden Bauten vorzulegen. ³Die Befugnisse nach § 47 LBO²⁾ bleiben unberührt.

---

¹⁾ Hier nicht wiedergegeben.
²⁾ Nr. 1.

Teil 6. Bestehende Versammlungsstätten

§ 46 Anwendung der Vorschriften auf bestehende Versammlungsstätten. (1) Die zum Zeitpunkt des Inkrafttretens der Verordnung bestehenden Versammlungsstätten mit mehr als 5000 Besucherplätzen sind innerhalb von zwei Jahren folgenden Vorschriften anzupassen:
1. Kennzeichnung der Ausgänge und Rettungswege (§ 6 Abs. 6),
2. Sitzplätze (§ 10 Abs. 2 und § 33 Abs. 2),
3. Lautsprecheranlage (§ 20 Abs. 2 und § 26 Abs. 1),
4. Einsatzzentrale für die Polizei (§ 26 Abs. 2),
5. Abschrankung von Besucherbereichen (§ 27 Abs. 1 und 3),
6. Wellenbrecher (§ 28),
7. Abschrankung von Stehplätzen vor Szenenflächen (§ 29).

(2) Auf die zum Zeitpunkt des Inkrafttretens der Verordnung bestehenden Versammlungsstätten sind die Betriebsvorschriften des Teils 4, sowie § 10 Abs. 1, § 14 Abs. 3, § 19 Abs. 8 entsprechend anzuwenden.

(3) [1]Die Baurechtsbehörde hat Versammlungsstätten in Zeitabständen von höchstens drei Jahren zu prüfen. [2]Versammlungsstätten ohne Bühnen- oder Szenenflächen und einem Fassungsvermögen von weniger als 1000 Besucherplätzen sind in Zeitabständen von höchstens fünf Jahren zu prüfen. [3]Dabei ist auch die Einhaltung der Betriebsvorschriften zu überwachen und festzustellen, ob die vorgeschriebenen wiederkehrenden Prüfungen fristgerecht durchgeführt und etwaige Mängel beseitigt worden sind. [4]Den Behörden, deren Aufgabenbereich berührt ist, ist Gelegenheit zur Teilnahme an den Prüfungen zu geben.

Teil 7. Schlussvorschriften

§ 47 Ordnungswidrigkeiten. Ordnungswidrig nach § 75 Abs. 3 Nr. 2 LBO[1]) handelt, wer vorsätzlich oder fahrlässig
1. entgegen § 31 Abs. 1 die Rettungswege auf dem Grundstück, die Zufahrten, Aufstell- und Bewegungsflächen nicht frei hält,
2. entgegen § 31 Abs. 2 die Rettungswege in der Versammlungsstätte nicht frei hält,
3. entgegen § 31 Abs. 3 Türen in Rettungswegen verschließt oder fest stellt,
4. entgegen § 32 Abs. 1 die Zahl der genehmigten Besucherplätze überschreitet oder die genehmigte Anordnung der Besucherplätze ändert,
5. entgegen § 32 Abs. 3 erforderliche Abschrankungen nicht einrichtet,
6. entgegen § 33 Abs. 1 bis 5 andere als die dort genannten Materialien verwendet oder entgegen § 33 Abs. 6 bis 8 anbringt,
7. entgegen § 34 Abs. 1 bis 3 Ausstattungen auf der Bühne aufbewahrt oder nicht von der Bühne entfernt,
8. entgegen § 34 Abs. 4 pyrotechnische Gegenstände, brennbare Flüssigkeiten oder anderes brennbares Material außerhalb der dafür vorgesehenen Magazine aufbewahrt,

---

[1]) Nr. 1.

9. entgegen § 35 Abs. 1 oder 2 raucht oder offenes Feuer, brennbare Flüssig-keiten oder Gase, explosionsgefährliche Stoffe oder pyrotechnische Ge-genstände verwendet,

10. entgegen § 36 Abs. 4 die Sicherheitsbeleuchtung nicht in Betrieb nimmt,

11. entgegen § 36 Abs. 5 Laseranlagen in Betrieb nimmt,

12. entgegen § 37 die vorgeschriebenen Prüfungen nicht oder nicht rechtzei-tig durchführen lässt,

13. als Betreiber, Veranstalter oder beauftragter Veranstaltungsleiter entgegen § 38 Abs. 2 während des Betriebes nicht anwesend ist,

14. als Betreiber, Veranstalter oder beauftragter Veranstaltungsleiter entgegen § 38 Abs. 4 den Betrieb der Versammlungsstätte nicht einstellt,

15. entgegen § 40 Abs. 2 bis 5 in Verbindung mit § 38 Abs. 1 als Betreiber, Veranstalter oder beauftragter Veranstaltungsleiter den Betrieb von Büh-nen oder Szenenflächen zulässt, ohne dass die erforderlichen Verantwort-lichen oder Fachkräfte für Veranstaltungstechnik oder aufsichtsführenden Personen anwesend sind oder wer entgegen § 40 Abs. 2 bis 5 als Verant-wortlicher oder Fachkraft für Veranstaltungstechnik oder aufsichtsführen-de Person die Versammlungsstätte während des Betriebes verlässt,

16. als Betreiber entgegen § 41 Abs. 1 oder 2 nicht für die Durchführung der Brandsicherheitswache sorgt oder entgegen § 41 Abs. 3 die Veranstaltung nicht anzeigt,

17. als Betreiber oder Veranstalter die nach § 42 Abs. 2 vorgeschriebenen Unterweisungen unterlässt,

18. als Betreiber oder Veranstalter entgegen § 43 Abs. 1 bis 3 keinen Ord-nungsdienst oder keinen Ordnungsdienstleiter bestellt,

19. als Ordnungsdienstleiter oder Ordnungsdienstkraft entgegen § 43 Abs. 3 oder 4 seinen Aufgaben nicht nachkommt,

20. als Betreiber einer der Anpassungspflichten nach § 46 Abs. 1 nicht oder nicht fristgerecht nachkommt.

§ 48 Inkrafttreten, eingeleitete Verfahren. (1) [1]Diese Verordnung tritt am ersten Tag des auf die Verkündung[1]) folgenden Monats in Kraft. [2]Gleich-zeitig tritt die Versammlungsstättenverordnung vom 10. August 1974 (GBl. S. 330), geändert durch Verordnung vom 12. Februar 1982 (GBl. S. 67), au-ßer Kraft.

(2) [1]Vor Inkrafttreten dieser Verordnung eingeleitete Verfahren sind nach der bisher geltenden Verordnung weiterzuführen. [2]Auf Verlangen der Antrag-steller sind die Vorschriften dieser Verordnung anzuwenden.

Anlage 1 zu § 39 Abs. 1 VStättVO

(Hier nicht wiedergegeben)

Anlage 2 zu § 45 VStättVO

(Hier nicht wiedergegeben)

---

[1]) Verkündet am 18. 6. 2004.

9. Verordnung des Wirtschaftsministeriums über den Bau und Betrieb von Verkaufsstätten (Verkaufsstättenverordnung – VkVO)

Vom 11. Februar 1997

(GBl. S. 84)

Inhaltsübersicht

Auf Grund von § 73 Abs. 1 Nr. 2, 3 und 4 und Abs. 2 der Landesbauordnung für Baden-Württemberg (LBO)[1] vom 8. August 1995 (GBl. S. 617) wird verordnet:

§ 1 Anwendungsbereich. Die Vorschriften dieser Verordnung gelten für jede Verkaufsstätte, deren Verkaufsräume und Ladenstraßen einschließlich ihrer Bauteile eine Fläche von insgesamt mehr als 2000 m² haben.

---

[1] Nr. 1.

§ 2 Begriffe. (1) [1]Verkaufsstätten sind Gebäude oder Gebäudeteile, die
1. ganz oder teilweise dem Verkauf von Waren dienen,
2. mindestens einen Verkaufsraum haben und
3. keine Messebauten sind.

[2]Zu einer Verkaufsstätte gehören alle Räume, die unmittelbar oder mittelbar, insbesondere durch Aufzüge oder Ladenstraßen, miteinander in Verbindung stehen; als Verbindung gilt nicht die Verbindung durch Treppenräume notwendiger Treppen sowie durch Leitungen, Schächte und Kanäle haustechnischer Anlagen.

(2) Erdgeschossige Verkaufsstätten sind Gebäude mit nicht mehr als einem Geschoß, dessen Fußboden an keiner Stelle mehr als 1 m unter der Geländeoberfläche liegt; dabei bleiben Treppenraumerweiterungen sowie Geschosse außer Betracht, die ausschließlich der Unterbringung haustechnischer Anlagen und Feuerungsanlagen dienen.

(3) [1]Verkaufsräume sind Räume, in denen Waren zum Verkauf oder sonstige Leistungen angeboten werden oder die dem Kundenverkehr dienen, ausgenommen Treppenräume notwendiger Treppen, Treppenraumerweiterungen sowie Garagen. [2]Ladenstraßen gelten nicht als Verkaufsräume.

(4) Ladenstraßen sind überdachte oder überdeckte Flächen, an denen Verkaufsräume liegen und die dem Kundenverkehr dienen.

(5) Treppenraumerweiterungen sind Räume, die Treppenräume mit Ausgängen ins Freie verbinden.

§ 3 Tragende Wände und Stützen. [1]Tragende Wände und Stützen müssen feuerbeständig, bei erdgeschossigen Verkaufsstätten ohne Sprinkleranlagen mindestens feuerhemmend sein. [2]Dies gilt nicht für erdgeschossige Verkaufsstätten mit Sprinkleranlagen.

§ 4 Außenwände. (1) Außenwände müssen bestehen aus
1. nichtbrennbaren Baustoffen, soweit sie nicht feuerbeständig sind, bei Verkaufsstätten ohne Sprinkleranlagen,
2. mindestens schwerentflammbaren Baustoffen, soweit sie nicht feuerbeständig sind, bei Verkaufsstätten mit Sprinkleranlagen,
3. mindestens schwerentflammbaren Baustoffen, soweit sie nicht feuerhemmend sind, bei erdgeschossigen Verkaufsstätten.

(2) § 6 Absatz 1 der Allgemeinen Ausführungsverordnung zur Landesbauordnung (LBOAVO)[1)] bleibt unberührt.

§ 5 Trennwände. (1) Trennwände zwischen einer Verkaufsstätte und Räumen, die nicht zur Verkaufsstätte gehören, müssen feuerbeständig sein und dürfen keine Öffnungen haben.

(2) [1]In Verkaufsstätten ohne Sprinkleranlagen sind Lagerräume mit einer Fläche von jeweils mehr als 100 m² sowie Werkräume mit erhöhter Brandgefahr, wie Schreinereien, Maler- oder Dekorationswerkstätten, von anderen Räumen durch feuerbeständige Wände zu trennen. [2]Diese Werk- und Lagerräume müssen durch feuerbeständige Trennwände so unterteilt werden, daß Abschnitte von nicht mehr als 500 m² entstehen. [3]Öffnungen in den Trenn-

---

[1)] Nr. 2.

wänden müssen mindestens feuerhemmende und selbstschließende Abschlüsse haben.

§ 6 Brandabschnitte. (1) [1]Verkaufsstätten sind durch Brandwände in Brandabschnitte zu unterteilen. [2]Die Fläche der Brandabschnitte darf je Geschoß betragen in

1. erdgeschossigen Verkaufsstätten mit Sprinkleranlagen nicht mehr als 10 000 m²,

2. sonstigen Verkaufsstätten mit Sprinkleranlagen nicht mehr als 5000 m²,

3. erdgeschossigen Verkaufsstätten ohne Sprinkleranlagen nicht mehr als 3000 m²,

4. sonstigen Verkaufsstätten ohne Sprinkleranlagen nicht mehr als 1500 m², wenn sich die Verkaufsstätten über nicht mehr als drei Geschosse erstrecken und die Gesamtfläche aller Geschosse innerhalb eines Brandabschnitts nicht mehr als 3000 m² beträgt.

(2) Abweichend von Absatz 1 können Verkaufsstätten mit Sprinkleranlagen auch durch Ladenstraßen in Brandabschnitte unterteilt werden, wenn

1. die Ladenstraßen mindestens 10 m breit sind (vgl. Anhang Abb. 1[1]) und 2[1]),

2. die Ladenstraßen Rauchabzugsanlagen haben,

3. das Tragwerk der Dächer der Ladenstraßen aus nichtbrennbaren Baustoffen besteht und

4. die Bedachung der Ladenstraßen aus nichtbrennbaren Baustoffen oder, soweit sie lichtdurchlässig ist, aus mindestens schwer entflammbaren Baustoffen besteht; sie darf im Brandfall nicht brennend abtropfen.

(3) In Verkaufsstätten mit Sprinkleranlagen brauchen Brandwände abweichend von Absatz 1 im Kreuzungsbereich mit Ladenstraßen nicht hergestellt werden, wenn

1. die Ladenstraßen eine Breite von mindestens 10 m über eine Länge von mindestens 10 m beiderseits der Brandwände haben (vgl. Anhang Abb. 3[1]) und

2. die Anforderungen nach Absatz 2 Nr. 2 und 3 in diesem Bereich erfüllt sind.

(4) [1]Öffnungen in den Brandwänden nach Absatz 1 sind zulässig, wenn sie selbstschließende und feuerbeständige Abschlüsse haben. [2]Die Abschlüsse müssen Feststellanlagen haben, die bei Raucheinwirkung ein selbsttätiges Schließen bewirken.

(5) Brandwände sind mindestens 30 cm über Dach zu führen oder in Höhe der Dachhaut mit einer beiderseits 50 cm auskragenden feuerbeständigen Platte aus nichtbrennbaren Baustoffen abzuschließen; darüber dürfen brennbare Teile des Daches nicht hinweggeführt werden.

§ 7 Decken. (1) [1]Decken müssen feuerbeständig sein und aus nichtbrennbaren Baustoffen bestehen. [2]Decken über Geschossen, deren Fußboden an keiner Stelle mehr als 1 m unter der Geländeoberfläche liegt, brauchen nur

1. feuerhemmend zu sein und aus nichtbrennbaren Baustoffen zu bestehen in erdgeschossigen Verkaufsstätten ohne Sprinkleranlagen,

---

[1] Hier nicht wiedergegeben.

2. aus nichtbrennbaren Baustoffen zu bestehen in erdgeschossigen Verkaufsstätten mit Sprinkleranlagen.

[3]Für die Beurteilung der Feuerwiderstandsdauer bleiben abgehängte Unterdecken außer Betracht.

(2) [1]Unterdecken einschließlich ihrer Aufhängungen müssen in Verkaufsräumen, Treppenräumen, Treppenraumerweiterungen, notwendigen Fluren und in Ladenstraßen aus nichtbrennbaren Baustoffen bestehen. [2]In Verkaufsräumen mit Sprinkleranlagen dürfen Unterdecken aus brennbaren Baustoffen bestehen, wenn auch der Deckenhohlraum durch die Sprinkleranlagen geschützt ist.

(3) [1]In Decken sind Öffnungen unzulässig. [2]Dies gilt nicht für Öffnungen zwischen Verkaufsräumen, zwischen Verkaufsräumen und Ladenstraßen sowie zwischen Ladenstraßen

1. in Verkaufsstätten mit Sprinkleranlagen,
2. in Verkaufsstätten ohne Sprinkleranlagen, soweit die Öffnungen für nicht notwendige Treppen erforderlich sind.

§ 8 Dächer. (1) Das Tragwerk von Dächern, die den oberen Abschluß von Räumen der Verkaufsstätten bilden oder die von diesen Räumen nicht durch feuerbeständige Bauteile getrennt sind, muß

1. aus nichtbrennbaren Baustoffen bestehen in Verkaufsstätten mit Sprinkleranlagen, ausgenommen in erdgeschossigen Verkaufsstätten,
2. mindestens feuerhemmend sein in erdgeschossigen Verkaufsstätten ohne Sprinkleranlagen,
3. feuerbeständig sein in sonstigen Verkaufsstätten ohne Sprinkleranlagen.

(2) Bedachungen müssen

1. gegen Flugfeuer und strahlende Wärme widerstandsfähig sein und
2. bei Dächern, die den oberen Abschluß von Räumen der Verkaufsstätten bilden oder die von diesen Räumen nicht durch feuerbeständige Bauteile getrennt sind, aus nichtbrennbaren Baustoffen bestehen mit Ausnahme der Dachhaut und der Dampfsperre.

(3) [1]Lichtdurchlässige Bedachungen über Verkaufsräumen und Ladenstraßen dürfen abweichend von Absatz 2 Nr. 1

1. schwerentflammbar sein bei Verkaufsstätten mit Sprinkleranlagen,
2. nichtbrennbar sein bei Verkaufsstätten ohne Sprinkleranlagen.

[2]Sie dürfen im Brandfall nicht brennend abtropfen.

§ 9 Verkleidungen, Dämmstoffe. (1) Außenwandverkleidungen einschließlich der Dämmstoffe und Unterkonstruktionen müssen bestehen aus

1. mindestens schwerentflammbaren Baustoffen bei Verkaufsstätten mit Sprinkleranlagen und bei erdgeschossigen Verkaufsstätten,
2. nichtbrennbaren Baustoffen bei sonstigen Verkaufsstätten ohne Sprinkleranlagen.

(2) Deckenverkleidungen einschließlich der Dämmstoffe und Unterkonstruktionen müssen aus nichtbrennbaren Baustoffen bestehen.

(3) Wandverkleidungen einschließlich der Dämmstoffe und Unterkonstruktionen müssen in Treppenräumen, Treppenraumerweiterungen, notwendigen Fluren und in Ladenstraßen aus nichtbrennbaren Baustoffen bestehen.

§ 10 Rettungswege in Verkaufsstätten. (1) [1]Für jeden Verkaufsraum, Aufenthaltsraum und für jede Ladenstraße müssen in demselben Geschoß mindestens zwei voneinander unabhängige Rettungswege zu Ausgängen ins Freie oder zu Treppenräumen notwendiger Treppen vorhanden sein. [2]Anstelle eines dieser Rettungswege darf ein Rettungsweg über Außentreppen ohne Treppenräume, Rettungsbalkone, Terrassen und begehbare Dächer auf das Grundstück führen, wenn hinsichtlich des Brandschutzes keine Bedenken bestehen; dieser Rettungsweg gilt als Ausgang ins Freie.

(2) Von jeder Stelle
1. eines Verkaufsraumes in höchstens 25 m Entfernung,
2. eines sonstigen Raumes oder einer Ladenstraße in höchstens 35 m Entfernung

muß mindestens ein Ausgang ins Freie oder ein Treppenraum notwendiger Treppen erreichbar sein (erster Rettungsweg).

(3) Der erste Rettungsweg darf, soweit er über eine Ladenstraße führt, auf der Ladenstraße eine zusätzliche Länge von höchstens 35 m haben, wenn die Ladenstraße Rauchabzugsanlagen hat und der nach Absatz 1 erforderliche zweite Rettungsweg für Verkaufsräume mit einer Fläche von mehr als 100 m² nicht über diese Ladenstraße führt.

(4) In Verkaufsstätten mit Sprinkleranlagen oder in erdgeschossigen Verkaufsstätten darf der Rettungsweg nach Absatz 2 und 3 innerhalb von Brandabschnitten eine zusätzliche Länge von höchstens 35 m haben, soweit er über einen notwendigen Flur für Kunden mit einem unmittelbaren Ausgang ins Freie oder in einen Treppenraum notwendiger Treppen führt.

(5) Von jeder Stelle eines Verkaufsraumes muß ein Hauptgang oder eine Ladenstraße in höchstens 10 m Entfernung erreichbar sein.

(6) [1]In Rettungswegen ist nur eine Folge von mindestens drei Stufen zulässig. [2]Die Stufen müssen eine Stufenbeleuchtung haben.

(7) [1]An Kreuzungen der Ladenstraßen und der Hauptgänge sowie an Türen im Zuge von Rettungswegen ist deutlich und dauerhaft auf die Ausgänge durch Sicherheitszeichen hinzuweisen. [2]Die Sicherheitszeichen müssen beleuchtet sein.

(8) Die Entfernungen nach den Absätzen 2 bis 5 sind in der Luftlinie, jedoch nicht durch Bauteile zu messen.

§ 11 Treppen. (1) [1]Notwendige Treppen müssen feuerbeständig sein, aus nichtbrennbaren Baustoffen bestehen und an den Unterseiten geschlossen sein. [2]Dies gilt nicht für notwendige Treppen nach § 10 Abs. 1 Satz 2, wenn keine Bedenken wegen des Brandschutzes bestehen.

(2) [1]Notwendige Treppen für Kunden müssen mindestens 2 m breit sein und dürfen eine Breite von höchstens 2,50 m nicht überschreiten. [2]Für notwendige Treppen für Kunden genügt eine Breite von mindestens 1,25 m, wenn die Treppen für Verkaufsräume bestimmt sind, deren Fläche insgesamt nicht mehr als 500 m² beträgt.

(3) Notwendige Treppen brauchen nicht in Treppenräumen zu liegen und die Anforderungen nach Absatz 1 Satz 1 nicht zu erfüllen in Verkaufsräumen, die
1. eine Fläche von nicht mehr als 100 m² haben oder

2. eine Fläche von mehr als 100 m², aber nicht mehr als 500 m² haben, wenn diese Treppen im Zuge nur eines der zwei erforderlichen Rettungswege liegen.

(4) ¹Notwendige Treppen mit gewendelten Läufen sind in Verkaufsräumen unzulässig. ²Dies gilt nicht für notwendige Treppen nach Absatz 3.

(5) ¹Treppen für Kunden müssen auf beiden Seiten Handläufe ohne freie Enden haben. ²Die Handläufe müssen fest und griffsicher sein und sind über Treppenabsätze fortzuführen.

§ 12 Notwendige Treppenräume, Treppenraumerweiterungen.

(1) Innenliegende Treppenräume notwendiger Treppen sind in Verkaufsstätten zulässig.

(2) ¹Die Wände von Treppenräumen notwendiger Treppen müssen in der Bauart von Brandwänden hergestellt sein. ²Bodenbeläge müssen in Treppenräumen notwendiger Treppen aus nichtbrennbaren Baustoffen bestehen.

(3) ¹Treppenraumerweiterungen müssen

1. die Anforderungen an notwendige Treppenräume erfüllen,

2. feuerbeständige Decken aus nichtbrennbaren Baustoffen haben und

3. mindestens so breit sein wie die notwendigen Treppen, mit denen sie in Verbindung stehen.

²Sie dürfen nicht länger als 35 m sein und keine Öffnungen zu anderen Räumen haben.

§ 13 Ladenstraßen, Flure, Hauptgänge. (1) Ladenstraßen müssen mindestens 5 m breit sein.

(2) ¹Wände und Decken notwendiger Flure für Kunden müssen

1. feuerbeständig sein und aus nichtbrennbaren Baustoffen bestehen in Verkaufsstätten ohne Sprinkleranlagen,

2. mindestens feuerhemmend sein und in den wesentlichen Teilen aus nichtbrennbaren Baustoffen bestehen in Verkaufsstätten mit Sprinkleranlagen.

²Bodenbeläge in notwendigen Fluren für Kunden müssen mindestens schwer entflammbar sein.

(3) ¹Notwendige Flure für Kunden müssen mindestens 2 m breit sein. ²Für notwendige Flure für Kunden genügt eine Breite von 1,40 m, wenn die Flure für Verkaufsräume bestimmt sind, deren Fläche insgesamt nicht mehr als 500 m² beträgt.

(4) ¹Hauptgänge müssen mindestens 2 m breit sein. ²Sie müssen auf möglichst kurzem Wege zu Ausgängen ins Freie, zu Treppenräumen notwendiger Treppen, zu notwendigen Fluren für Kunden oder zu Ladenstraßen führen. ³Verkaufsstände an Hauptgängen müssen unverrückbar sein.

(5) Ladenstraßen, notwendige Flure für Kunden und Hauptgänge dürfen innerhalb der nach den Absätzen 1, 3 und 4 erforderlichen Breiten nicht durch Einbauten oder Einrichtungen eingeengt sein.

(6) Die Anforderungen an sonstige notwendige Flure nach § 12 LBOA-VO¹⁾ bleiben unberührt.

---

¹⁾ Nr. 2.

§ 14 Ausgänge. (1) [1]Jeder Verkaufsraum, Aufenthaltsraum und jede Ladenstraße müssen mindestens zwei Ausgänge haben, die ins Freie oder zu Treppenräumen notwendiger Treppen führen. [2]Für Verkaufs- und Aufenthaltsräume, die eine Fläche von nicht mehr als 100 m² haben, genügt ein Ausgang.

(2) [1]Ausgänge aus Verkaufsräumen müssen mindestens 2 m breit sein; für Ausgänge aus Verkaufsräumen, die eine Fläche von nicht mehr als 500 m² haben, genügt eine Breite von 1 m. [2]Ein Ausgang, der in einen Flur führt, darf nicht breiter sein als der Flur.

(3) [1]Die Ausgänge aus einem Geschoß einer Verkaufsstätte ins Freie oder in Treppenräume notwendiger Treppen müssen eine Breite von mindestens 30 cm je 100 m² der Flächen der Verkaufsräume haben; dabei bleiben die Flächen von Ladenstraßen außer Betracht. [2]Ausgänge aus Geschossen einer Verkaufsstätte müssen mindestens 2 m breit sein. [3]Ein Ausgang, der in einen Treppenraum führt, darf nicht breiter sein als die notwendige Treppe.

(4) Ausgänge aus Treppenräumen notwendiger Treppen ins Freie oder in Treppenraumerweiterungen müssen mindestens so breit sein wie die notwendigen Treppen.

§ 15 Türen in Rettungswegen. (1) In Verkaufsstätten ohne Sprinkleranlagen müssen Türen von Treppenräumen notwendiger Treppen und von notwendigen Fluren für Kunden mindestens feuerhemmend, rauchdicht und selbstschließend sein, ausgenommen Türen, die ins Freie führen.

(2) In Verkaufsstätten mit Sprinkleranlagen müssen Türen von Treppenräumen notwendiger Treppen und von notwendigen Fluren für Kunden rauchdicht und selbstschließend sein, ausgenommen Türen, die ins Freie führen.

(3) [1]Türen nach den Absätzen 1 und 2 sowie Türen, die ins Freie führen, dürfen nur in Fluchtrichtung aufschlagen und keine Schwellen haben. [2]Sie müssen während der Betriebszeit von innen leicht und in voller Breite zu öffnen sein. [3]Elektrische Verriegelungen von Türen in Rettungswegen sind nur zulässig, wenn die Türen im Gefahrenfall jederzeit geöffnet werden können.

(4) Türen, die selbstschließend sein müssen, dürfen offengehalten werden, wenn sie Feststellanlagen haben, die bei Raucheinwirkung ein selbsttätiges Schließen der Türen bewirken; sie müssen auch von Hand geschlossen werden können.

(5) [1]Dreh- und Schiebetüren sind in Rettungswegen unzulässig; dies gilt nicht für automatische Dreh- und Schiebetüren, die die Rettungswege im Brandfall nicht beeinträchtigen. [2]Pendeltüren müssen in Rettungswegen Schließvorrichtungen haben, die ein Durchpendeln der Türen verhindern.

(6) Rolläden, Scherengitter oder ähnliche Abschlüsse von Tür- und Toröffnungen oder Durchfahrten im Zuge von Rettungswegen müssen so beschaffen sein, daß sie von Unbefugten nicht geschlossen werden können.

§ 16 Rauchabführung. (1) In Verkaufsstätten ohne Sprinkleranlagen müssen Verkaufsräume ohne notwendige Fenster nach § 34 Abs. 2 LBO sowie Ladenstraßen Rauchabzugsanlagen haben.

(2) In Verkaufsstätten mit Sprinkleranlagen müssen Lüftungsanlagen in Verkaufsräumen und Ladenstraßen im Brandfall so betrieben werden können, daß sie nur entlüften, soweit es die Zweckbestimmung der Absperrvorrichtungen gegen Brandübertragung zuläßt.

(3) ¹Rauchabzugsanlagen müssen von Hand und automatisch durch Rauchmelder ausgelöst werden können und sind an den Bedienungsstellen mit der Aufschrift „Rauchabzug" zu versehen. ²An den Bedienungseinrichtungen muß erkennbar sein, ob die Rauchabzugsanlage betätigt wurde.

(4) ¹Innenliegende Treppenräume notwendiger Treppen müssen Rauchabzugsanlagen haben. ²Sonstige Treppenräume notwendiger Treppen, die durch mehr als zwei Geschosse führen, müssen an ihrer obersten Stelle eine Rauchabzugsvorrichtung mit einem freien Querschnitt von mindestens 5 vom Hundert der Grundfläche der Treppenräume, jedoch nicht weniger als 1 m² haben. ³Die Rauchabzugsvorrichtungen müssen von jedem Geschoß aus zu öffnen sein.

§ 17 Beheizung. Feuerstätten dürfen in Verkaufsräumen, Ladenstraßen, Lager- und Werkräumen zur Beheizung nicht aufgestellt werden.

§ 18 Sicherheitsbeleuchtung. ¹Verkaufsstätten müssen eine Sicherheitsbeleuchtung haben. ²Sie muß vorhanden sein

1. in Verkaufsräumen,

2. in Treppenräumen, Treppenraumerweiterungen und Ladenstraßen sowie in notwendigen Fluren für Kunden,

3. in Arbeits- und Pausenräumen,

4. in Toilettenräumen mit einer Fläche von mehr als 50 m²,

5. in elektrischen Betriebsräumen und Räumen für haustechnische Anlagen,

6. für Sicherheitszeichen, die auf Ausgänge hinweisen, und für die Stufenbeleuchtung.

§ 19 Blitzschutzanlagen. Gebäude mit Verkaufsstätten müssen Blitzschutzanlagen haben.

§ 20 Feuerlöscheinrichtungen, Brandmeldeanlagen und Alarmierungseinrichtungen. (1) ¹Verkaufsstätten müssen Sprinkleranlagen haben. ²Dies gilt nicht für

1. erdgeschossige Verkaufsstätten nach § 6 Abs. 1 Satz 2 Nr. 3,

2. sonstige Verkaufsstätten nach § 6 Abs. 1 Satz 2 Nr. 4.

³Geschosse einer Verkaufsstätte nach Satz 2 Nr. 2 müssen Sprinkleranlagen haben, wenn sie mit ihrem Fußboden im Mittel mehr als 3 m unter der Geländeoberfläche liegen und Verkaufsräume mit einer Fläche von mehr als 500 m² haben.

(2) ¹In Verkaufsstätten müssen vorhanden sein:

1. geeignete Feuerlöscher und geeignete Wandhydranten in ausreichender Zahl, gut sichtbar und leicht zugänglich,

2. Brandmeldeanlagen mit nichtautomatischen Brandmeldern zur unmittelbaren Alarmierung der dafür zuständigen Stelle und

3. Alarmierungseinrichtungen, durch die alle Betriebsangehörigen alarmiert und Anweisungen an sie und an die Kunden gegeben werden können.

§ 21 Sicherheitsstromversorgungsanlagen. Verkaufsstätten müssen eine Sicherheitsstromversorgungsanlage haben, die bei Ausfall der allgemeinen

Stromversorgung den Betrieb der sicherheitstechnischen Anlagen und Einrichtungen übernimmt, insbesondere der

1. Sicherheitsbeleuchtung,
2. Beleuchtung der Stufen und Sicherheitszeichen,
3. Sprinkleranlagen,
4. Rauchabzugsanlagen,
5. Schließeinrichtungen für Feuerschutzabschlüsse (z. B. Rolltore),
6. Brandmeldeanlagen und
7. Alarmierungseinrichtungen.

§ 22 Lage der Verkaufsräume. [1]Verkaufsräume, ausgenommen Gaststätten, dürfen mit ihrem Fußboden nicht mehr als 22 m über der Geländeoberfläche liegen. [2]Verkaufsräume dürfen mit ihrem Fußboden im Mittel nicht mehr als 5 m unter der Geländeoberfläche liegen.

§ 23 Räume für Abfälle. [1]Verkaufsstätten müssen für Abfälle besondere Räume haben, die mindestens den Abfall von zwei Tagen aufnehmen können. [2]Die Räume müssen feuerbeständige Wände und Decken sowie mindestens feuerhemmende und selbstschließende Türen haben.

§ 24 Gefahrenverhütung. (1) [1]Das Rauchen und das Verwenden von offenem Feuer ist in Verkaufsräumen und Ladenstraßen verboten. [2]Dies gilt nicht für Bereiche, in denen Getränke oder Speisen verabreicht oder Besprechungen abgehalten werden. [3]Auf das Verbot ist dauerhaft und leicht erkennbar hinzuweisen.

(2) [1]In Treppenräumen notwendiger Treppen, in Treppenraumerweiterungen und in notwendigen Fluren dürfen keine Dekorationen vorhanden sein. [2]In diesen Räumen sowie auf Ladenstraßen und Hauptgängen innerhalb der nach § 13 Abs. 1 und 4 erforderlichen Breiten dürfen keine Gegenstände abgestellt sein.

§ 25 Rettungswege auf dem Grundstück, Flächen für die Feuerwehr. (1) Kunden und Betriebsangehörige müssen aus der Verkaufsstätte unmittelbar oder über Flächen auf dem Grundstück auf öffentliche Verkehrsflächen gelangen können.

(2) Die erforderlichen Zu- und Durchfahrten sowie Aufstell- und Bewegungsflächen für die Feuerwehr müssen vorhanden sein.

(3) [1]Die als Rettungswege dienenden Flächen auf dem Grundstück sowie die Flächen für die Feuerwehr nach Absatz 2 müssen ständig freigehalten werden. [2]Hierauf ist dauerhaft und leicht erkennbar hinzuweisen.

§ 26 Verantwortliche Personen. (1) Während der Betriebszeit einer Verkaufsstätte muß der Betreiber oder ein von ihm bestimmter Vertreter ständig anwesend sein.

(2) [1]Der Betreiber einer Verkaufsstätte hat

1. einen Brandschutzbeauftragten und
2. für Verkaufsstätten, deren Verkaufsräume eine Fläche von insgesamt mehr als 15 000 m² haben, Selbsthilfekräfte für den Brandschutz

zu bestellen. [2]Die Namen dieser Personen und jeder Wechsel sind der für den Brandschutz zuständigen Dienststelle auf Verlangen mitzuteilen. [3]Der Betreiber hat für die Ausbildung dieser Personen im Einvernehmen mit der für den Brandschutz zuständigen Dienststelle zu sorgen.

(3) Der Brandschutzbeauftragte hat für die Einhaltung des § 13 Abs. 5, der §§ 24, 25 Abs. 3, des § 26 Abs. 5 und des § 27 zu sorgen.

(4) Die erforderliche Anzahl der Selbsthilfekräfte für den Brandschutz ist von der Baurechtsbehörde im Einvernehmen mit der für den Brandschutz zuständigen Dienststelle festzulegen.

(5) Selbsthilfekräfte für den Brandschutz müssen in erforderlicher Anzahl während der Betriebszeit der Verkaufsstätte anwesend sein.

§ 27 Brandschutzordnung. (1) [1]Der Betreiber einer Verkaufsstätte hat im Einvernehmen mit der für den Brandschutz zuständigen Dienststelle eine Brandschutzordnung aufzustellen. [2]In der Brandschutzordnung sind insbesondere die Aufgaben des Brandschutzbeauftragten und der Selbsthilfekräfte für den Brandschutz sowie die Maßnahmen festzulegen, die zur Rettung Behinderter, insbesondere Rollstuhlbenutzer, erforderlich sind.

(2) Die Betriebsangehörigen sind bei Beginn des Arbeitsverhältnisses und danach mindestens einmal jährlich zu belehren über
1. die Lage und die Bedienung der Feuerlöschgeräte, Brandmelde- und Feuerlöscheinrichtungen und
2. die Brandschutzordnung, insbesondere über das Verhalten bei einem Brand oder bei einer Panik.

(3) Im Einvernehmen mit der für den Brandschutz zuständigen Dienststelle sind Feuerwehrpläne anzufertigen und der örtlichen Feuerwehr zur Verfügung zu stellen.

§ 28 Stellplätze für Behinderte. [1]Mindestens 3 vom Hundert der notwendigen Stellplätze, mindestens jedoch ein Stellplatz, müssen für Behinderte vorgesehen sein. [2]Auf diese Stellplätze ist dauerhaft und leicht erkennbar hinzuweisen.

§ 29 Zusätzliche Bauvorlagen. Die Bauvorlagen müssen zusätzliche Angaben enthalten über
1. eine Berechnung der Flächen der Verkaufsräume und der Brandabschnitte,
2. eine Berechnung der erforderlichen Breiten der Ausgänge aus den Geschossen ins Freie oder in Treppenräume notwendiger Treppen,
3. die Sprinkleranlagen, die sonstigen Feuerlöscheinrichtungen und die Feuerlöschgeräte,
4. die Brandmeldeanlagen,
5. die Alarmierungseinrichtungen,
6. die Sicherheitsbeleuchtung und die Sicherheitsstromversorgung,
7. die Rauchabzugsvorrichtungen und Rauchabzugsanlagen,
8. die Rettungswege auf dem Grundstück und die Flächen für die Feuerwehr.

§ 30 Prüfungen. (1) Folgende Anlagen müssen vor der ersten Inbetriebnahme der Verkaufsstätte, unverzüglich nach einer wesentlichen Änderung sowie jeweils mindestens alle 3 Jahre durch einen nach § 1 der Bausachverständigen-verordnung anerkannten Sachverständigen auf ihre Wirksamkeit und Betriebssicherheit geprüft werden:

1. Sprinkleranlagen,
2. Rauchabzugsanlagen und Rauchabzugsvorrichtungen (§ 16),
3. Sicherheitsbeleuchtung (§ 18),
4. Brandmeldeanlagen (§ 20) und
5. Sicherheitsstromversorgungsanlagen (§ 21).

(2) Der Betreiber hat
1. die Prüfungen nach Absatz 1 zu veranlassen,
2. die hierzu nötigen Vorrichtungen und fachlich geeignete Arbeitskräfte bereitzustellen sowie die erforderlichen Unterlagen bereitzuhalten,
3. die von dem Sachverständigen festgestellten Mängel unverzüglich beseitigen zu lassen und dem Sachverständigen die Beseitigung mitzuteilen sowie
4. die Berichte über die Prüfungen mindestens fünf Jahre aufzubewahren und der Baurechtsbehörde auf Verlangen vorzulegen.

(3) Der Sachverständige hat der Baurechtbehörde mitzuteilen,
1. wann er die Prüfungen nach Absatz 1 durchgeführt hat und
2. welche hierbei festgestellten Mängel der Betreiber nicht unverzüglich hat beseitigen lassen.

§ 31 Weitergehende Anforderungen. An Lagerräume, deren lichte Höhe mehr als 9 m beträgt, können aus Gründen des Brandschutzes weitergehende Anforderungen gestellt werden.

§ 32 Übergangsvorschriften. Auf die im Zeitpunkt des Inkrafttretens der Verordnung bestehenden Verkaufsstätten sind § 13 Abs. 4 und 5 und die §§ 24 bis 27 sowie § 30 anzuwenden.

§ 33 Ordnungswidrigkeiten. Ordnungswidrig nach § 75 Abs. 3 Nr. 2 LBO handelt, wer vorsätzlich oder fahrlässig
1. Rettungswege entgegen § 13 Abs. 5 einengt oder einengen läßt,
2. Türen im Zuge von Rettungswegen entgegen § 15 Abs. 3 während der Betriebszeit abschließt oder abschließen läßt,
3. in Treppenräumen notwendiger Treppen, in Treppenraumerweiterungen oder in notwendigen Fluren entgegen § 24 Abs. 3 Dekorationen anbringt oder anbringen läßt oder Gegenstände abstellt oder abstellen läßt,
4. auf Ladenstraßen oder Hauptgängen entgegen § 24 Abs. 2 Gegenstände abstellt oder abstellen läßt,
5. Rettungswege auf dem Grundstück oder Flächen für die Feuerwehr entgegen § 25 Abs. 3 nicht freihält oder freihalten läßt,
6. als Betreiber oder dessen Vertreter entgegen § 26 Abs. 1 während der Betriebszeit nicht ständig anwesend ist,
7. als Betreiber entgegen § 26 Abs. 2 den Brandschutzbeauftragten und die Selbsthilfekräfte für den Brandschutz in der erforderlichen Anzahl nicht bestellt,

8. als Betreiber entgegen § 26 Abs. 5 nicht sicherstellt, daß die Selbsthilfekräfte für den Brandschutz in der erforderlichen Anzahl während der Betriebszeit anwesend sind,

9. die vorgeschriebenen Prüfungen entgegen § 30 Abs. 1 nicht durchführen oder nach § 30 Abs. 2 Nr. 3 festgestellte Mängel nicht unverzüglich beseitigen läßt.

§ 34 Inkrafttreten. [1]Diese Verordnung tritt am ersten Tage des auf die Verkündung[1] folgenden Monats in Kraft. [2]Gleichzeitig tritt die Verordnung des Innenministeriums über Waren- und sonstige Geschäftshäuser (Geschäftshausverordnung – GHVO) vom 15. August 1969 (GBl. S. 229) außer Kraft.

---

[1] Verkündet am 19. 3. 1997.

10. Gesetz über das Nachbarrecht (Nachbarrechtsgesetz – NRG)

in der Fassung vom 8. Januar 1996[1]

(GBl. S. 54)

geänd. durch Art. 63 Verwaltungsstruktur-ReformG v. 1. 7. 2004 (GBl. S. 469)

Nichtamtliche Inhaltsübersicht

---

[1] Neubekanntmachung des NachbarrechtsG v. 14. 12. 1959 (GBl. S. 171) in der ab 1. 1. 1996 geltenden Fassung.

1. Abschnitt. Gebäude

§ 1 Ableitung des Regenwassers und des Abwassers. Der Eigentümer eines Gebäudes hat das von seinem Gebäude abfließende Niederschlagswasser sowie Abwasser und andere Flüssigkeiten aus seinem Gebäude auf das eigene Grundstück so abzuleiten, daß der Nachbar nicht belästigt wird.

§ 2 Traufberechtigung bei baulichen Änderungen. [1] Ist der Eigentümer eines Gebäudes auf Grund einer Dienstbarkeit verpflichtet, das vom Gebäude des Nachbarn abfließende Niederschlagswasser durch seine eigenen Rinnen und Ablaufrohre abzuleiten, so darf eine Veränderung des Gebäudes, durch welche die Dienstbarkeit beeinträchtigt wird, nur in der Weise geschehen, daß der Nachbar an der Anbringung eigener Rinnen und Ablaufrohre nicht gehindert ist. [2] Dem Nachbarn sind die durch die Abänderung entstehenden Kosten zu ersetzen.

§ 3 Abstand von Lichtöffnungen. (1) Der Eigentümer eines Grundstücks kann verlangen, daß vor Lichtöffnungen in der Außenwand eines Nachbargebäudes, die einen Ausblick auf sein Grundstück gewähren, auf dem Nachbargrundstück Abstandsflächen eingehalten werden, die, rechtwinklig zur Außenwand und in Höhe der Lichtöffnung gemessen, eine Tiefe von mindestens 1,80 m haben und in der Breite auf jeder Seite mindestens 0,60 m über die Lichtöffnung hinausreichen.

(2) Das Verlangen nach Absatz 1 kann nicht gestellt werden für Lichtöffnungen, die verschlossen sind und nicht geöffnet werden können und entweder mit ihrer Unterkante mindestens 1,80 m über dem Fußboden des zu erhellenden Raumes liegen oder undurchsichtig sind.

(3) [1] Das Verlangen nach Absatz 1 kann nicht gestellt werden, wenn keine oder nur geringfügige Beeinträchtigungen zu erwarten sind oder das Vorhaben nach öffentlich-rechtlichen Vorschriften, insbesondere nach den §§ 5 und 6 der Landesbauordnung[1]), zulässig ist. [2] Nach Ablauf von zwei Monaten seit Zugang der Benachrichtigung nach § 55 der Landesbauordnung ist das

---

[1]) Nr. 1.

Verlangen ausgeschlossen. [3]Die Frist wird auch dadurch gewahrt, daß nach § 55 der Landesbauordnung Einwendungen oder Bedenken erhoben werden.

§ 4 Abstand von ausblickgewährenden Anlagen. (1) Der Eigentümer eines Grundstücks kann verlangen, daß vor Balkonen, Terrassen, Erkern, Galerien und sonstigen begehbaren Teilen eines Nachbarhauses, die einen Ausblick auf sein Grundstück gewähren, auf dem Nachbargrundstück Abstandsflächen eingehalten werden, die in der Tiefe mindestens 1,80 m über die Vorderkante und in der Breite auf jeder Seite mindestens 0,60 m über die Seitenkante der genannten Gebäudeteile hinausreichen.

(2) § 3 Abs. 3 findet entsprechende Anwendung.

§ 5 Lichtöffnungen und andere Gebäudeteile, die auf öffentliche Wege oder Plätze Ausblick gewähren. (1) Die in § 3 Abs. 1 genannten Lichtöffnungen und die in § 4 Abs. 1 genannten Gebäudeteile sind den Beschränkungen der §§ 3 und 4 nicht unterworfen, soweit sie auf einen öffentlichen Weg oder einen öffentlichen Platz, der an das Grundstück angrenzt, Ausblick gewähren.

(2) Verliert ein Weg oder Platz die Eigenschaft der Öffentlichkeit, so behalten die Eigentümer der angrenzenden Grundstücke das Recht auf Fortbestand von vorhandenen, in den § 3 Abs. 1 und § 4 Abs. 1 genannten Anlagen.

§ 6 Abstand schadendrohender und störender Anlagen. (1) Schadendrohende oder störende Anlagen dürfen nur in solcher Entfernung von der Grenze und nur unter solchen Vorkehrungen angebracht werden, daß sie den Nachbarn nicht schädigen.

(2) Anlagen im Sinne des Absatzes 1 sind insbesondere Lager für Chemikalien sowie im Freien gelegene Aborte, Treib- und Brennstoffbehälter, Waschkessel, und Backöfen, Bienenstöcke, Futtersilos, Düngerstätten, Jauchegruben und Ställe.

§ 7[1] Gebäudeabstände und Einfriedigungen bebauter Grundstücke im Außenbereich. (1) [1]Bei der Errichtung oder Veränderung eines Gebäudes im Außenbereich ist der Bauherr auf Verlangen des Nachbarn verpflichtet, zu Gunsten von Grundstücken, die durch landwirtschaftliche Betriebe im Sinne des § 201 des Baugesetzbuches landwirtschaftlich oder gartenbaulich genutzt werden (landwirtschaftliche Nutzung), mit jeder der Nachbargrenze zugewandten Außenwand einen mittleren Grenzabstand einzuhalten, welcher der Höhe der Außenwand entspricht; der Abstand ist senkrecht zur Außenwand zu messen. [2]Der Abstand darf nirgends weniger als 2 m betragen.

(2) Für die Berechnung der Höhe der Außenwand gilt § 5 Abs. 4 Sätze 2 bis 4 und Abs. 5 der Landesbauordnung[2] entsprechend.

(3) § 3 Abs. 3 Sätze 2 und 3 ist entsprechend anzuwenden.

(4) Der Bauherr ist auf Verlangen des Nachbarn verpflichtet, sein Grundstück einzufriedigen, soweit es zum Schutz des Nachbargrundstücks erforderlich ist und öffentlich-rechtliche Vorschriften nicht entgegenstehen.

---

[1] § 7 Abs. 1 Satz 1 geänd. mWv 1. 1. 2005 durch G v. 1. 7. 2004 (GBl. S. 469).
[2] Nr. 1.

§ 7 a Gründungstiefe. (1) Darf nach den baurechtlichen Vorschriften auf benachbarten Grundstücken unmittelbar an die gemeinsame Grundstücksgrenze gebaut werden, so kann der Eigentümer des Nachbargrundstücks vom Erstbauenden eine solche Ausführung der Gründung verlangen, daß bei der späteren Durchführung seines Bauvorhabens zusätzliche Baumaßnahmen vermieden werden.

(2) ¹Dem Erstbauenden sind die durch dieses Verlangen entstehenden Mehrkosten zu erstatten. ²Das Verlangen ist dem Erstbauenden vor Erteilung der Baugenehmigung mitzuteilen. ³Er kann unter Setzung einer angemessenen Frist einen Vorschuß oder eine Sicherheitsleistung verlangen. ⁴Wird ein ausreichender Vorschuß oder eine Sicherheitsleistung innerhalb der Frist nicht geleistet, so entfällt die Verpflichtung des Erstbauenden.

(3) ¹Wird die weitergehende Gründung zum Vorteil des Erstbauenden ganz oder teilweise ausgenutzt, so entfällt insoweit die Erstattungspflicht nach Absatz 2. ²Bereits erstattete Kosten können zurückverlangt werden.

§ 7 b Überbau. (1) ¹Darf nach den baurechtlichen Vorschriften unmittelbar an die gemeinsame Grundstücksgrenze gebaut werden, so hat der Eigentümer des Nachbargrundstücks in den Luftraum seines Grundstücks übergreifende untergeordnete Bauteile, die den baurechtlichen Vorschriften entsprechen, zu dulden, solange diese die Benutzung seines Grundstücks nicht oder nur unwesentlich beeinträchtigen. ²Untergeordnete Bauteile sind insbesondere solche Bestandteile einer baulichen Anlage, die deren nutzbare Fläche nicht vergrößern.

(2) Darf an beiden Seiten unmittelbar an die gemeinsame Grundstücksgrenze gebaut werden, so haben die Eigentümer der benachbarten Grundstücke zu dulden, daß die Gebäude den baurechtlichen Vorschriften entsprechend durch übergreifende Bauteile angeschlossen werden.

(3) ¹Der Eigentümer des Gebäudes, von dem Bauteile übergreifen, hat dem Eigentümer des Nachbargebäudes den durch den Anschluß nach Absatz 2 entstandenen Schaden zu ersetzen. ²Auf Verlangen des Berechtigten ist vor Beginn dieser Maßnahme eine Sicherheitsleistung in Höhe des voraussichtlich entstehenden Schadens zu leisten.

§ 7 c Hammerschlags- und Leiterrecht. (1) Kann eine nach den baurechtlichen Vorschriften zulässige bauliche Anlage nicht oder nur mit erheblichen besonderen Aufwendungen errichtet, geändert, unterhalten oder abgebrochen werden, ohne daß das Nachbargrundstück betreten wird oder der Gerüste oder Geräte aufgestellt werden oder auf das Nachbargrundstück übergreifen, so haben der Eigentümer und der Besitzer des Nachbargrundstücks die Benutzung insoweit zu dulden, als sie zu diesen Zwecken notwendig ist.

(2) ¹Die Absicht, das Nachbargrundstück zu benutzen, muß dem Eigentümer und dem Besitzer zwei Wochen vor Beginn der Benutzung angezeigt werden. ²Ist der im Grundbuch Eingetragene nicht Eigentümer, so genügt die Anzeige an den unmittelbaren Besitzer, es sei denn, daß der Anzeigende den wirklichen Eigentümer kennt. ³Die Anzeige an den unmittelbaren Besitzer genügt auch, wenn der Aufenthalt des Eigentümers kurzfristig nicht zu ermitteln ist.

(3) [1]Der Eigentümer des begünstigten Grundstücks hat dem Eigentümer des Nachbargrundstücks den durch Maßnahmen nach Absatz 1 entstandenen Schaden zu ersetzen. [2]Auf Verlangen des Berechtigten ist vor Beginn der Benutzung eine Sicherheit in Höhe des voraussichtlich entstehenden Schadens zu leisten.

§ 7 d Benutzung von Grenzwänden. (1) Grenzt ein Gebäude unmittelbar an ein höheres, so hat der Eigentümer des höheren Gebäudes zu dulden, daß die Schornsteine und Lüftungsleitungen des niedrigeren Gebäudes an der Grenzwand seines Gebäudes befestigt werden, wenn dies zumutbar und die Höherführung zur Betriebsfähigkeit erforderlich ist.

(2) In den Fällen des Absatzes 1 hat der Eigentümer des höheren Gebäudes auch zu dulden, daß die Reinigung der Schornsteine und Lüftungsleitungen, soweit erforderlich, von seinem Gebäude aus vorgenommen wird und die hierfür nötigen Einrichtungen in oder an seinem Gebäude hergestellt und unterhalten werden.

(3) § 7 c Abs. 3 gilt entsprechend.

§ 7 e Leitungen. (1) [1]Wenn der Anschluß eines Grundstücks an eine Versorgungsleitung, eine Abwasserleitung oder einen Vorfluter ohne Benutzung eines fremden Grundstücks nicht oder nur unter erheblichen besonderen Aufwendungen oder nur in technisch unvollkommener Weise möglich ist, so hat der Eigentümer des fremden Grundstücks die Benutzung seines Grundstücks insoweit, als es zur Herstellung und Unterhaltung des Anschlusses notwendig ist, zu dulden und entgegenstehende Nutzungsarten zu unterlassen. [2]Überbaute Teile oder solche Teile des fremden Grundstücks, deren Bebauung nach den baurechtlichen Vorschriften zulässig ist, dürfen für den Anschluß nicht in Anspruch genommen werden. [3]Sind auf den fremden Grundstücken Versorgungs- oder Abwasserleitungen bereits vorhanden, so kann der Eigentümer gegen Erstattung der anteilmäßigen Herstellungskosten den Anschluß an diese Leitungen verlangen, wenn dies technisch möglich und zweckmäßig ist.

(2) Ergeben sich nach Verlegung der Leitung unzumutbare Beeinträchtigungen, so kann der Eigentümer des fremden Grundstücks verlangen, daß der Eigentümer des begünstigten Grundstücks auf seine Kosten Vorkehrungen trifft, die solche Beeinträchtigungen beseitigen.

(3) [1]Der Eigentümer des begünstigten Grundstücks hat dem Eigentümer des fremden Grundstücks den durch Maßnahmen nach den Absätzen 1 und 2 oder durch Beschränkungen der Nutzung oder durch den Betrieb der Leitung entstandenen Schaden zu ersetzen. [2]Auf Verlangen des Berechtigten ist vor Beginn der Maßnahmen nach den Absätzen 1 und 2 eine Sicherheit in Höhe des voraussichtlich entstehenden Schadens zu leisten.

(4) Der Eigentümer eines beanspruchten Grundstücks kann gegen Erstattung der Mehrkosten eine solche Herstellung der Leitung verlangen, daß sein Grundstück ebenfalls angeschlossen werden kann.

(5) Die Kosten für die Unterhaltung gemeinsamer Leitungen nach Absatz 1 Satz 3 und Absatz 4 sind von den beteiligten Eigentümern gemeinsam zu tragen.

2. Abschnitt. Aufschichtungen und Gerüste

§ 8 [Aufschichtungen und Gerüste] (1) [1]Aufschichtungen von Holz, Steinen und dergleichen, Heu-, Stroh- und Komposthaufen sowie ähnliche Anlagen, die nicht über 2 m hoch sind, müssen 0,50 m von der Grenze entfernt bleiben. [2]Sind sie höher, so muß der Abstand um soviel über 0,50 m betragen, als ihre Höhe das Maß von 2 m übersteigt.

(2) Eine Entfernung von 0,50 m ist einzuhalten bei Gerüsten und ähnlichen Anlagen, sofern nicht die Beschaffenheit der Anlage eine größere Entfernung zur Abwendung eines Schadens erfordert.

(3) Diese Vorschriften gelten nicht für Baugerüste und für das nachbarliche Verhältnis der öffentlichen Wege und der Gewässer einerseits und der an sie grenzenden Grundstücke andererseits.

3. Abschnitt. Erhöhungen

§ 9 Abstände und Vorkehrungen bei Erhöhungen. (1) [1]Wer den Boden seines Grundstücks über die Oberfläche des Nachbargrundstücks erhöhen will, muß einen solchen Abstand von der Grenze einhalten oder solche Vorkehrungen treffen und unterhalten, daß eine Schädigung des Nachbargrundstücks durch Absturz oder Pressung des Bodens ausgeschlossen ist. [2]Diese Verpflichtung geht auf den späteren Eigentümer über.

(2) Welcher Abstand oder welche Vorkehrung zum Schutz des Nachbargrundstücks erforderlich ist, entscheidet sich unter Zugrundelegung der Vorschriften von § 10 Abs. 1 nach Lage des einzelnen Falls.

§ 10 Befestigung von Erhöhungen. (1) Bei Erhöhungen muß die erhöhte Fläche für die Regel entweder durch Errichtung einer Mauer von genügender Stärke oder durch eine andere gleich sichere Befestigung oder eine Böschung von nicht mehr als 45 Grad Steigung (alter Teilung) befestigt werden, wenn die Kante der erhöhten Fläche nicht den Abstand von der Grenze waagrecht gemessen einhält, der dem doppelten Höhenunterschied zwischen der Grenze und der Kante der Erhöhung gleichkommt.

(2) Die Außenseite der Mauer oder der sonstigen Befestigung oder der Fuß der Böschung müssen gegenüber Grundstücken, die landwirtschaftlich genutzt werden, einen Grenzabstand von 0,50 m einhalten; dies gilt nicht für Stützmauern für Weinberge.

4. Abschnitt. Einfriedigungen, Spaliervorrichtungen und Pflanzungen

1. Abstände

§ 11 Tote Einfriedigungen. (1) [1]Mit toten Einfriedigungen ist gegenüber Grundstücken, die landwirtschaftlich genutzt werden, ein Grenzabstand von 0,50 m einzuhalten. [2]Ist die tote Einfriedigung höher als 1,50 m, so vergrößert sich der Abstand entsprechend der Mehrhöhe, außer bei Drahtzäunen und Schranken.

(2) Gegenüber sonstigen Grundstücken ist mit toten Einfriedigungen – außer Drahtzäunen und Schranken – ein Grenzabstand entsprechend der Mehrhöhe einzuhalten, die über 1,50 m hinausgeht.

(3) Zäune, die von der Grenze nicht wenigstens 0,50 m abstehen, müssen so eingerichtet sein, daß ihre Ausbesserung von der Seite des Eigentümers des Zauns aus möglich ist.

(4) Freistehende Mauern mit einem geringeren Abstand von der Grenze als 0,50 m dürfen nicht gegen das Nachbargrundstück abgedacht werden.

§ 12 Hecken. (1) Mit Hecken bis 1,80 m Höhe ist ein Abstand von 0,50 m, mit höheren Hecken ein entsprechend der Mehrhöhe größerer Abstand einzuhalten.

(2) [1]Die Hecke ist bis zur Hälfte des nach Absatz 1 vorgeschriebenen Abstands zurückzuschneiden. [2]Das gilt nicht für Hecken bis zu 1,80 m Höhe, wenn das Nachbargrundstück innerhalb der im Zusammenhang bebauten Ortsteile oder im Geltungsbereich eines Bebauungsplans liegt und nicht landwirtschaftlich genutzt wird (Innerortslage).

(3) Der Besitzer der Hecke ist zu ihrer Verkürzung und zum Zurückschneiden der Zweige verpflichtet, jedoch nicht in der Zeit vom 1. März bis zum 30. September.

§ 13 Spaliervorrichtungen. Für Spaliervorrichtungen, die eine flächenartige Ausdehnung des Wachstums der Pflanzen bezwecken, gilt § 12 mit der Maßgabe, daß gegenüber Grundstücken in Innerortslage mit Spalieren bis zu 1,80 m Höhe kein Abstand und mit höheren Spalieren ein Abstand entsprechend der Mehrhöhe einzuhalten ist.

§ 14 Rebstöcke in Weinbergen. Mit Rebstöcken in Weinbergen ist ein Grenzabstand einzuhalten, der der Hälfte des Reihenabstandes entspricht, mindestens jedoch 0,75 m.

§ 15 Waldungen. (1) [1]Mit Waldungen ist ein Abstand von 8 m von der Grenze einzuhalten. [2]Bei Verjüngung von Waldungen, die bei Inkrafttreten dieses Gesetzes bereits bestehen, sowie in erklärten Waldlagen (§ 28 Abs. 1) ermäßigt sich der Abstand nach Satz 1 auf die Hälfte.

(2) Der vom Baumwuchs freizuhaltende Streifen kann bis auf 2 m Abstand von der Grenze mit Gehölzen bis zu 4 m Höhe und bis auf 1 m Abstand von der Grenze mit Gehölzen bis zu 2 m Höhe bepflanzt werden.

§ 16 Sonstige Gehölze. (1) Bei der Anpflanzung von Bäumen, Sträuchern und anderen Gehölzen sind unbeschadet der §§ 12 bis 15 folgende Grenzabstände einzuhalten:

1. a) mit Beerenobststräuchern und -stämmen, Rosen, Ziersträuchern und sonstigen artgemäß kleinen Gehölzen sowie mit Rebstöcken außerhalb eines Weinberges   0,50 m,

b) mit Baumschul- und Weihnachtsbaumkulturen sowie mit Weidenpflanzungen, die jährlich genutzt werden,   1 m;

die Gehölze dürfen die Höhe von 1,80 m nicht überschreiten, es sei denn, daß der Abstand nach Nummer 2 eingehalten wird;

2. mit Kernobst- und Steinobstbäumen auf schwach- und mittelstark wachsenden Unterlagen und anderen Gehölzen artgemäß ähnlicher Ausdehnung, mit Baumschul- und Weihnachtsbaumkulturen, soweit nicht in Nummer 1 aufgeführt, mit Forstsamenplantagen sowie mit Weidenpflanzungen, die nicht jährlich genutzt werden,   2 m;

die Gehölze dürfen die Höhe von 4 m nicht überschreiten, es sei denn, daß der Abstand nach Nummer 3 eingehalten wird;

3. mit Obstbäumen, soweit sie nicht in Nummer 2 oder 4 genannt sind,   3 m;

4. a) mit artgemäß mittelgroßen oder schmalen Bäumen wie Birken, Blaufichten, Ebereschen, Erlen, Robinien („Akazien"), Salweiden, Serbischen Fichten, Thujen, Weißbuchen, Weißdornen und deren Veredelungen, Zieräpfeln, Zierkirschen, Zierpflaumen und mit anderen Gehölzen artgemäß ähnlicher Ausdehnung sowie

    b) mit Obstbäumen auf stark wachsenden Unterlagen und veredelten Walnußbäumen   4 m;

5. mit großwüchsigen Arten von Ahornen, Buchen, Eichen, Eschen, Kastanien, Linden, Nadelbäumen, Pappeln, Platanen, unveredelten Walnußsämlingsbäumen sowie mit anderen Bäumen artgemäß ähnlicher Ausdehnung   8 m.

(2) ¹Die Abstände nach Absatz 1 Nr. 2 bis 4 Buchst. a ermäßigen sich gegenüber Grundstücken in Innerortslage auf die Hälfte. ²Dies gilt nicht für Baumschul- und Weihnachtsbaumkulturen, Forstsamenplantagen sowie für geschlossene Bestände mit mehr als drei der in Absatz 1 Nr. 2 bis 4 Buchst. a angeführten Gehölze. ³Einzeln stehende großwüchsige Bäume, ausgenommen Nadelbäume, dürfen gegenüber Grundstücken in Innerortslage mit einem Abstand von 6 m gepflanzt werden.

(3) Der Besitzer eines Gehölzes, das die nach Absatz 1 Nr. 1 und 2 zulässige Höhe überschritten hat, ist zur Verkürzung verpflichtet, jedoch nicht in der Zeit vom 1. März bis 30. September.

§ 17 Hopfenpflanzungen. ¹Mit Hopfenpflanzungen ist ein Abstand von 1,50 m von der Grenze einzuhalten. ²Ist das Nachbargrundstück gleichfalls mit Hopfen bepflanzt, so ermäßigt sich der Abstand auf die Hälfte.

§ 18 Begünstigung von Weinbergen und Erwerbsgartenbaugrundstücken. ¹Gegenüber Weinbergen in erklärter Reblage (§ 28 Abs. 2) sowie gegenüber erwerbsgartenbaulich genutzten Grundstücken in erklärter Gartenbaulage (§ 28 Abs. 3) sind die Abstände nach § 11 Abs. 1, § 12 Abs. 1, §§ 13, 15, § 16 Abs. 1 Nr. 2 bis 5 und Abs. 2 sowie § 17 Satz 1 zu verdoppeln, soweit sich die Einfriedigung, Spaliervorrichtung oder Pflanzung an deren südlicher, östlicher oder westlicher Seite befindet. ²Das gilt nicht für Obstgehölze und Baumschulbestände innerhalb des geschlossenen Wohnbezirks.

§ 19¹⁾ Verhältnis zu landwirtschaftlich nicht genutzten Grundstücken. (1) ¹Die Vorschriften der §§ 11 bis 17 gelten nicht gegenüber Grundstücken im Außenbereich, die Wald, Hutung, Heide oder Ödung sind oder die landwirtschaftlich oder gartenbaulich sonst nicht genutzt werden und nicht bebaut sind und auch nicht als Hofraum dienen. ²Mit Wald gegenüber Wald ist aber ein Abstand von 1 m einzuhalten.

(2) Die in den §§ 11 bis 18 vorgeschriebenen Abstände vermindern sich gegenüber Grundstücken im Außenbereich um diejenige Entfernung, auf die diese Grundstücke, von der Grenze an gerechnet, landwirtschaftlich oder gartenbaulich nicht genutzt, nicht bebaut sind und auch nicht als Hofraum dienen.

§ 20 Pflanzungen hinter geschlossenen Einfriedigungen. ¹Die §§ 12 bis 18 gelten nicht, wenn sich die Spaliervorrichtung oder die Pflanzung hinter einer geschlossenen Einfriedigung befindet, ohne diese zu überragen. ²Als geschlossen gelten auch Einfriedigungen, bei denen die Zaunteile breiter sind als die Zwischenräume.

§ 21 Verhältnis zu Wegen, Gewässern und Eisenbahnen; Ufer- und Böschungsschutz. (1) ¹Die §§ 11 bis 18 gelten nicht für

1. das nachbarliche Verhältnis zwischen öffentlichen Straßen und Gewässern und den an sie grenzenden Grundstücken,

2. die auf Grund eines Flurbereinigungs- oder Zusammenlegungsplanes erfolgten Anpflanzungen, soweit sie sich im Flurbereinigungs- oder Zusammenlegungsgebiet auswirken.

²Bestehende Ausgleichs- oder Schadenersatzansprüche bleiben unberührt.

(2) Die Bestimmungen der §§ 11, 12 und 18 über tote Einfriedigungen und Hecken gelten nicht für das nachbarliche Verhältnis zwischen Grundstücken, die unmittelbar an den Schienenweg einer Eisenbahn grenzen einerseits und dem Schienenweg andererseits.

(3) Auf Einfriedigungen und Pflanzungen, die zum Uferschutz dienen oder die zum Schutz von Böschungen oder steilen Abhängen erforderlich sind, sind die §§ 11, 12, 16 und 18 nicht anzuwenden.

§ 22 Feststellung der Abstände. (1) Die Grenzabstände werden von der Mittelachse der der Grenze nächsten Stämme, Triebe oder Hopfenstangen bei deren Austritt aus dem Boden, bei Drahtanlagen von Hopfenpflanzungen aber von dem der Grenze nächsten oberen Ende der Steigdrähte ab waagrecht gemessen.

(2) ¹Im Verhältnis der durch öffentliche Wege oder durch Gewässer getrennten Grundstücke werden die Abstände von der Mitte des Weges oder Gewässers an gemessen. ²Dies gilt nicht gegenüber Grundstücken in Innerortslage.

---

¹⁾ § 19 Abs. 1 Satz 1 und Abs. 2 geänd. mWv 1. 1. 2005 durch G v. 1. 7. 2004 (GBl. S. 469).

(3) ¹Ist die Einhaltung eines bestimmten Abstands von der Lage oder der Kulturart des Grundstücks oder des Nachbargrundstücks abhängig, so sind bei der Erneuerung einer Einfriedigung, Spaliervorrichtung oder Pflanzung für die Bemessung des Abstands die dann bestehenden Verhältnisse dieses Grundstücks maßgebend. ²Dasselbe gilt, wenn in einer der Erneuerung gleichkommenden Weise die Einfriedigung oder Spaliervorrichtung ausgebessert oder die Pflanzung ergänzt wird.

2. Überragende Zweige und eingedrungene Wurzeln

§ 23 Überragende Zweige. (1) ¹Abweichend von § 910 Abs. 1 BGB kann der Besitzer eines Grundstücks die Beseitigung von herüberragenden Zweigen eines auf dem Nachbargrundstück stehenden Obstbaums nur bis zur Höhe von 3 m verlangen. ²Die Höhe wird vom Boden bis zu den unteren Zweigspitzen in unbelaubtem Zustand gemessen.

(2) Die Beseitigung der Zweige kann auf die volle Höhe des Baumes verlangt werden, wenn das benachbarte Grundstück erwerbsgartenbaulich genutzt wird oder ein Hofraum ist oder die Zweige auf ein auf dem benachbarten Grundstück stehendes Gebäudes hereinragen oder den Bestand oder die Benutzung eines Gebäudes beeinträchtigen oder die Errichtung eines Gebäudes unmöglich machen oder erschweren.

(3) ¹Der Besitzer des Baumes ist zur Beseitigung der Zweige in der Zeit vom 1. März bis 30. September nicht verpflichtet. ²Er hat die Beseitigung innerhalb einer dem Umfang der Arbeit entsprechenden Frist, jedenfalls aber innerhalb Jahresfrist vorzunehmen. ³Die sofortige Beseitigung kann verlangt werden, wenn ein dringendes Bedürfnis vorliegt. ⁴Wird die Beseitigung nicht innerhalb der in Satz 2 bestimmten Frist oder im Falle des Satzes 3 sofort bewirkt, so ist der Nachbar berechtigt, sie nach § 910 Abs. 1 Satz 2 BGB oder auf Kosten des Besitzers durchzuführen. ⁵Im letzteren Fall gehören die abgeschnittenen Zweige dem Besitzer des Baumes.

§ 24 Eingedrungene Wurzeln. (1) Abweichend von § 910 Abs. 1 BGB ist der Besitzer eines Obstbaumguts oder eines Grundstücks der in § 19 Abs. 1 Satz 1 genannten Art, in das aus einem angrenzenden Obstbaumgut Wurzeln eines Obstbaums eingedrungen sind, zu deren Beseitigung nur insoweit befugt, als dies zur Herstellung und Unterhaltung eines Weges, eines Grabens, einer baulichen Anlage, eines Dräns oder einer sonstigen Leitung erforderlich ist.

(2) Die Beseitigung von sonstigen eingedrungenen Baumwurzeln ist bei einem Grundstück in Innerortslage nur dann zulässig, wenn durch die Wurzeln die Nutzung des Grundstücks wesentlich beeinträchtigt wird, insbesondere Arbeiten der in Absatz 1 genannten Art die Beseitigung erfordern.

§ 25 Bäume an öffentlichen Wegen. (1) ¹Abweichend von § 910 Abs. 1 BGB kann der Besitzer eines Grundstücks die Beseitigung herüberragender Zweige von Bäumen, die auf öffentlichen Wegen oder deren Zubehörden (Nebenwegen, Dämmen, Böschungen) oder nach polizeilicher Vorschrift in regelmäßiger Anordnung längs der Straße auf den angrenzenden Grundstücken gepflanzt sind, nur bis zur Höhe von 3 m verlangen. ²Die Bestimmungen des § 23 Abs. 1 Satz 2, Abs. 2 und 3 gelten auch hier.

(2) Zur Beseitigung der in sein Grundstück eingedrungenen Wurzeln dieser Bäume ist der Besitzer des Grundstücks nur entsprechend § 24 Abs. 2 und nur dann befugt, wenn er dem Eigentümer des Baumes eine angemessene Frist zur Beseitigung der Wurzeln gesetzt hat und die Beseitigung nicht innerhalb der Frist erfolgte.

5. Abschnitt. Allgemeine Bestimmungen

§ 26 Verjährung. (1) ¹Beseitigungsansprüche nach diesem Gesetz verjähren in fünf Jahren. ²Bei Pflanzungen beginnt der Lauf der Verjährungsfrist mit dem 1. Juli nach der Pflanzung. ³Bei an Ort und Stelle gezogenen Gehölzen beginnt sie am 1. Juli des zweiten Entwicklungsjahres. ⁴Bei späterer Veränderung der artgemäßen Ausdehnung des Gehölzes beginnt die Verjährung von neuem.

(2) ¹Die Berufung auf Verjährung ist ausgeschlossen, wenn die Anlage erneuert oder in einer der Erneuerung gleichkommenden Weise ausgebessert wird. ²Dasselbe gilt, wenn eine Pflanzung erneuert oder ergänzt wird.

(3) Der Anspruch auf das Zurückschneiden der Hecken, auf Beseitigung herüberragender Zweige und eingedrungener Wurzeln sowie auf Verkürzung zu hoch gewachsener Gehölze ist der Verjährung nicht unterworfen.

§ 27 **Vorrang von Festsetzungen im Bebauungsplan.** ¹Enthält ein Bebauungsplan oder eine sonstige Satzung nach dem Baugesetzbuch oder dem *Maßnahmengesetz zum Baugesetzbuch*[1] Festsetzungen über Böschungen, Aufschüttungen, Einfriedigungen, Hecken oder Anpflanzungen, so müssen hierfür die nach diesem Gesetz vorgeschriebenen Abstände insoweit nicht eingehalten werden, als es die Verwirklichung der planerischen Festsetzungen erfordert. ²Dies gilt nicht gegenüber landwirtschaftlich genutzten Grundstücken.

§ 28[2] **Erklärte Waldlage, erklärte Reblage und erklärte Gartenbaulage.** (1) Teile des Gemeindegebiets außerhalb des geschlossenen Wohnbezirks und des Bereichs des Bebauungsplans können durch Gemeindesatzung zur Waldlage erklärt werden (erklärte Waldlage), wenn ihre Aufforstung mit Rücksicht auf die Standortverhältnisse oder aus Gründen der Landeskultur zweckmäßig ist.

(2) Teile des Gemeindegebiets können durch Gemeindesatzung zur Reblage erklärt werden (erklärte Reblage), wenn sie für den Weinbau besonders geeignet sind.

(3) Teile des Gemeindegebiets können durch Gemeindesatzung zur Gartenbaulage erklärt werden (erklärte Gartenbaulage), wenn sie für den unter Verwendung ortsfester Kulturvorrichtungen betriebenen Erwerbsgartenbau besonders geeignet sind.

---

[1] Aufgeh. mWv 1. 1. 1998.
[2] § 28 Abs. 4 neu gef. mWv 1. 1. 2005 durch G v. 1. 7. 2004 (GBl. S. 469).

(4) Die Gemeinde hat vor der Erklärung nach den Absätzen 1, 2 oder 3 die untere Verwaltungsbehörde[1]) zu hören.

§ 29 Erlaß von Gemeindesatzungen. (1) [1]Die Gemeinde hat den Entwurf einer Satzung nach § 28 öffentlich bekanntzumachen. [2]Die Betroffenen können innerhalb eines Monats nach der Bekanntmachung Einwendungen erheben. [3]Hierauf ist in der öffentlichen Bekanntmachung hinzuweisen.

(2) Über die Einwendungen ist gleichzeitig mit dem endgültigen Beschluß über die Satzung zu entscheiden.

6. Abschnitt. Einwirkung von Verkehrsunternehmen

§ 30 [Einwirkung von Verkehrsunternehmen] Die Vorschrift des § 14 des Bundes-Immissionsschutzgesetzes wird auf Eisenbahn-, Schiffahrts- und ähnliche Verkehrsunternehmungen erstreckt.

7. Abschnitt. Übergangs- und Schlußbestimmungen

§ 31 Durch Zeitablauf entstandene Fensterschutzrechte. Hat im Geltungsbereich des badischen Ausführungsgesetzes zum Bürgerlichen Gesetzbuch der Eigentümer eines Gebäudes vor dem Inkrafttreten des Bürgerlichen Gesetzbuchs durch Zeitablauf das Recht erlangt, daß zum Schutz seiner Fenster Anlagen auf einem Nachbargrundstück einen bestimmten Abstand einhalten müssen, so gilt dieses Recht auch weiterhin als Grunddienstbarkeit.

§ 32 Alte Mauerrechte. Hat der Eigentümer eines Grundstücks vor dem Inkrafttreten des Bürgerlichen Gesetzbuchs auf Grund des Badischen Landrechtssatzes 663 von seinem Nachbarn verlangt, daß er zur Erbauung einer Scheidewand beitrage, so bleiben für das Recht und die Pflicht zur Errichtung derselben die bisherigen Vorschriften maßgebend.

§ 33 Bestehende Einfriedigungen, Spaliervorrichtungen, Pflanzungen und bauliche Anlagen. (1) [1]Für die Abstände von Einfriedigungen, Spaliervorrichtungen und Pflanzungen, die bei Inkrafttreten des Gesetzes bereits bestehen, bleiben die bisherigen Vorschriften maßgebend, soweit sie in der Beschränkung des Eigentümers weniger weit gehen als die Vorschriften dieses Gesetzes. [2]Dasselbe gilt für die Abstände von baulichen Anlagen, die bei Inkrafttreten des Gesetzes bestehen, mit deren Bau begonnen worden ist oder die genehmigt sind.

(2) [1]Wird die Einfriedigung, Spaliervorrichtung oder Pflanzung erneuert, so greifen die Bestimmungen dieses Gesetzes Platz. [2]Dasselbe gilt, wenn in einer der Erneuerung gleichkommenden Weise die Einfriedigung oder Spaliervorrichtung ausgebessert oder die Pflanzung ergänzt wird.

---

[1]) Vgl. §§ 13ff. LVG idF der Bek. v. 3. 2. 2005 (GBl. S. 159, ber. S. 319), zuletzt geänd. durch G v. 13. 12. 2005 (GBl. S. 745).

§ 34 Bäume von Waldgrundstücken. (1) Im Geltungsbereich des württembergischen Ausführungsgesetzes zum Bürgerlichen Gesetzbuch und zu anderen Reichsjustizgesetzen muß der Eigentümer eines Waldgrundstücks, in das Zweige und Wurzeln der Bäume und Sträucher eines anderen zur Zeit des Inkrafttretens des Bürgerlichen Gesetzbuchs bereits mit Wald bestandenen Grundstücks herüberragen, die Zweige und Wurzeln dulden.

(2) Die Beseitigung herüberragender Zweige von Bäumen und Sträuchern, die an dem südwestlichen, westlichen oder nordwestlichen Trauf von am 1. Januar 1894 bereits vorhandenen, rein oder vorwiegend mit Nadelholz bestockten Waldungen stehen, kann nicht verlangt werden, wenn hierdurch der Fortbestand der Bäume gefährdet würde, die zum Schutz des hinterliegenden Waldes erforderlich sind.

(3) In diesen Fällen finden die Bestimmungen der § 23 Abs. 2 und § 24 entsprechende Anwendung.

(4) Diese Vorschriften gelten nur, soweit nicht seit dem Inkrafttreten des Bürgerlichen Gesetzbuchs eine Verjüngung des Waldes stattgefunden hat und, wenn dies nicht der Fall war, bis zur nächsten Verjüngung.

§ 35 Überragende Zweige und eingedrungene Wurzeln von bestehenden Obstbäumen. Im Geltungsbereich des badischen Ausführungsgesetzes zum Bürgerlichen Gesetzbuch sind die Vorschriften der §§ 23 und 24 für bestehende Obstbäume nicht anzuwenden, wenn mit diesen nicht mindestens die Abstände dieses Gesetzes eingehalten werden.

§ 36 Verweisung auf aufgehobene Vorschriften. Soweit in Gesetzen und Verordnungen auf Vorschriften verwiesen ist, die durch dieses Gesetz aufgehoben werden, treten an ihre Stelle die entsprechenden Vorschriften dieses Gesetzes.

§ 37 Inkrafttreten. (nicht abgedruckt)[1]

---

[1] **Amtl. Anm.:** Diese Vorschrift betrifft das Inkrafttreten des Gesetzes in der ursprünglichen Fassung vom 14. Dezember 1959 (GBl. S. 171).

Sachverzeichnis

Sachverzeichnis

166

Sachverzeichnis